(C.)

OEUVRES
CHOISIES
DE P. CORNEILLE.

TOME II.

Se trouve aussi a Paris,

Chez { Làdrange, libraire, quai des Augustins, n° 27.
Guibert, libraire, rue Gît-le-Cœur, n° 10.

―――

A Caen. Chez madame Le Baron-Blin.
A Rouen. Chez Frère.

De l'imprimerie de Firmin Didot.

OEUVRES
CHOISIES
DE P. CORNEILLE.

TOME SECOND.

A PARIS,

CHEZ LHEUREUX, LIBRAIRE,

QUAI DES AUGUSTINS, N° 37.

MDCCCXXII.

POLYEUCTE,

MARTYR,

TRAGÉDIE CHRÉTIENNE EN CINQ ACTES.

1640.

PRÉFACE DE VOLTAIRE.

Quand on passe de *Cinna* à *Polyeucte*, on se trouve dans un monde tout différent : mais les grands poëtes, ainsi que les grands peintres, savent traiter tous les sujets. C'est une chose assez connue que, Corneille ayant lu sa tragédie de *Polyeucte* chez madame de Rambouillet, où se rassemblaient alors les esprits les plus cultivés, cette pièce y fut condamnée d'une voix unanime, malgré l'intérêt qu'on prenait à l'auteur dans cette maison : Voiture fut député de toute l'assemblée pour engager Corneille à ne pas faire représenter cet ouvrage. Il est difficile de démêler ce qui put porter les hommes du royaume qui avaient le plus de goût et de lumières à juger si singulièrement. Furent-ils persuadés qu'un martyr ne pouvait jamais réussir sur le théâtre? c'était ne pas connaître le peuple. Croyaient-ils que les défauts que leur sagacité leur faisait remarquer révolteraient le public? c'était tomber dans la même erreur qui avait trompé les censeurs du *Cid*: ils examinaient *le Cid* par l'exacte raison, et ils ne voyaient pas qu'au spectacle on juge par sentiment. Pouvaient-ils ne pas sentir les beautés singulières des rôles de Sévère et de Pauline? Ces beautés d'un genre si neuf et si délicat les alarmèrent peut-être : ils purent craindre qu'une femme qui aimait à-la-fois son amant et son mari n'intéressât pas; et c'est précisément ce qui fit le succès de la pièce. On trouvera dans les remarques (1) quelques anecdotes concernant ce jugement de l'hôtel de Rambouillet. Ce qui est étonnant, c'est que tous ces chefs-d'œuvre se suivaient d'année en année. *Cinna* fut joué au commencement de 1639, et *Polyeucte* en 1640. Il est vrai que Lopes de Vega, Garnier, Calderón, composaient encore plus vite, *stantes pede in uno*; mais quand on ne s'asservit à aucune règle, qu'on n'est gêné ni par la rime, ni par la conduite, ni par aucune bienséance, il est plus aisé de faire dix tragédies que de faire *Cinna* et *Polyeucte*.

(1) Commentaires sur Corneille.

A LA REINE RÉGENTE.

Madame,

Quelque connoissance que j'aie de ma foiblesse, quelque profond respect qu'imprime Votre Majesté dans les ames de ceux qui l'approchent, j'avoue que je me jette à ses pieds sans timidité et sans défiance, et que je me tiens assuré de lui plaire, parce que je suis assuré de lui parler de ce qu'elle aime le mieux. Ce n'est qu'une pièce de théâtre que je lui présente, mais qui l'entretiendra de Dieu : la dignité de la matière est si haute, que l'impuissance de l'artisan ne la peut ravaler; et votre ame royale se plaît trop à cette sorte d'entretien pour s'offenser des défauts d'un ouvrage où elle rencontrera les délices de son cœur. C'est par là, Madame, que j'espère obtenir de Votre Majesté le pardon du long temps que j'ai attendu à lui rendre cette sorte d'hommage. Toutes les fois que j'ai mis sur notre scène des vertus morales ou politiques, j'en ai toujours cru les tableaux trop peu dignes de paroître devant elle, quand j'ai considéré qu'avec quelque soin que je les pusse choisir dans l'histoire, et quelques ornements dont l'artifice les pût enrichir, elle en voyoit de plus grands exemples dans elle-même. Pour rendre les choses proportionnées, il falloit aller à la plus haute espèce, et n'entreprendre pas de rien offrir de cette nature à une Reine très-chrétienne, et qui l'est beaucoup plus encore par ses actions que par son titre, à-moins que de lui offrir un portrait des vertus chrétiennes dont l'amour et la gloire de Dieu formassent les plus beaux traits, et qui rendît les plaisirs qu'elle y pourra prendre aussi propres à exercer sa piété qu'à délasser son esprit. C'est à cette extraordinaire et admirable piété, MADAME, que la France est redevable des bénédictions qu'elle voit tomber sur les premières armes de son Roi; les heureux succès qu'elles ont obtenus en sont les rétributions éclatantes, et des coups du ciel, qui répand abondamment sur tout le royaume les récompenses et les graces que Votre Majesté a méritées. Notre perte sembloit infaillible après celle de notre grand mo-

ÉPITRE.

narque ; toute l'Europe avoit déja pitié de nous, et s'imaginoit que nous nous allions précipiter dans un extrême désordre, parce qu'elle nous voyoit dans une extrême désolation : cependant la prudence et les soins de Votre Majesté, les bons conseils qu'elle a pris, les grands courages qu'elle a choisis pour les exécuter, ont agi si puissamment dans tous les besoins de l'État, que cette première année de sa régence a non-seulement égalé les plus glorieuses de l'autre règne, mais a même effacé, par la prise de Thionville, le souvenir du malheur qui, devant ses murs, avoit interrompu une si longue suite de victoires. Permettez que je me laisse emporter au ravissement que me donne cette pensée, et que je m'écrie dans ce transport :

> Que vos soins, grande reine, enfantent de miracles !
> Bruxelles et Madrid en sont tout interdits ;
> Et si notre Apollon me les avoit prédits,
> J'aurois moi-même osé douter de ses oracles.

> Sous vos commandements on force tous obstacles ;
> On porte l'épouvante aux cœurs les plus hardis,
> Et par des coups d'essai vos États agrandis
> Des drapeaux ennemis font d'illustres spectacles.

> La victoire elle-même accourant à mon roi,
> Et mettant à ses pieds Thionville et Rocroi,
> Fait retentir ces vers sur les bords de la Seine :

ÉPITRE.

France, attends tout d'un règne ouvert en triomphant,
Puisque tu vois déja les ordres de ta reine
Faire un foudre en tes mains des armes d'un enfant.

Il ne faut point douter que des commencements si merveilleux ne soient soutenus par des progrès encore plus étonnants. Dieu ne laisse point ses ouvrages imparfaits; il les achèvera, MADAME, et rendra, non-seulement la régence de Votre Majesté, mais encore toute sa vie, un enchaînement continuel de prospérités. Ce sont les vœux de toute la France, et ce sont ceux que fait avec le plus de zèle,

MADAME,

DE VOTRE MAJESTÉ

Le très-humble, très-obéissant
et très-fidèle serviteur et sujet,
P. CORNEILLE.

ABRÉGÉ

DU MARTYRE DE SAINT POLYEUCTE, ÉCRIT PAR SIMÉON
MÉTAPHRASTE, ET RAPPORTÉ PAR SURIUS.

L'ingénieuse tissure des fictions avec la vérité, où consiste le plus beau secret de la poésie, produit d'ordinaire deux sortes d'effets, selon la diversité des esprits qui la voient. Les uns se laissent si bien persuader à cet enchaînement, qu'aussitôt qu'ils ont remarqué quelques événements véritables, ils s'imaginent la même chose des motifs qui les font naître et des circonstances qui les accompagnent. Les autres, mieux avertis de notre artifice, soupçonnent de fausseté tout ce qui n'est pas de leur connoissance : si bien que, quand nous traitons quelque histoire écartée dont ils ne trouvent rien dans leur souvenir, ils l'attribuent tout entière à l'effort de notre imagination, et la prennent pour une aventure de roman.

L'un et l'autre de ces effets seroit dangereux en cette rencontre : il y va de la gloire de Dieu, qui se plaît dans celle de ses saints, dont la mort, si précieuse devant ses yeux, ne doit pas passer pour fabuleuse devant ceux des hommes. Au lieu de sanctifier notre théâtre par sa représentation, nous y profanerions la sainteté de leurs souffrances, si nous permettions que la crédulité des uns et la défiance des autres, également abusées par ce mélange, se méprissent également en la vénération qui leur est due, et que les premiers la rendissent mal-à-propos à ceux qui ne la méritent pas, pendant que les autres la dénieroient à ceux à qui elle appartient.

Saint Polyeucte est un martyr dont, s'il m'est permis de parler ainsi, beaucoup ont plutôt appris le nom à la comédie qu'à l'église. Le *Martyrologe romain* en fait mention sur le 13 de février, mais en deux mots, suivant sa coutume; Baronius, dans ses *Annales*, n'en écrit qu'une ligne; le seul Surius, ou plutôt Mosander, qui l'a augmenté dans les dernières impressions, en rapporte la mort assez au long sur le 9 de janvier : et j'ai cru qu'il étoit de mon devoir d'en mettre ici l'abrégé. Comme il a été à propos d'en rendre la représentation agréable, afin que le plaisir pût en insinuer plus doucement l'utilité, et lui servir comme de véhicule pour la porter dans l'ame du peuple, il est juste aussi de lui donner cette lumière pour démêler la vérité d'avec ses ornements, et lui faire reconnoître ce qui lui doit imprimer du respect comme saint, et ce qui le doit seulement divertir comme industrieux. Voici donc ce que ce dernier nous apprend :

« Polyeucte et Néarque étoient deux cavaliers étroitement liés ensemble d'amitié; ils vivoient en l'an 250, sous l'empire de Décius : leur demeure étoit dans Mélitène, capitale d'Arménie; leur religion différente. Néarque étoit chrétien, et Polyeucte suivoit encore la secte des gentils, mais ayant toutes les qualités dignes d'un chrétien, et une grande inclination à le devenir. L'empereur ayant fait publier un édit très-rigoureux contre les chrétiens, cette publication donna un grand trouble à Néarque, non par la crainte des supplices dont il étoit ménacé, mais pour l'appréhension qu'il eut que leur amitié ne souffrît quelque séparation ou refroidissement par cet édit, vu les peines qui y étoient proposées à ceux de sa religion, et les honneurs promis à ceux du parti contraire; il en conçut un si profond déplaisir, que son ami s'en aperçut. L'ayant obligé de lui en dire la cause, il prit de là occasion de lui ouvrir son cœur : Ne craignez point, lui dit-il, que l'édit de l'empereur nous désunisse; j'ai vu cette nuit le Christ que vous adorez; il m'a dépouillé d'une robe sale pour me revêtir d'une autre toute lumineuse, et m'a fait monter sur un cheval ailé pour le suivre : cette vision m'a résolu entièrement à faire ce qu'il y a longtemps que je médite; le seul nom de chrétien me manque; et vous-même, toutes les fois que vous m'avez parlé de votre grand Messie, vous avez pu remarquer que je vous ai toujours écouté avec respect; et quand vous m'avez lu sa vie et ses enseignements, j'ai toujours admiré la sainteté de ses actions et de ses discours. O Néarque! si je ne me croyois pas indigne d'aller à lui sans être initié dans ses mystères et avoir reçu la grace de ses sacrements, que vous verriez éclater l'ardeur que j'ai de mourir pour sa gloire et le soutien de ses éternelles vérités! Néarque l'ayant éclairci sur l'illusion du scrupule où il étoit par l'exemple du bon larron, qui en un moment mérita le ciel, bien qu'il n'eût pas reçu le baptême; aussitôt notre martyr, plein d'une sainte ferveur, prend l'édit de l'empereur, crache dessus, et le déchire en morceaux qu'il jette au vent; et, voyant des idoles que le peuple portoit sur les autels pour les adorer, il les arrache à ceux qui les portoient, les brise contre terre, et les foule aux pieds, étonnant tout le monde et son ami même par la chaleur de ce zèle qu'il n'avoit pas espéré.

« Son beau-père Félix, qui avoit la commission de l'empereur pour persécuter les chrétiens, ayant vu lui-même ce qu'avoit fait son gendre, saisi de douleur de voir l'espoir et l'appui de sa famille perdus, tâche d'ébranler sa constance, premièrement par de belles paroles, ensuite par des menaces, enfin par des coups qu'il lui fait donner par ses bourreaux sur tout le visage; mais, n'en ayant pu venir à bout, pour dernier effort il lui envoie sa fille Pauline, afin de voir si ses larmes n'auroient point plus de pouvoir sur l'esprit d'un mari que n'avoient eu ses artifices et ses rigueurs. Il n'avance rien davantage par là; au contraire, voyant que sa fermeté convertissoit beaucoup de païens, il le condamne à perdre la tête. Cet arrêt fut exécuté sur l'heure; et le saint martyr, sans autre baptême que de son sang, s'en alla prendre possession de la gloire que Dieu a promise à ceux qui renonceroient à eux-mêmes pour l'amour de lui. »

Voilà en peu de mots ce qu'en dit Surius : le songe de Pauline, l'amour de Sévère, le baptême effectif de Polyeucte, le sacrifice pour la victoire de l'empereur, la dignité de Félix que je fais gouverneur d'Arménie, la mort de Néarque, la conversion de Félix et de Pauline, sont des inventions et des embellissements de théâtre. La seule victoire de l'empereur contre les Perses a quelque fondement dans l'histoire; et, sans chercher d'autres auteurs, elle est rapportée par M. Coeffeteau dans son *Histoire romaine;* mais il ne dit pas, ni qu'il leur imposa tribut, ni qu'il envoya faire des sacrifices de remerciement en Arménie.

Si j'ai ajouté ces incidents et ces particularités selon l'art, ou non, les savants en jugeront; mon but ici n'est pas de les justifier, mais seulement d'avertir le lecteur de ce qu'il en peut croire.

PERSONNAGES.

FÉLIX, sénateur romain, gouverneur d'Arménie.
POLYEUCTE, seigneur arménien, gendre de Félix.
SÉVÈRE, chevalier romain, favori de l'empereur Décie.
NÉARQUE, seigneur arménien, ami de Polyeucte.
PAULINE, fille de Félix, et femme de Polyeucte.
STRATONICE, confidente de Pauline.
ALBIN, confident de Félix.
FABIAN, domestique de Sévère.
CLÉON, domestique de Félix.
TROIS GARDES.

La scène est à Mélitène, capitale d'Arménie, dans le palais de Félix.

POLYEUCTE.

ACTE PREMIER.

SCÈNE I.

POLYEUCTE, NÉARQUE.

NÉARQUE.

Quoi! vous vous arrêtez aux songes d'une femme!
De si foibles sujets troublent cette grande ame!
Et ce cœur tant de fois dans la guerre éprouvé
S'alarme d'un péril qu'une femme a rêvé!

POLYEUCTE.

Je sais ce qu'est un songe, et le peu de croyance
Qu'un homme doit donner à son extravagance,
Qui d'un amas confus des vapeurs de la nuit
Forme de vains objets que le réveil détruit.
Mais vous ne savez pas ce que c'est qu'une femme;
Vous ignorez quels droits elle a sur toute l'ame
Quand, après un long temps qu'elle a su nous charmer,
Les flambeaux de l'hymen viennent de s'allumer.
Pauline, sans raison dans la douleur plongée,

Craint et croit déja voir ma mort qu'elle a songée;
Elle oppose ses pleurs au dessein que je fais,
Et tâche à m'empêcher de sortir du palais.
Je méprise sa crainte, et je cède à ses larmes :
Elle me fait pitié, sans me donner d'alarmes;
Et mon cœur, attendri sans être intimidé,
N'ose déplaire aux yeux dont il est possédé.
L'occasion, Néarque, est-elle si pressante,
Qu'il faille être insensible aux soupirs d'une amante ?
Remettons ce dessein qui l'accable d'ennui;
Nous le pourrons demain aussi bien qu'aujourd'hui.

NÉARQUE.

Avez-vous cependant une pleine assurance
D'avoir assez de vie ou de persévérance?
Et Dieu, qui tient votre ame et vos jours dans sa main,
Promet-il à vos vœux de le pouvoir demain?
Il est toujours tout juste et tout bon; mais sa grace
Ne descend pas toujours avec même efficace :
Après certains moments que perdent nos longueurs,
Elle quitte ces traits qui pénètrent les cœurs;
Le nôtre s'endurcit, la repousse, l'égare;
Le bras qui la versoit en devient plus avare;
Et cette sainte ardeur qui doit porter au bien
Tombe plus rarement, ou n'opère plus rien :
Celle qui vous pressoit de courir au baptême,
Languissante déja, cesse d'être la même;
Et, pour quelques soupirs qu'on vous a fait ouïr,
Sa flamme se dissipe, et va s'évanouir.

ACTE I, SCENE I.

POLYEUCTE.

Vous me connoissez mal : la même ardeur me brûle,
Et le desir s'accroît quand l'effet se recule.
Ces pleurs que je regarde avec un œil d'époux
Me laissent dans le cœur aussi chrétien que vous ;
Mais, pour en recevoir le sacré caractère,
Qui lave nos forfaits dans une eau salutaire,
Et qui, purgeant notre ame et dessillant nos yeux,
Nous rend le premier droit que nous avions aux cieux,
Bien que je le préfère aux grandeurs d'un empire,
Comme le bien suprême et le seul où j'aspire,
Je crois, pour satisfaire un juste et saint amour,
Pouvoir un peu remettre, et différer d'un jour.

NÉARQUE.

Ainsi du genre humain l'ennemi vous abuse ;
Ce qu'il ne peut de force, il l'entreprend de ruse.
Jaloux des bons desseins qu'il tâche d'ébranler,
Quand il ne les peut rompre, il pousse à reculer :
D'obstacle sur obstacle il va troubler le vôtre,
Aujourd'hui par des pleurs, chaque jour par quelque autre ;
Et ce songe, rempli de noires visions,
N'est que le coup d'essai de ses illusions.
Il met tout en usage, et prière, et menace ;
Il attaque toujours, et jamais ne se lasse ;
Il croit pouvoir enfin ce qu'encore il n'a pu,
Et que ce qu'on diffère est à demi rompu.
Rompez ces premiers coups, laissez pleurer Pauline :
Dieu ne veut point d'un cœur où le monde domine,

Qui regarde en arrière, et, douteux en son choix,
Lorsque sa voix l'appelle, écoute une autre voix.

POLYEUCTE.

Pour se donner à lui, faut-il n'aimer personne?

NÉARQUE.

Nous pouvons tout aimer, il le souffre, il l'ordonne;
Mais, à vous dire tout, ce seigneur des seigneurs
Veut le premier amour et les premiers honneurs.
Comme rien n'est égal à sa grandeur suprême,
Il faut ne rien aimer qu'après lui, qu'en lui-même;
Négliger, pour lui plaire, et femme, et biens, et rang,
Exposer pour sa gloire et verser tout son sang.
Mais que vous êtes loin de cette ardeur parfaite,
Qui vous est nécessaire, et que je vous souhaite!
Je ne puis vous parler que les larmes aux yeux :
Polyeucte, aujourd'hui qu'on nous hait en tous lieux,
Qu'on croit servir l'état quand on nous persécute,
Qu'aux plus âpres tourments un chrétien est en butte,
Comment en pourrez-vous surmonter les douleurs,
Si vous ne pouvez pas résister à des pleurs?

POLYEUCTE.

Vous ne m'étonnez point : la pitié qui me blesse
Sied bien aux plus grands cœurs, et n'a point de foiblesse.
Sur mes pareils, Néarque, un bel œil est bien fort;
Tel craint de le fâcher qui ne craint pas la mort :
Et, s'il faut affronter les plus cruels supplices,
Y trouver des appas, en faire mes délices,

ACTE I, SCENE I.

Votre Dieu, que je n'ose encor nommer le mien,
M'en donnera la force en me faisant chrétien.

####### NÉARQUE.

Hâtez-vous donc de l'être.

####### POLYEUCTE.

Oui, j'y cours, cher Néarque;
Je brûle d'en porter la glorieuse marque :
Mais Pauline s'afflige, et ne peut consentir,
Tant ce songe la trouble, à me laisser sortir.

####### NÉARQUE.

Votre retour pour elle en aura plus de charmes :
Dans une heure au plus tard vous essuierez ses larmes;
Et l'heur de vous revoir lui semblera plus doux,
Plus elle aura pleuré pour un si cher époux.
Allons, on nous attend.

####### POLYEUCTE.

Apaisez donc sa crainte,
Et calmez la douleur dont son ame est atteinte.
Elle revient.

####### NÉARQUE.

Fuyez.

####### POLYEUCTE.

Je ne puis.

####### NÉARQUE.

Il le faut.
Fuyez un ennemi qui sait votre défaut,
Qui le trouve aisément, qui blesse par la vue,

POLYEUCTE.
Et dont le coup mortel vous plaît quand il vous tue.
POLYEUCTE.
Fuyons, puisqu'il le faut.

SCÈNE II.

POLYEUCTE, NÉARQUE, PAULINE, STRATONICE.

POLYEUCTE.
Adieu, Pauline, adieu;
Dans une heure au plus tard je reviens en ce lieu.
PAULINE.
Quel sujet si pressant à sortir vous convie?
Y va-t-il de l'honneur? y va-t-il de la vie?
POLYEUCTE.
Il y va de bien plus.
PAULINE.
Quel est donc ce secret?
POLYEUCTE.
Vous le saurez un jour. Je vous quitte à regret;
Mais enfin il le faut.
PAULINE.
Vous m'aimez?
POLYEUCTE.
Je vous aime,
Le ciel m'en soit témoin! cent fois plus que moi-même!
Mais...

PAULINE.

Mais mon déplaisir ne vous peut émouvoir!
Vous avez des secrets que je ne puis savoir!
Quelle preuve d'amour! Au nom de l'hyménée,
Donnez à mes soupirs cette seule journée.

POLYEUCTE.

Un songe vous fait peur!

PAULINE.

Ses présages sont vains,
Je le sais : mais enfin je vous aime, et je crains.

POLYEUCTE.

Ne craignez rien de mal pour une heure d'absence.
Adieu : vos pleurs sur moi prennent trop de puissance ;
Je sens déja mon cœur prêt à se révolter,
Et ce n'est qu'en fuyant que j'y puis résister.

SCÈNE III.

PAULINE, STRATONICE.

PAULINE.

Va, néglige mes pleurs, cours, et te précipite
Au-devant de la mort que les dieux m'ont prédite ;
Suis cet agent fatal de tes mauvais destins,
Qui peut-être te livre aux mains des assassins.
Tu vois, ma Stratonice, en quel siècle nous sommes :
Voilà notre pouvoir sur les esprits des hommes,
Voilà ce qui nous reste, et l'ordinaire effet

De l'amour qu'on nous offre et des vœux qu'on nous fait !
Tant qu'ils ne sont qu'amants nous sommes souveraines,
Et jusqu'à la conquête ils nous traitent de reines ;
Mais après l'hyménée ils sont rois à leur tour.

STRATONICE.

Polyeucte pour vous ne manque point d'amour.
S'il ne vous traite ici d'entière confidence,
S'il part malgré vos pleurs, c'est un trait de prudence.
Sans vous en affliger, présumez avec moi
Qu'il est plus à propos qu'il vous cèle pourquoi :
Assurez-vous sur lui qu'il en a juste cause.
Il est bon qu'un mari nous cache quelque chose,
Qu'il soit quelquefois libre, et ne s'abaisse pas
A nous rendre toujours compte de tous ses pas.
On n'a tous deux qu'un cœur qui sent mêmes traverses,
Mais ce cœur a pourtant ses fonctions diverses ;
Et la loi de l'hymen qui vous tient assemblés
N'ordonne pas qu'il tremble alors que vous tremblez.
Ce qui fait vos frayeurs ne peut le mettre en peine :
Il est Arménien, et vous êtes Romaine ;
Et vous pouvez savoir que nos deux nations
N'ont pas sur ce sujet mêmes impressions.
Un songe en notre esprit passe pour ridicule,
Il ne nous laisse espoir, ni crainte, ni scrupule ;
Mais il passe dans Rome avec autorité
Pour fidèle miroir de la fatalité.

PAULINE.

Quelque peu de crédit que chez vous il obtienne,

Je crois que ta frayeur égaleroit la mienne,
Si de telles horreurs t'avoient frappé l'esprit,
Si je t'en avois fait seulement le récit.

STRATONICE.

A raconter ses maux souvent on les soulage.

PAULINE.

Écoute : mais il faut te dire davantage,
Et que, pour mieux comprendre un si triste discours,
Tu saches ma foiblesse et mes autres amours.
Une femme d'honneur peut avouer sans honte
Ces surprises des sens que la raison surmonte :
Ce n'est qu'en ces assauts qu'éclate la vertu ;
Et l'on doute d'un cœur qui n'a point combattu.
Dans Rome, où je naquis, ce malheureux visage
D'un chevalier romain captiva le courage ;
Il s'appeloit Sévère. Excuse les soupirs
Qu'arrache encore un nom trop cher à mes desirs.

STRATONICE.

Est-ce luï qui naguère, aux dépens de sa vie,
Sauva des ennemis votre empereur Décie,
Qui leur tira mourant la victoire des mains,
Et fit tourner le sort des Perses aux Romains ;
Lui qu'entre tant de morts immolés à son maître
On ne put rencontrer, ou du moins reconnoître ;
A qui Décie enfin, pour des exploits si beaux,
Fit si pompeusement dresser de vains tombeaux ?

PAULINE.

Hélas ! c'étoit lui-même ; et jamais notre Rome

N'a produit plus grand cœur ni vu plus honnête homme.
Puisque tu le connois, je ne t'en dirai rien.
Je l'aimai, Stratonice; il le méritoit bien.
Mais que sert le mérite où manque la fortune?
L'un étoit grand en lui : l'autre foible et commune :
Trop invincible obstacle, et dont trop rarement
Triomphe auprès d'un père un vertueux amant!

STRATONICE.

La digne occasion d'une rare constance!

PAULINE.

Dis plutôt d'une indigne et folle résistance.
Quelque fruit qu'une fille en puisse recueillir,
Ce n'est une vertu que pour qui veut faillir.
 Parmi ce grand amour que j'avois pour Sévère,
J'attendois un époux de la main de mon père,
Toujours prête à le prendre; et jamais ma raison
N'avoua de mes yeux l'aimable trahison.
Il possédoit mon cœur, mes desirs, ma pensée;
Je ne lui cachois point combien j'étois blessée;
Nous soupirions ensemble et pleurions nos malheurs:
Mais au lieu d'espérance il n'avoit que des pleurs;
Et malgré des soupirs si doux, si favorables,
Mon père et mon devoir étoient inexorables.
Enfin je quittai Rome et ce parfait amant,
Pour suivre ici mon père en son gouvernement;
Et lui, désespéré, s'en alla dans l'armée
Chercher d'un beau trépas l'illustre renommée.
Le reste, tu le sais. Mon abord en ces lieux

Me fit voir Polyeucte, et je plus à ses yeux;
Et, comme il est ici le chef de la noblesse,
Mon père fut ravi qu'il me prît pour maîtresse,
Et par son alliance il se crut assuré
D'être plus redoutable et plus considéré :
Il approuva sa flamme, et conclut l'hyménée.
Et moi, comme à son lit je me vis destinée,
Je donnai par devoir à son affection
Tout ce que l'autre avoit par inclination.
Si tu peux en douter, juge-le par la crainte
Dont en ce triste jour tu me vois l'ame atteinte.

STRATONICE.

Elle fait assez voir à quel point vous l'aimez.
Mais quel songe après tout tient vos sens alarmés?

PAULINE.

Je l'ai vu cette nuit, ce malheureux Sévère;
La vengeance à la main, l'œil ardent de colère.
Il n'étoit point couvert de ces tristes lambeaux
Qu'une ombre désolée emporte des tombeaux;
Il n'étoit point percé de ces coups pleins de gloire
Qui, retranchant sa vie, assurent sa mémoire :
Il sembloit triomphant, et tel que sur son char
Victorieux dans Rome entre notre César.
Après un peu d'effroi que m'a donné sa vue :
« Porte à qui tu voudras la faveur qui m'est due,
« Ingrate, m'a-t-il dit; et, ce jour expiré,
« Pleure à loisir l'époux que tu m'as préféré. »
A ces mots, j'ai frémi, mon ame s'est troublée.

Ensuite, des chrétiens une impie assemblée,
Pour avancer l'effet de ce discours fatal,
A jeté Polyeucte aux pieds de son rival.
Soudain à son secours j'ai réclamé mon père.
Hélas! c'est de tout point ce qui me désespère!
J'ai vu mon père même, un poignard à la main,
Entrer le bras levé pour lui percer le sein.
Là, ma douleur trop forte a brouillé ces images;
Le sang de Polyeucte a satisfait leurs rages :
Je ne sais ni comment ni quand ils l'ont tué,
Mais je sais qu'à sa mort tous ont contribué.
Voilà quel est mon songe.

STRATONICE.

Il est vrai qu'il est triste:
Mais il faut que votre ame à ces frayeurs résiste.
La vision, de soi, peut faire quelque horreur,
Mais non pas vous donner une juste terreur.
Pouvez-vous craindre un mort? pouvez-vous craindre un pè
Qui chérit votre époux, que votre époux révère,
Et dont le juste choix vous a donnée à lui
Pour s'en faire en ces lieux un ferme et sûr appui?

PAULINE.

Il m'en a dit autant, et rit de mes alarmes :
Mais je crains des chrétiens les complots et les charmes,
Et que sur mon époux leur troupeau ramassé
Ne venge tant de sang que mon père a versé.

STRATONICE.

Leur secte est insensée, impie, et sacrilége,

Et dans son sacrifice use de sortilége :
Mais sa fureur ne va qu'à briser nos autels ;
Elle n'en veut qu'aux dieux, et non pas aux mortels.
Quelque sévérité que sur eux on déploie,
Ils souffrent sans murmure, et meurent avec joie ;
Et, depuis qu'on les traite en criminels d'état,
On ne peut les charger d'aucun assassinat.

PAULINE.

Tais-toi : mon père vient.

SCÈNE IV.

FÉLIX, ALBIN, PAULINE, STRATONICE.

FÉLIX.

Ma fille, que ton songe
En d'étranges frayeurs ainsi que toi me plonge !
Que j'en crains les effets, qui semblent s'approcher !

PAULINE.

Quelle subite alarme ainsi vous peut toucher ?

FÉLIX.

Sévère n'est point mort.

PAULINE.

Quel mal nous fait sa vie ?

FÉLIX.

Il est le favori de l'empereur Décie.

PAULINE.

Après l'avoir sauvé des mains des ennemis,
L'espoir d'un si haut rang lui devenoit permis.

Le destin, aux grands cœurs si souvent mal propice,
Se résout quelquefois à leur faire justice.
FÉLIX.
Il vient ici lui-même.
PAULINE.
Il vient!
FÉLIX.
Tu le vas voir.
PAULINE.
C'en est trop; mais comment le pouvez-vous savoir?
FÉLIX.
Albin l'a rencontré dans la proche campagne.
Un gros de courtisans en foule l'accompagne;
Et montre assez quel est son rang et son crédit.
Mais, Albin, redis-lui ce que ses gens t'ont dit.
ALBIN.
Vous savez quelle fut cette grande journée
Que sa perte pour nous rendit si fortunée,
Où l'empereur captif, par sa main dégagé,
Rassura son parti déja découragé,
Tandis que sa vertu succomba sous le nombre;
Vous savez les honneurs qu'on fit faire à son ombre,
Après qu'entre les morts on ne le put trouver.
Le roi de Perse aussi l'avait fait enlever :
Témoin de ses hauts faits et de son grand courage,
Ce monarque en voulut connoître le visage;
On le mit dans sa tente, où, tout percé de coups,
Tout mort qu'il paroissoit, il fit mille jaloux.

ACTE I, SCENE IV.

Là bientôt il montra quelque signe de vie :
Ce prince généreux en eut l'ame ravie;
Et sa joie, en dépit de son dernier malheur,
Du bras qui le causoit honora la valeur.
Il en fit prendre soin, la cure en fut secrète ;
Et, comme au bout d'un mois sa santé fut parfaite,
Il offrit dignités, alliance, trésors,
Et pour gagner Sévère il fit cent vains efforts.
Après avoir comblé ses refus de louange,
Il envoie à Décie en proposer l'échange;
Et soudain l'empereur, transporté de plaisir,
Offre au Perse son frère et cent chefs à choisir.
Ainsi revint au camp le valeureux Sévère
De sa haute vertu recevoir le salaire :
La faveur de Décie en fut le digne prix.
De nouveau l'on combat, et nous sommes surpris :
Ce malheur toutefois sert à croître sa gloire;
Lui seul rétablit l'ordre, et gagne la victoire,
Mais si belle, et si pleine, et par tant de beaux faits,
Qu'on nous offre tribut, et nous faisons la paix.
L'empereur, qui lui montre une amour infinie,
Après ce grand succès l'envoie en Arménie.
Il vient en apporter la nouvelle en ces lieux,
Et, par un sacrifice, en rendre hommage aux dieux.

FÉLIX.

O ciel ! en quel état ma fortune est réduite !

ALBIN.

Voilà ce que j'ai su d'un homme de sa suite;

Et j'ai couru, seigneur, pour vous y disposer.
FÉLIX.
Ah! sans doute, ma fille, il vient pour t'épouser.
L'ordre d'un sacrifice est pour lui peu de chose;
C'est un prétexte faux, dont l'amour est la cause.
PAULINE.
Cela pourroit bien être; il m'aimoit chèrement.
FÉLIX.
Que ne permettra-t-il à son ressentiment!
Et jusques à quel point ne porte sa vengeance
Une juste colère avec tant de puissance!
Il nous perdra, ma fille!
PAULINE.
     Il est trop généreux.
FÉLIX.
Tu veux flatter en vain un père malheureux;
Il nous perdra, ma fille! Ah! regret qui me tue
De n'avoir pas aimé la vertu toute nue!
Ah! Pauline, en effet, tu m'as trop obéi.
Ton courage étoit bon, ton devoir l'a trahi.
Que ta rébellion m'eût été favorable!
Qu'elle m'eût garanti d'un état déplorable!
Si quelque espoir me reste, il n'est plus aujourd'hui
Qu'en l'absolu pouvoir qu'il te donnoit sur lui.
Ménage en ma faveur l'amour qui le possède,
Et d'où provient mon mal fais sortir le remède.
PAULINE.
Moi! moi, que je revoie un si puissant vainqueur,

Et m'expose à des yeux qui me percent le cœur !
Mon père, je suis femme, et je sais ma foiblesse ;
Je sens déjà mon cœur qui pour lui s'intéresse,
Et poussera sans doute, en dépit de ma foi,
Quelque soupir indigne et de vous et de moi.
Je ne le verrai point.

FÉLIX.

Rassure un peu ton ame.

PAULINE.

Il est toujours aimable, et je suis toujours femme.
Dans le pouvoir sur moi que ses regards ont eu,
Je n'ose m'assurer de toute ma vertu.
Je ne le verrai point.

FÉLIX.

Il faut le voir, ma fille ;
Ou tu trahis ton père et toute ta famille.

PAULINE.

C'est à moi d'obéir, puisque vous commandez :
Mais voyez les périls où vous me hasardez.

FÉLIX.

Ta vertu m'est connue.

PAULINE.

Elle vaincra sans doute :
Ce n'est pas le succès que mon ame redoute ;
Je crains ce dur combat et ces troubles puissants
Que fait déja chez moi la révolte des sens.
Mais, puisqu'il faut combattre un ennemi que j'aime,
Souffrez que je me puisse armer contre moi-même,

Et qu'un peu de loisir me prépare à le voir.
FÉLIX.
Jusqu'au-devant des murs je vais le recevoir.
Rappelle cependant tes forces étonnées,
Et songe qu'en tes mains tu tiens nos destinées.
PAULINE.
Oui, je vais de nouveau dompter mes sentiments,
Pour servir de victime à vos commandements.

FIN DU PREMIER ACTE.

ACTE SECOND.

SCÈNE I.

SÉVÈRE, FABIAN.

SÉVÈRE.

Cependant que Félix donne ordre au sacrifice,
Pourrai-je prendre un temps à mes vœux si propice ?
Pourrai-je voir Pauline, et rendre à ses beaux yeux
L'hommage souverain que l'on va rendre aux dieux ?
Je ne t'ai point celé que c'est ce qui m'amène ;
Le reste est un prétexte à soulager ma peine :
Je viens sacrifier ; mais c'est à ses beautés
Que je viens immoler toutes mes volontés.

FABIAN.

Vous la verrez, seigneur.

SÉVÈRE.

Ah ! quel comble de joie !
Cette chère beauté consent que je la voie !
Mais ai-je sur son ame encor quelque pouvoir ?
Quelque reste d'amour s'y fait-il encor voir ?
Quel trouble, quel transport lui cause ma venue ?

Puis-je tout espérer de cette heureuse vue?
Car je voudrois mourir plutôt que d'abuser
Des lettres de faveur que j'ai pour l'épouser;
Elles sont pour Félix, non pour triompher d'elle :
Jamais à ses desirs mon cœur ne fut rebelle;
Et, si mon mauvais sort avoit changé le sien,
Je me vaincrois moi-même, et ne prétendrois rien.

FABIAN.

Vous la verrez, c'est tout ce que je vous puis dire.

SÉVÈRE.

D'où vient que tu frémis, et que ton cœur soupire?
Ne m'aime-t-elle plus? éclaircis-moi ce point.

FABIAN.

M'en croirez-vous, seigneur? Ne la revoyez point;
Portez en lieu plus haut l'honneur de vos caresses.
Vous trouverez à Rome assez d'autres maîtresses;
Et, dans ce haut degré de puissance et d'honneur,
Les plus grands y tiendront votre amour à bonheur.

SÉVÈRE.

Qu'à des pensers si bas mon ame se ravale!
Que je tienne Pauline à mon sort inégale!
Elle en a mieux usé, je la dois imiter :
Je n'aime mon bonheur que pour la mériter.
Voyons-la, Fabian; ton discours m'importune.
Allons mettre à ses pieds cette haute fortune :
Je l'ai dans les combats trouvée heureusement
En cherchant une mort digne de son amant;
Ainsi ce rang est sien, cette faveur est sienne,

ACTE II, SCENE I.

Et je n'ai rien enfin que d'elle je ne tienne.

FABIAN.

Non; mais, encore un coup, ne la revoyez point.

SÉVÈRE.

Ah! c'en est trop; enfin éclaircis-moi ce point :
As-tu vu des froideurs quand tu l'en as priée?

FABIAN.

Je tremble à vous le dire; elle est...

SÉVÈRE.

Quoi?

FABIAN.

Mariée.

SÉVÈRE.

Soutiens-moi, Fabian; ce coup de foudre est grand,
Et frappe d'autant plus que plus il me surprend..

FABIAN.

Seigneur, qu'est devenu ce généreux courage?

SÉVÈRE.

La constance est ici d'un difficile usage.
De pareils déplaisirs accablent un grand cœur;
La vertu la plus mâle en perd toute vigueur;
Et, quand d'un feu si beau les ames sont éprises,
La mort les trouble moins que de telles surprises.
Je ne suis plus à moi quand j'entends ce discours.
Pauline est mariée!

FABIAN.

Oui, depuis quinze jours.

Polyeucte, un seigneur des premiers d'Arménie,
Goûte de son hymen la douceur infinie.

SÉVÈRE.

Je ne la puis du moins blâmer d'un mauvais choix;
Polyeucte a du nom, et sort du sang des rois.
Foibles soulagements d'un malheur sans remède!
Pauline, je verrai qu'un autre vous possède!

O ciel! qui malgré moi me renvoyez au jour,
O sort! qui redonniez l'espoir à mon amour,
Reprenez la faveur que vous m'avez prêtée,
Et rendez-moi la mort que vous m'avez ôtée!

Voyons-la toutefois, et, dans ce triste lieu,
Achevons de mourir en lui disant adieu.
Que mon cœur, chez les morts emportant son image,
De son dernier soupir puisse lui faire hommage.

FABIAN.

Seigneur, considérez...

SÉVÈRE.

Tout est considéré.
Quel désordre peut craindre un cœur désespéré?
N'y consent-elle pas?

FABIAN.

Oui, seigneur; mais...

SÉVÈRE.

N'importe.

FABIAN.

Cette vive douleur en deviendra plus forte.

ACTE II, SCENE I.

SÉVÈRE.

Et ce n'est pas un mal que je veuille guérir.
Je ne veux que la voir, soupirer, et mourir.

FABIAN.

Vous vous échapperez sans doute en sa présence :
Un amant qui perd tout n'a plus de complaisance ;
Dans un tel entretien il suit sa passion,
Et ne pousse qu'injure et qu'imprécation.

SÉVÈRE.

Juge autrement de moi : mon respect dure encore ;
Tout violent qu'il est, mon désespoir l'adore.
Quels reproches aussi peuvent m'être permis ?
De quoi puis-je accuser qui ne m'a rien promis ?
Elle n'est point parjure, elle n'est point légère ;
Son devoir m'a trahi, mon malheur, et son père ;
Mais son devoir fut juste, et son père eut raison ;
J'impute à mon malheur toute la trahison.
Un peu moins de fortune, et plus tôt arrivée,
Eût gagné l'un par l'autre, et me l'eût conservée :
Trop heureux, mais trop tard, je n'ai pu l'acquérir ;
Laisse-la-moi donc voir, soupirer, et mourir.

FABIAN.

Oui, je vais l'assurer qu'en ce malheur extrême
Vous êtes assez fort pour vous vaincre vous-même.
Elle a craint comme moi ces premiers mouvements
Qu'une perte imprévue arrache aux vrais amants,
Et dont la violence excite assez de trouble,
Sans que l'objet présent l'irrite et le redouble.

SÉVÈRE.

Fabian, je la vois!

FABIAN.

Seigneur, souvenez-vous...

SÉVÈRE.

Hélas! elle aime un autre! un autre est son époux!

SCÈNE II.

SÉVÈRE, PAULINE, STRATONICE, FABIAN.

PAULINE.

Oui, je l'aime, Sévère, et n'en fais point d'excuse.
Que tout autre que moi vous flatte et vous abuse;
Pauline a l'ame noble, et parle à cœur ouvert.
Le bruit de votre mort n'est point ce qui vous perd.
Si le ciel en mon choix eût mis mon hyménée,
A vos seules vertus je me serois donnée;
Et toute la rigueur de votre premier sort
Contre votre mérite eût fait un vain effort.
Je découvrois en vous d'assez illustres marques,
Pour vous préférer même aux plus heureux monarques:
Mais puisque mon devoir m'imposoit d'autres lois,
De quelque amant pour moi que mon père eût fait choix,
Quand à ce grand pouvoir que la valeur vous donne
Vous auriez ajouté l'éclat d'une couronne,
Quand je vous aurois vu, quand je l'aurois haï,
J'en aurois soupiré, mais j'aurois obéi,

Et sur mes passions ma raison souveraine
Eût blâmé mes soupirs, et dissipé ma haine.
SÉVÈRE.
Que vous êtes heureuse, et qu'un peu de soupirs
Fait un aisé remède à tous vos déplaisirs!
Ainsi, de vos desirs toujours reine absolue,
Les plus grands changements vous trouvent résolue;
De la plus forte ardeur vous portez vos esprits
Jusqu'à l'indifférence, et peut-être au mépris;
Et votre fermeté fait succéder sans peine
La faveur au dédain, et l'amour à la haine.
Qu'un peu de votre humeur, ou de votre vertu,
Soulageroit les maux de ce cœur abattu!
Un soupir, une larme à regret épandue,
M'auroit déja guéri de vous avoir perdue.
Ma raison pourroit tout sur l'amour affoibli,
Et de l'indifférence iroit jusqu'à l'oubli;
Et, mon feu désormais se réglant sur le vôtre,
Je me tiendrois heureux entre les bras d'une autre.
O trop aimable objet! qui m'avez trop charmé,
Est-ce là comme on aime? et m'avez-vous aimé?
PAULINE.
Je vous l'ai trop fait voir, seigneur; et si mon ame
Pouvoit bien étouffer les restes de sa flamme,
Dieux! que j'éviterois de rigoureux tourments!
Ma raison, il est vrai, dompte mes sentiments;
Mais, quelque autorité que sur eux elle ait prise,
Elle n'y règne pas, elle les tyrannise;

Et, quoique le dehors soit sans émotion,
Le dedans n'est que trouble et que sédition :
Un je ne sais quel charme encor vers vous m'emporte,
Votre mérite est grand, si ma raison est forte :
Je le vois encor tel qu'il alluma mes feux
D'autant plus puissamment solliciter mes vœux,
Qu'il est environné de puissance et de gloire,
Qu'en tous lieux après vous il traîne la victoire,
Que j'en sais mieux le prix, et qu'il n'a point déçu
Le généreux espoir que j'en avois conçu.
Mais ce même devoir qui le vainquit dans Rome,
Et qui me range ici dessous les lois d'un homme,
Repousse encor si bien l'effort de tant d'appas,
Qu'il déchire mon ame, et ne l'ébranle pas.
C'est cette vertu même, à nos desirs cruelle,
Que vous louiez alors en blasphémant contre elle.
Plaignez-vous-en encor : mais louez sa rigueur,
Qui triomphe à-la-fois de vous et de mon cœur ;
Et voyez qu'un devoir moins ferme et moins sincère
N'auroit pas mérité l'amour du grand Sévère.

SÉVÈRE.

Ah ! madame, excusez une aveugle douleur
Qui ne connoît plus rien que l'excès du malheur :
Je nommois inconstance et prenois pour un crime
De ce juste devoir l'effort le plus sublime.
De grace, montrez moins à mes sens désolés
La grandeur de ma perte, et ce que vous valez ;
Et, cachant par pitié cette vertu si rare

Qui redouble mes feux lorsqu'elle nous sépare,
Faites voir des défauts qui puissent à leur tour
Affoiblir ma douleur avecque mon amour.
PAULINE.
Hélas! cette vertu, quoique enfin invincible,
Ne laisse que trop voir une ame trop sensible.
Ces pleurs en sont témoins, et ces lâches soupirs
Qu'arrachent de nos feux les cruels souvenirs :
Trop rigoureux effets d'une aimable présence
Contre qui mon devoir a trop peu de défense!
Mais, si vous estimez ce vertueux devoir,
Conservez-m'en la gloire, et cessez de me voir :
Épargnez-moi des pleurs qui coulent à ma honte;
Épargnez-moi des feux qu'à regret je surmonte;
Enfin épargnez-moi ces tristes entretiens,
Qui ne font qu'irriter vos tourments et les miens.
SÉVÈRE.
Que je me prive ainsi du seul bien qui me reste!
PAULINE.
Sauvez-vous d'une vue à tous les deux funeste.
SÉVÈRE.
Quel prix de mon amour! quel fruit de mes travaux!
PAULINE.
C'est le remède seul qui peut guérir nos maux.
SÉVÈRE.
Je veux mourir des miens; aimez-en la mémoire.
PAULINE.
Je veux guérir des miens; ils souilleroient ma gloire.

SÉVÈRE.

Ah ! puisque votre gloire en prononce l'arrêt,
Il faut que ma douleur cède à son intérêt.
Est-il rien que sur moi cette gloire n'obtienne ?
Elle me rend les soins que je dois à la mienne.
Adieu : je vais chercher au milieu des combats
Cette immortalité que donne un beau trépas,
Et remplir dignement, par une mort pompeuse,
De mes premiers exploits l'attente avantageuse,
Si toutefois, après ce coup mortel du sort,
J'ai de la vie assez pour chercher une mort.

PAULINE.

Et moi, dont votre vue augmente le supplice,
Je l'éviterai même en votre sacrifice ;
Et, seule dans ma chambre enfermant mes regrets,
Je vais pour vous aux dieux faire des vœux secrets.

SÉVÈRE.

Puisse le juste ciel, content de ma ruine,
Combler d'heur et de jours Polyeucte et Pauline !

PAULINE.

Puisse trouver Sévère, après tant de malheur,
Une félicité digne de sa valeur !

SÉVÈRE.

Il la trouvoit en vous.

PAULINE.

      Je dépendois d'un père.

SÉVÈRE.

O devoir qui me perd et qui me désespère !

Adieu, trop vertueux objet, et trop charmant.
PAULINE.
Adieu, trop malheureux et trop parfait amant.

SCÈNE III.
PAULINE, STRATONICE.

STRATONICE.
Je vous ai plaints tous deux, j'en verse encor des larmes :
Mais du moins votre esprit est hors de ses alarmes ;
Vous voyez clairement que votre songe est vain ;
Sévère ne vient pas la vengeance à la main.
PAULINE.
Laisse-moi respirer du moins, si tu m'as plainte :
Au fort de ma douleur tu rappelles ma crainte ;
Souffre un peu de relâche à mes esprits troublés,
Et ne m'accable point par des maux redoublés.
STRATONICE.
Quoi ! vous craignez encor ?
PAULINE.
Je tremble, Stratonice ;
Et, bien que je m'effraie avec peu de justice,
Cette injuste frayeur sans cesse reproduit
L'image des malheurs que j'ai vus cette nuit.
STRATONICE.
Sévère est généreux.
PAULINE.
Malgré sa retenue,

Polyeucte sanglant frappe toujours ma vue.
STRATONICE.
Vous voyez ce rival faire des vœux pour lui.
PAULINE.
Je crois même au besoin qu'il seroit son appui :
Mais, soit cette croyance ou fausse ou véritable,
Son séjour en ce lieu m'est toujours redoutable ;
A quoi que sa vertu le puisse disposer,
Il est puissant, il m'aime, et vient pour m'épouser.

SCÈNE IV.

POLYEUCTE, NÉARQUE, PAULINE, STRATONICE.

POLYEUCTE.
C'est trop verser de pleurs ; il est temps qu'ils tarissent,
Que votre douleur cesse, et vos craintes finissent.
Malgré les faux avis par vos dieux envoyés,
Je suis vivant, madame, et vous me revoyez.
PAULINE.
Le jour est encor long ; et, ce qui plus m'effraie,
La moitié de l'avis se trouve déja vraie :
J'ai cru Sévère mort, et je le vois ici.
POLYEUCTE.
Je le sais ; mais enfin j'en prends peu de souci.
Je suis dans Mélitène ; et, quel que soit Sévère,
Votre père y commande, et l'on m'y considère ;

ACTE II, SCENE IV.

Et je ne pense pas qu'on puisse avec raison
D'un cœur tel que le sien craindre une trahison.
On m'avoit assuré qu'il vous faisoit visite,
Et je venois lui rendre un honneur qu'il mérite.

PAULINE.

Il vient de me quitter assez triste et confus :
Mais j'ai gagné sur lui qu'il ne me verra plus.

POLYEUCTE.

Quoi! vous me soupçonnez déja de quelque ombrage?

PAULINE.

Je ferois à tous trois un trop sensible outrage :
J'assure mon repos, que troublent ses regards.
La vertu la plus ferme évite les hasards :
Qui s'expose au péril veut bien trouver sa perte;
Et, pour vous en parler avec une ame ouverte,
Depuis qu'un vrai mérite a pu nous enflammer,
Sa présence toujours a droit de nous charmer.
Outre qu'on doit rougir de s'en laisser surprendre,
On souffre à résister, on souffre à s'en défendre;
Et, bien que la vertu triomphe de ses feux,
La victoire est pénible, et le combat honteux.

POLYEUCTE.

O vertu trop parfaite, et devoir trop sincère,
Que vous devez coûter de regrets à Sévère!
Qu'aux dépens d'un beau feu vous me rendez heureux!
Et que vous êtes doux à mon cœur amoureux!
Plus je vois mes défauts et plus je vous contemple,
Plus j'admire...

SCÈNE V.

POLYEUCTE, PAULINE, NÉARQUE, STRATONICE, CLÉON.

CLÉON.

Seigneur, Félix vous mande au temple :
La victime est choisie, et le peuple à genoux ;
Et pour sacrifier on n'attend plus que vous.

POLYEUCTE.

Va, nous allons te suivre. Y venez-vous, madame ?

PAULINE.

Sévère craint ma vue, elle irrite sa flamme ;
Je lui tiendrai parole, et ne veux plus le voir.
Adieu : vous l'y verrez ; pensez à son pouvoir,
Et ressouvenez-vous que sa faveur est grande.

POLYEUCTE.

Allez, tout son crédit n'a rien que j'appréhende ;
Et, comme je connois sa générosité,
Nous ne nous combattrons que de civilité.

SCÈNE VI.

POLYEUCTE, NÉARQUE.

NÉARQUE.

Où pensez-vous aller ?

ACTE II, SCENE VI.

POLYEUCTE.

        Au temple, où l'on m'appelle.

NÉARQUE.

Quoi! vous mêler aux vœux d'une troupe infidèle!
Oubliez-vous déja que vous êtes chrétien?

POLYEUCTE.

Vous par qui je le suis, vous en souvient-il bien?

NÉARQUE.

J'abhorre les faux dieux.

POLYEUCTE.

        Et moi je les déteste.

NÉARQUE.

Je tiens leur culte impie.

POLYEUCTE.

        Et je le tiens funeste.

NÉARQUE.

Fuyez donc leurs autels.

POLYEUCTE.

        Je les veux renverser,
Et mourir dans leur temple, ou les y terrasser.
Allons, mon cher Néarque, allons aux yeux des hommes
Braver l'idolâtrie, et montrer qui nous sommes :
C'est l'attente du ciel, il nous la faut remplir ;
Je viens de le promettre, et je vais l'accomplir.
Je rends graces au Dieu que tu m'as fait connoître
De cette occasion qu'il a si tôt fait naître,
Où déja sa bonté, prête à me couronner,
Daigne éprouver la foi qu'il vient de me donner.

4.

NÉARQUE.
Ce zèle est trop ardent; souffrez qu'il se modère.
POLYEUCTE.
On n'en peut avoir trop pour le Dieu qu'on révère.
NÉARQUE.
Vous trouverez la mort.
POLYEUCTE.
     Je la cherche pour lui.
NÉARQUE.
Et si ce cœur s'ébranle?
POLYEUCTE.
     Il sera mon appui.
NÉARQUE.
Il ne commande point que l'on s'y précipite.
POLYEUCTE.
Plus elle est volontaire, et plus elle mérite.
NÉARQUE.
Il suffit, sans chercher, d'attendre et de souffrir.
POLYEUCTE.
On souffre avec regret quand on n'ose s'offrir.
NÉARQUE.
Mais dans ce temple enfin la mort est assurée.
POLYEUCTE.
Mais dans le ciel déja la palme est préparée.
NÉARQUE.
Par une sainte vie il faut la mériter.
POLYEUCTE.
Mes crimes, en vivant, me la pourroient ôter.

ACTE II, SCENE VI.

Pourquoi mettre au hasard ce que la mort assure?
Quand elle ouvre le ciel, peut-elle sembler dure?
Je suis chrétien, Néarque, et le suis tout-à-fait;
La foi que j'ai reçue aspire à son effet.
Qui fuit croit lâchement, et n'a qu'une foi morte.

NÉARQUE.

Ménagez votre vie; à Dieu même elle importe:
Vivez pour protéger les chrétiens en ces lieux.

POLYEUCTE.

L'exemple de ma mort les fortifiera mieux.

NÉARQUE.

Vous voulez donc mourir?

POLYEUCTE.

      Vous aimez donc à vivre?

NÉARQUE.

Je ne puis déguiser que j'ai peine à vous suivre.
Sous l'horreur des tourments je crains de succomber.

POLYEUCTE.

Qui marche assurément n'a point peur de tomber :
Dieu fait part, au besoin, de sa force infinie.
Qui craint de le nier, dans son ame le nie;
Il croit le pouvoir faire, et doute de sa foi.

NÉARQUE.

Qui n'appréhende rien présume trop de soi.

POLYEUCTE.

J'attends tout de sa grace, et rien de ma foiblesse.
Mais, loin de me presser, il faut que je vous presse!
D'où vient cette froideur?

NÉARQUE.
　　　　　Dieu même a craint la mort.
POLYEUCTE.
Il s'est offert pourtant : suivons ce saint effort;
Dressons-lui des autels sur des monceaux d'idoles.
Il faut, je me souviens encor de vos paroles,
Négliger, pour lui plaire, et femme, et biens, et rang;
Exposer pour sa gloire et verser tout son sang.
Hélas! qu'avez-vous fait de cette amour parfaite
Que vous me souhaitiez, et que je vous souhaite?
S'il vous en reste encor, n'êtes-vous point jaloux
Qu'à grand'peine chrétien j'en montre plus que vous?
NÉARQUE.
Vous sortez du baptême, et ce qui vous anime,
C'est sa grace qu'en vous n'affoiblit aucun crime :
Comme encor tout entière, elle agit pleinement,
Et tout semble possible à son feu véhément;
Mais cette même grace en moi diminuée,
Et par mille péchés sans cesse exténuée,
Agit aux grands effets avec tant de langueur
Que tout semble impossible à son peu de vigueur.
Cette indigne mollesse et ces lâches défenses
Sont des punitions qu'attirent mes offenses;
Mais Dieu, dont on ne doit jamais se défier,
Me donne votre exemple à me fortifier.
Allons, cher Polyeucte, allons aux yeux des hommes
Braver l'idolâtrie, et montrer qui nous sommes :
Puissé-je vous donner l'exemple de souffrir,

ACTE II, SCENE VI.

Comme vous me donnez celui de vous offrir !
POLYEUCTE.
A cet heureux transport que le ciel vous envoie,
Je reconnois Néarque, et j'en pleure de joie.
Ne perdons plus de temps, le sacrifice est prêt ;
Allons-y du vrai Dieu soutenir l'intérêt ;
Allons fouler aux pieds ce foudre ridicule
Dont arme un bois pourri ce peuple trop crédule ;
Allons en éclairer l'aveuglement fatal ;
Allons briser ces dieux de pierre et de métal ;
Abandonnons nos jours à cette ardeur céleste ;
Faisons triompher Dieu : qu'il dispose du reste.
NÉARQUE.
Allons faire éclater sa gloire aux yeux de tous,
Et répondre avec zèle à ce qu'il veut de nous.

FIN DU SECOND ACTE.

ACTE TROISIÈME.

SCÈNE I.

PAULINE.

Que de soucis flottants, que de confus nuages,
Présentent à mes yeux d'inconstantes images !
Douce tranquillité que je n'ose espérer,
Que ton divin rayon tarde à les éclairer !
Mille agitations que mes troubles produisent
Dans mon cœur ébranlé tour-à-tour se détruisent ;
Aucun espoir n'y coule où j'ose persister ;
Aucun effroi n'y règne où j'ose m'arrêter.
Mon esprit, embrassant tout ce qu'il s'imagine,
Voit tantôt mon bonheur, et tantôt ma ruine,
Et suit leur vaine idée avec si peu d'effet,
Qu'il ne peut espérer ni craindre tout-à-fait.
Sévère incessamment brouille ma fantaisie :
J'espère en sa vertu, je crains sa jalousie ;
Et je n'ose penser que d'un œil bien égal
Polyeucte en ces lieux puisse voir son rival.
Comme entre deux rivaux la haine est naturelle,

L'entrevue aisément se termine en querelle :
L'un voit aux mains d'autrui ce qu'il croit mériter,
L'autre un désespéré qui peut tout attenter.
Quelque haute raison qui règle leur courage,
L'un conçoit de l'envie, et l'autre de l'ombrage;
La honte d'un affront que chacun d'eux croit voir
Ou de nouveau reçue, ou prête à recevoir,
Consumant dès l'abord toute leur patience,
Forme de la colère et de la défiance,
Et, saisissant ensemble et l'époux et l'amant,
En dépit d'eux les livre à leur ressentiment.
Mais que je me figure une étrange chimère!
Et que je traite mal Polyeucte et Sévère,
Comme si la vertu de ces fameux rivaux
Ne pouvoit s'affranchir de ces communs défauts!
Leurs ames à tous deux, d'elles-mêmes maîtresses,
Sont d'un ordre trop haut pour de telles bassesses;
Ils se verront au temple en hommes généreux.
Mais, las! ils se verront, et c'est beaucoup pour eux :
Que sert à mon époux d'être dans Mélitène,
Si contre lui Sévère arme l'aigle romaine,
Si mon père y commande, et craint ce favori,
Et se repent déja du choix de mon mari?
Si peu que j'ai d'espoir ne luit qu'avec contrainte;
En naissant il avorte, et fait place à la crainte;
Ce qui doit l'affermir sert à le dissiper.
Dieux, faites que ma peur puisse enfin se tromper!
Mais sachons-en l'issue.

SCÈNE. II.

PAULINE, STRATONICE.

PAULINE.

Eh bien! ma Stratonice,
Comment s'est terminé ce pompeux sacrifice?
Ces rivaux généreux au temple se sont vus?

STRATONICE.

Ah! Pauline!

PAULINE.

Mes vœux ont-ils été déçus?
J'en vois sur ton visage une mauvaise marque.
Se sont-ils querellés?

STRATONICE.

Polyeucte, Néarque,
Les chrétiens...

PAULINE.

Parle donc: Les chrétiens...

STRATONICE.

Je ne puis.

PAULINE.

Tu prépares mon ame à d'étranges ennuis.

STRATONICE.

Vous n'en sauriez avoir une plus juste cause.

PAULINE.

L'ont-ils assassiné?

STRATONICE.
         Ce seroit peu de chose.
Tout votre songe est vrai : Polyeucte n'est plus...
PAULINE.
Il est mort?
STRATONICE.
         Non; il vit : mais, ô pleurs superflus!
Ce courage si grand, cette ame si divine,
N'est plus digne du jour, ni digne de Pauline.
Ce n'est plus cet époux si charmant à vos yeux;
C'est l'ennemi commun de l'état et des Dieux,
Un méchant, un infame, un rebelle, un perfide,
Un traître, un scélérat, un lâche, un parricide,
Une peste exécrable à tous les gens de bien,
Un sacrilége impie, en un mot un chrétien.
PAULINE.
Ce mot auroit suffi sans ce torrent d'injures.
STRATONICE.
Ces titres aux chrétiens sont-ce des impostures?
PAULINE.
Il est ce que tu dis, s'il embrasse leur foi;
Mais il est mon époux, et tu parles à moi.
STRATONICE.
Ne considérez plus que le dieu qu'il adore.
PAULINE.
Je l'aimai par devoir; ce devoir dure encore.
STRATONICE.
Il vous donne à présent sujet de le haïr:

Qui trahit tous nos dieux auroit pu vous trahir.
PAULINE.
Je l'aimerois encor, quand il m'auroit trahie;
Et, si de tant d'amour tu peux être ébahie,
Apprends que mon devoir ne dépend point du sien.
Qu'il y manque, s'il veut; je dois faire le mien.
Quoi! s'il aimoit ailleurs, serois-je dispensée
A suivre, à son exemple, une ardeur insensée?
Quelque chrétien qu'il soit, je n'en ai point d'horreur;
Je chéris sa personne, et je hais son erreur.
Mais quel ressentiment en témoigne mon père?
STRATONICE.
Une secrète rage, un excès de colère,
Malgré qui toutefois un reste d'amitié
Montre pour Polyeucte encor quelque pitié.
Il ne veut point sur lui faire agir sa justice,
Que du traître Néarque il n'ait vu le supplice.
PAULINE.
Quoi! Néarque en est donc?
STRATONICE.
                      Néarque l'a séduit:
De leur vieille amitié c'est là l'indigne fruit.
Ce perfide tantôt, en dépit de lui-même,
L'arrachant de vos bras le traînoit au baptême:
Voilà ce grand secret et si mystérieux
Que n'en pouvoit tirer votre amour curieux.
PAULINE.
Tu me blâmois alors d'être trop importune.

STRATONICE.
Je ne prévoyois pas une telle infortune.
PAULINE.
Avant qu'abandonner mon ame à mes douleurs,
Il me faut essayer la force de mes pleurs :
En qualité de femme, ou de fille, j'espère
Qu'ils vaincront un époux, ou fléchiront un père.
Que si sur l'un et l'autre ils manquent de pouvoir,
Je ne prendrai conseil que de mon désespoir.
Apprends-moi cependant ce qu'ils ont fait au temple.
STRATONICE.
C'est une impiété qui n'eut jamais d'exemple :
Je ne puis y penser sans frémir à l'instant,
Et crains de faire un crime en vous la racontant.
Apprenez, en deux mots, leur brutale insolence.
  Le prêtre avoit à peine obtenu du silence,
Et devers l'orient assuré son aspect,
Qu'ils ont fait éclater leur manque de respect.
A chaque occasion de la cérémonie,
A l'envi l'un et l'autre étaloit sa manie,
Des mystères sacrés hautement se moquoit,
Et traitoit de mépris les dieux qu'on invoquoit.
Tout le peuple en murmure, et Félix s'en offense;
Mais tous deux s'emportant à plus d'irrévérence,
« Quoi! lui dit Polyeucte en élevant sa voix,
« Adorez-vous des dieux ou de pierre ou de bois ? »
  Ici dispensez-moi du récit des blasphêmes
Qu'ils ont vomis tous deux contre Jupiter mêmes :

L'adultère et l'inceste en étoient les plus doux.
« Oyez, dit-il ensuite, oyez, peuple; oyez tous :
Le Dieu de Polyeucte et celui de Néarque
De la terre et du ciel est l'absolu monarque,
Seul être indépendant, seul maître du destin,
Seul principe éternel, et souveraine fin.
C'est ce Dieu des chrétiens qu'il faut qu'on remercie
Des victoires qu'il donne à l'empereur Décie;
Lui seul tient en sa main le succès des combats;
Il le veut élever, il le peut mettre à bas;
Sa bonté, son pouvoir, sa justice, est immense;
C'est lui seul qui punit, lui seul qui récompense :
Vous adorez en vain des monstres impuissants. »
Se jetant à ces mots sur le vin et l'encens,
Après en avoir mis les saints vases par terre,
Sans crainte de Félix, sans crainte du tonnerre,
D'une fureur pareille ils courent à l'autel.
Cieux! a-t-on vu jamais, a-t-on rien vu de tel?
Du plus puissant des dieux nous voyons la statue
Par une main impie à leurs pieds abattue,
Les mystères troublés, le temple profané,
La fuite et les clameurs d'un peuple mutiné
Qui craint d'être accablé sous le courroux céleste.
Félix... Mais le voici qui vous dira le reste.

PAULINE.

Que son visage est sombre, et plein d'émotion!
Qu'il montre de tristesse et d'indignation!

SCÈNE III.

FÉLIX, PAULINE, STRATONICE.

FÉLIX.
Une telle insolence avoir osé paroître!
En public! à ma vue! Il en mourra, le traître!
PAULINE.
Souffrez que votre fille embrasse vos genoux.
FÉLIX.
Je parle de Néarque, et non de votre époux :
Quelque indigne qu'il soit de ce doux nom de gendre,
Mon ame lui conserve un sentiment plus tendre;
La grandeur de son crime et de mon déplaisir
N'a pas éteint l'amour qui me l'a fait choisir.
PAULINE.
Je n'attendois pas moins de la bonté d'un père.
FÉLIX.
Je pouvois l'immoler à ma juste colère :
Car vous n'ignorez pas à quel comble d'horreur
De son audace impie a monté la fureur;
Vous l'avez pu savoir du moins de Stratonice.
PAULINE.
Je sais que de Néarque il doit voir le supplice.
FÉLIX.
Du conseil qu'il doit prendre il sera mieux instruit,
Quand il verra punir celui qui l'a séduit.

Au spectacle sanglant d'un ami qu'il faut suivre,
La crainte de mourir et le desir de vivre
Ressaisissent une ame avec tant de pouvoir,
Que qui voit le trépas cesse de le vouloir.
L'exemple touche plus que ne fait la menace;
Cette indiscrète ardeur tourne bientôt en glace :
En vain vous en avez l'esprit inquiété,
Il se repentira de son impiété.

PAULINE.

Vous pouvez espérer qu'il change de courage?

FÉLIX.

Aux dépens de Néarque il doit se rendre sage.

PAULINE.

Il le doit : mais, hélas! où me renvoyez-vous?
Et quels tristes hasards ne court point mon époux,
Si de son inconstance il faut qu'enfin j'espère
Le bien que j'espérois de la bonté d'un père?

FÉLIX.

Je vous en fais trop voir, Pauline, à consentir
Qu'il évite la mort par un prompt repentir.
Je devois même peine à des crimes semblables;
Et, mettant différence entre ces deux coupables,
J'ai trahi la justice à l'amour paternel :
Je me suis fait pour lui moi-même criminel;
Et j'attendois de vous, au milieu de vos craintes,
Plus de remercîments que je n'entends de plaintes.

PAULINE.

De quoi remercier qui ne me donne rien?

Je sais quelle est l'humeur et l'esprit d'un chrétien.
Dans l'obstination jusqu'au bout il demeure :
Vouloir son repentir, c'est ordonner qu'il meure.

FÉLIX.

Sa grace est en sa main, c'est à lui d'y rêver.

PAULINE.

Faites-la tout entière.

FÉLIX.

Il la peut achever.

PAULINE.

Ne l'abandonnez pas aux fureurs de sa secte.

FÉLIX.

Je l'abandonne aux lois, qu'il faut que je respecte.

PAULINE.

Est-ce ainsi que d'un gendre un beau-père est l'appui?

FÉLIX.

Qu'il fasse autant pour soi comme je fais pour lui.

PAULINE.

Mais il est aveuglé.

FÉLIX.

Mais il se plaît à l'être.
Qui chérit son erreur ne la veut pas connoître.

PAULINE.

Mon père, au nom des dieux...

FÉLIX.

Ne les réclamez pas,
Ces dieux, dont l'intérêt demande son trépas.

PAULINE.
Ils écoutent nos vœux.
FÉLIX.
Hé bien! qu'il leur en fasse.
PAULINE.
Au nom de l'empereur, dont vous tenez la place...
FÉLIX.
J'ai son pouvoir en main; mais, s'il me l'a commis,
C'est pour le déployer contre ses ennemis.
PAULINE.
Polyeucte l'est-il?
FÉLIX.
Tous chrétiens sont rebelles.
PAULINE.
N'écoutez point pour lui ces maximes cruelles;
En épousant Pauline, il s'est fait votre sang.
FÉLIX.
Je regarde sa faute, et ne vois plus son rang.
Quand le crime d'état se mêle au sacrilége,
Le sang ni l'amitié n'ont plus de privilége.
PAULINE.
Quel excès de rigueur!
FÉLIX.
Moindre que son forfait.
PAULINE.
O de mon songe affreux trop véritable effet!
Voyez-vous qu'avec lui vous perdez votre fille?

ACTE III, SCENE III.

FÉLIX.

Les dieux et l'empereur sont plus que ma famille.

PAULINE.

La perte de tous deux ne vous peut arrêter!

FÉLIX.

J'ai les dieux et Décie ensemble à redouter.
Mais nous n'avons encore à craindre rien de triste :
Dans son aveuglement pensez-vous qu'il persiste?
S'il nous sembloit tantôt courir à son malheur,
C'est d'un nouveau chrétien la première chaleur.

PAULINE.

Si vous l'aimez encor, quittez cette espérance
Que deux fois en un jour il change de croyance :
Outre que les chrétiens ont plus de dureté,
Vous attendez de lui trop de légèreté.
Ce n'est point une erreur avec le lait sucée,
Que sans l'examiner son ame ait embrassée ;
Polyeucte est chrétien parce qu'il l'a voulu,
Et vous portoit au temple un esprit résolu.
Vous devez présumer de lui comme du reste :
Le trépas n'est pour eux ni honteux ni funeste ;
Ils cherchent de la gloire à mépriser nos dieux ;
Aveugles pour la terre, ils aspirent aux cieux ;
Et, croyant que la mort leur en ouvre la porte,
Tourmentés, déchirés, assassinés, n'importe,
Les supplices leur sont ce qu'à nous les plaisirs,
Et les mènent au but où tendent leurs desirs.
La mort la plus infame, ils l'appellent martyre.

FÉLIX.
Hé bien donc! Polyeucte aura ce qu'il desire :
N'en parlons plus.
PAULINE.
Mon père...

SCÈNE IV.

FÉLIX, ALBIN, PAULINE, STRATONICE.

FÉLIX.
Albin, en est-ce fait?
ALBIN.
Oui, seigneur; et Néarque a payé son forfait.
FÉLIX.
Et notre Polyeucte a vu trancher sa vie?
ALBIN.
Il l'a vu, mais, hélas! avec un œil d'envie.
Il brûle de le suivre, au lieu de reculer;
Et son cœur s'affermit, au lieu de s'ébranler.
PAULINE.
Je vous le disois bien. Encore un coup, mon père,
Si jamais mon respect a pu vous satisfaire,
Si vous l'avez prisé, si vous l'avez chéri....
FÉLIX.
Vous aimez trop, Pauline, un indigne mari.
PAULINE.
Je l'ai de votre main : mon amour est sans crime;

Il est de votre choix la glorieuse estime ;
Et j'ai, pour l'accepter, éteint le plus beau feu
Qui d'une ame bien née ait mérité l'aveu.
Au nom de cette aveugle et prompte obéissance
Que j'ai toujours rendue aux lois de la naissance,
Si vous avez pu tout sur moi, sur mon amour,
Que je puisse sur vous quelque chose à mon tour !
Par ce juste pouvoir à présent trop à craindre,
Par ces beaux sentiments qu'il m'a fallu contraindre,
Ne m'ôtez pas vos dons ; ils sont chers à mes yeux,
Et m'ont assez coûté pour m'être précieux.

FÉLIX.

Vous m'importunez trop : bien que j'aie un cœur tendre,
Je n'aime la pitié qu'au prix que j'en veux prendre.
Employez mieux l'effort de vos justes douleurs ;
Malgré moi m'en toucher, c'est perdre et temps et pleurs :
J'en veux être le maître, et je veux bien qu'on sache
Que je la désavoue alors qu'on me l'arrache.
Préparez-vous à voir ce malheureux chrétien ;
Et faites votre effort quand j'aurai fait le mien.
Allez, n'irritez plus un père qui vous aime ;
Et tâchez d'obtenir votre époux de lui-même :
Tantôt jusqu'en ce lieu je le ferai venir.
Cependant quittez-nous ; je veux l'entretenir.

PAULINE.

De grace permettez....

FÉLIX.

Laissez-nous seuls, vous dis-je ;

Votre douleur m'offense autant qu'elle m'afflige.
A gagner Polyeucte appliquez tous vos soins ;
Vous avancerez plus en m'importunant moins.

SCÈNE V.

FÉLIX, ALBIN.

FÉLIX.

Albin, comme est-il mort ?

ALBIN.

En brutal, en impie,
En bravant les tourments, en dédaignant la vie,
Sans regret, sans murmure, et sans étonnement,
Dans l'obstination et l'endurcissement,
Comme un chrétien enfin, le blasphême à la bouche.

FÉLIX.

Et l'autre ?

ALBIN.

Je l'ai dit déja : rien ne le touche ;
Loin d'en être abattu, son cœur en est plus haut ;
On l'a violenté pour quitter l'échafaud.
Il est dans la prison, où je l'ai vu conduire.
Mais vous êtes bien loin encor de le réduire.

FÉLIX.

Que je suis malheureux !

ALBIN.

Tout le monde vous plaint.

ACTE III, SCENE V.

FÉLIX.

On ne sait pas les maux dont mon cœur est atteint :
De pensers sur pensers mon ame est agitée ;
De soucis sur soucis elle est inquiétée ;
Je sens l'amour, la haine, et la crainte, et l'espoir,
La joie, et la douleur, tour-à-tour l'émouvoir.
J'entre en des sentiments qui ne sont pas croyables :
J'en ai de violents, j'en ai de pitoyables ;
J'en ai de généreux qui n'oseroient agir ;
J'en ai même de bas, et qui me font rougir.
J'aime ce malheureux que j'ai choisi pour gendre ;
Je hais l'aveugle erreur qui le vient de surprendre ;
Je déplore sa perte, et le voulant sauver,
J'ai la gloire des dieux ensemble à conserver ;
Je redoute leur foudre et celui de Décie :
Il y va de ma charge, il y va de ma vie.
Ainsi tantôt pour lui je m'expose au trépas,
Et tantôt je le perds pour ne me perdre pas.

ALBIN.

Décie excusera l'amitié d'un beau-père ;
Et d'ailleurs Polyeucte est d'un sang qu'on révère.

FÉLIX.

A punir les chrétiens son ordre est rigoureux ;
Et plus l'exemple est grand, plus il est dangereux :
On ne distingue point, quand l'offense est publique ;
Et, lorsqu'on dissimule un crime domestique,
Par quelle autorité peut-on, par quelle loi,
Châtier en autrui ce qu'on souffre chez soi ?

ALBIN.
Si vous n'osez avoir d'égard à sa personne,
Écrivez à Décie afin qu'il en ordonne.
FÉLIX.
Sévère me perdroit, si j'en usois ainsi :
Sa haine et son pouvoir font mon plus grand souci.
Si j'avois différé de punir un tel crime,
Quoiqu'il soit généreux, quoiqu'il soit magnanime,
Il est homme, et sensible, et je l'ai dédaigné ;
Et de tant de mépris son esprit indigné,
Que met au désespoir cet hymen de Pauline,
Du courroux de Décie obtiendroit ma ruine.
Pour venger un affront tout semble être permis,
Et les occasions tentent les plus remis.
Peut-être, et ce soupçon n'est pas sans apparence,
Il rallume en son cœur déja quelque espérance ;
Et, croyant bientôt voir Polyeucte puni,
Il rappelle un amour à grand'peine banni.
Juge si sa colère, en ce cas implacable,
Me feroit innocent de sauver un coupable,
Et s'il m'épargneroit, voyant par mes bontés
Une seconde fois ses desseins avortés.
Te dirai-je un penser indigne, bas, et lâche?
Je l'étouffe, il renaît ; il me flatte, et me fâche :
L'ambition toujours me le vient présenter ;
Et tout ce que je puis, c'est de le détester.
Polyeucte est ici l'appui de ma famille :
Mais si, par son trépas, l'autre épousoit ma fille,

ACTE III, SCENE V.

J'acquerrois bien par là de plus puissants appuis,
Qui me mettroient plus haut cent fois que je ne suis.
Mon cœur en prend par force une maligne joie :
Mais que plutôt le ciel à tes yeux me foudroie,
Qu'à des pensers si bas je puisse consentir,
Que jusque-là ma gloire ose se démentir!

ALBIN.

Votre cœur est trop bon, et votre ame trop haute.
Mais vous résolvez-vous à punir cette faute ?

FÉLIX.

Je vais dans la prison faire tout mon effort
A vaincre cet esprit par l'effroi de la mort;
Et nous verrons après ce que pourra Pauline.

ALBIN.

Que ferez-vous enfin, si toujours il s'obstine ?

FÉLIX.

Ne me presse point tant; dans un tel déplaisir,
Je ne puis que résoudre, et ne sais que choisir.

ALBIN.

Je dois vous avertir, en serviteur fidèle,
Qu'en sa faveur déja la ville se rebelle,
Et ne peut voir passer par la rigueur des lois
Sa dernière espérance et le sang de ses rois.
Je tiens sa prison même assez mal assurée :
J'ai laissé tout autour une troupe éplorée ;
Je crains qu'on ne la force.

FÉLIX.

Il faut donc l'en tirer,

Et l'amener ici pour nous en assurer.
ALBIN.
Tirez-l'en donc vous-même, et d'un espoir de grace
Apaisez la fureur de cette populace.
FÉLIX.
Allons ; et, s'il persiste à demeurer chrétien,
Nous en disposerons sans qu'elle en sache rien.

FIN DU TROISIÈME ACTE.

ACTE QUATRIÈME.

SCÈNE I.

POLYEUCTE, CLÉON, TROIS AUTRES GARDES.

POLYEUCTE.

Gardes, que me veut-on ?

CLÉON.

Pauline vous demande.

POLYEUCTE.

O présence, ô combat que sur-tout j'appréhende !
Félix, dans la prison j'ai triomphé de toi,
J'ai ri de ta menace, et t'ai vu sans effroi :
Tu prends pour t'en venger de plus puissantes armes ;
Je craignois beaucoup moins tes bourreaux que ses larmes.

Seigneur, qui vois ici les périls que je cours,
En ce pressant besoin redouble ton secours !
Et toi qui, tout sortant encor de la victoire,
Regardes mes travaux du séjour de la gloire,
Cher Néarque, pour vaincre un si fort ennemi,
Prête du haut du ciel la main à ton ami.

Gardes, oseriez-vous me rendre un bon office ?
Non pour me dérober aux rigueurs du supplice,

Ce n'est pas mon dessein qu'on me fasse évader;
Mais, comme il suffira de trois à me garder,
L'autre m'obligeroit d'aller quérir Sévère :
Je crois que sans péril on peut me satisfaire;
Si j'avois pu lui dire un secret important,
Il vivroit plus heureux, et je mourrois content.

CLÉON.

Si vous me l'ordonnez, j'y cours en diligence.

POLYEUCTE.

Sévère, à mon défaut, fera ta récompense.
Va, ne perds point de temps, et reviens promptement.

CLÉON.

Je serai de retour, seigneur, dans un moment.

SCÈNE II.

POLYEUCTE.

(Les gardes se retirent aux coins du théâtre.)

Source délicieuse, en misères féconde,
Que voulez-vous de moi, flatteuses voluptés?
Honteux attachements de la chair et du monde,
Que ne me quittez-vous quand je vous ai quittés!
Allez, honneurs, plaisirs, qui me livrez la guerre :
    Toute votre félicité,
    Sujette à l'instabilité,
    En moins de rien tombe par terre;

ACTE IV, SCÈNE II

    Et, comme elle a l'éclat du verre,
    Elle en a la fragilité.

Ainsi n'espérez pas qu'après vous je soupire.
Vous étalez en vain vos charmes impuissants ;
Vous me montrez en vain par tout ce vaste empire
Les ennemis de Dieu pompeux et florissants :
Il étale à son tour des revers équitables,
    Par qui les grands sont confondus ;
    Et les glaives qu'il tient pendus
    Sur les plus fortunés coupables
    Sont d'autant plus inévitables
    Que leurs coups sont moins attendus.

Tigre altéré de sang, Décie impitoyable,
Ce Dieu t'a trop long-temps abandonné les siens :
De ton heureux destin vois la suite effroyable ;
Le Scythe va venger la Perse et les chrétiens.
Encore un peu plus outre, et ton heure est venue ;
    Rien ne t'en sauroit garantir ;
    Et la foudre qui va partir,
    Toute prête à crever la nue,
    Ne peut plus être retenue
    Par l'attente du repentir.

Que cependant Félix m'immole à ta colère ;
Qu'un rival plus puissant éblouisse ses yeux ;
Qu'aux dépens de ma vie il s'en fasse beau-père,

Et qu'à titre d'esclave il commande en ces lieux :
Je consens, ou plutôt j'aspire à ma ruine.
  Monde, pour moi tu n'as plus rien :
  Je porte en un cœur tout chrétien
  Une flamme toute divine ;
  Et je ne regarde Pauline
  Que comme un obstacle à mon bien.

Saintes douceurs du ciel, adorables idées,
Vous remplissez un cœur qui vous peut recevoir ;
De vos sacrés attraits les ames possédées
Ne conçoivent plus rien qui les puisse émouvoir.
Vous promettez beaucoup, et donnez davantage :
  Vos biens ne sont point inconstants ;
  Et l'heureux trépas que j'attends
  Ne vous sert que d'un doux passage
  Pour nous introduire au partage
  Qui nous rend à jamais contents.

C'est vous, ô feu divin que rien ne peut éteindre,
Qui m'allez faire voir Pauline sans la craindre.
Je la vois : mais mon cœur, d'un saint zèle enflammé,
N'en goûte plus l'appât dont il étoit charmé ;
Et mes yeux, éclairés des célestes lumières,
Ne trouvent plus aux siens leurs graces coutumières.

SCÈNE III.

POLYEUCTE, PAULINE, GARDES.

POLYEUCTE.

Madame, quel dessein vous fait me demander?
Est-ce pour me combattre, ou pour me seconder?
Cet effort généreux de votre amour parfaite
Vient-il à mon secours, vient-il à ma défaite?
Apportez-vous ici la haine, ou l'amitié,
Comme mon ennemie, ou ma chère moitié?

PAULINE.

Vous n'avez point ici d'ennemi que vous-même;
Seul vous vous haïssez lorsque chacun vous aime;
Seul vous exécutez tout ce que j'ai rêvé :
Ne veuillez pas vous perdre, et vous êtes sauvé.
A quelque extrémité que votre crime passe,
Vous êtes innocent si vous vous faites grace.
Daignez considérer le sang dont vous sortez,
Vos grandes actions, vos rares qualités;
Chéri de tout le peuple, estimé chez le prince,
Gendre du gouverneur de toute la province,
Je ne vous compte à rien le nom de mon époux;
C'est un bonheur pour moi, qui n'est pas grand pour vous :
Mais après vos exploits, après votre naissance,
Après votre pouvoir, voyez notre espérance;
Et n'abandonnez pas à la main d'un bourreau

Ce qu'à nos justes vœux promet un sort si beau.

PmoLYEUCTE.

Je considère plus : je sais mes avantages,
Et l'espoir que sur eux forment les grands courages.
Ils n'aspirent enfin qu'à des biens passagers,
Que troublent les soucis, que suivent les dangers;
La mort nous les ravit, la fortune s'en joue;
Aujourd'hui dans le trône, et demain dans la boue;
Et leur plus haut éclat fait tant de mécontents,
Que peu de vos Césars en ont joui long-temps.
J'ai de l'ambition, mais plus noble et plus belle :
Cette grandeur périt; j'en veux une immortelle,
Un bonheur assuré, sans mesure et sans fin,
Au-dessus de l'envie, au-dessus du destin.
Est-ce trop l'acheter que d'une triste vie,
Qui tantôt, qui soudain, me peut être ravie;
Qui ne me fait jouir que d'un instant qui fuit,
Et ne peut m'assurer de celui qui le suit?

PAULINE.

Voilà de vos chrétiens les ridicules songes;
Voilà jusqu'à quel point vous charment leurs mensonges :
Tout votre sang est peu pour un bonheur si doux!
Mais, pour en disposer, ce sang est-il à vous?
Vous n'avez pas la vie ainsi qu'un héritage;
Le jour qui vous la donne en même temps l'engage :
Vous la devez au prince, au public, à l'état.

POLYEUCTE.

Je la voudrois pour eux perdre dans un combat :

ACTE IV, SCENE III

Je sais quel en est l'heur, et quelle en est la gloire.
Des aïeux de Décie on vante la mémoire;
Et ce nom, précieux encore à vos Romains,
Au bout de six cents ans, lui met l'empire aux mains.
Je dois ma vie au peuple, au prince, à sa couronne;
Mais je la dois bien plus au Dieu qui me la donne.
Si mourir pour son prince est un illustre sort,
Quand on meurt pour son Dieu, quelle sera la mort!

PAULINE.

Quel Dieu!

POLYEUCTE.

Tout beau, Pauline : il entend vos paroles;
Et ce n'est pas un Dieu comme vos dieux frivoles,
Insensibles et sourds, impuissants, mutilés,
De bois, de marbre, ou d'or, comme vous les voulez:
C'est le Dieu des chrétiens, c'est le mien, c'est le vôtre;
Et la terre et le ciel n'en connoissent point d'autre.

PAULINE.

Adorez-le dans l'ame, et n'en témoignez rien.

POLYEUCTE.

Que je sois tout ensemble idolâtre et chrétien!

PAULINE.

Ne feignez qu'un moment; laissez partir Sévère,
Et donnez lieu d'agir aux bontés de mon père.

POLYEUCTE.

Les bontés de mon Dieu sont bien plus à chérir :
Il m'ôte des périls que j'aurois pu courir,
Et, sans me laisser lieu de tourner en arrière,

Sa faveur me couronne entrant dans la carrière;
Du premier coup de vent il me conduit au port,
Et, sortant du baptême, il m'envoie à la mort.
Si vous pouviez comprendre, et le peu qu'est la vie,
Et de quelles douceurs cette mort est suivie!...
Mais que sert de parler de ces trésors cachés
A des esprits que Dieu n'a pas encor touchés?

PAULINE.

Cruel! car il est temps que ma douleur éclate,
Et qu'un juste reproche accable une ame ingrate,
Est-ce là ce beau feu? sont-ce là tes serments?
Témoignes-tu pour moi les moindres sentiments?
Je ne te parlois point de l'état déplorable
Où ta mort va laisser ta femme inconsolable;
Je croyois que l'amour t'en parleroit assez,
Et je ne voulois pas de sentiments forcés :
Mais cette amour si ferme et si bien méritée,
Que tu m'avois promise, et que je t'ai portée,
Quand tu me veux quitter, quand tu me fais mourir,
Te peut-elle arracher une larme, un soupir?
Tu me quittes, ingrat, et le fais avec joie;
Tu ne la caches pas, tu veux que je la voie;
Et ton cœur, insensible à ces tristes appas,
Se figure un bonheur où je ne serai pas!
C'est donc là le dégoût qu'apporte l'hyménée!
Je te suis odieuse après m'être donnée!

POLYEUCTE.

Hélas!

ACTE IV, SCENE III.

PAULINE.

Que cet hélas a de peine à sortir !
Encor s'il commençoit un heureux repentir,
Que, tout forcé qu'il est, j'y trouverois de charmes !
Mais courage, il s'émeut ; je vois couler des larmes.

POLYEUCTE.

J'en verse, et plût à Dieu qu'à force d'en verser
Ce cœur trop endurci se pût enfin percer !
Le déplorable état où je vous abandonne
Est bien digne des pleurs que mon amour vous donne ;
Et, si l'on peut au ciel sentir quelques douleurs,
J'y pleurerai pour vous l'excès de vos malheurs :
Mais si, dans ce séjour de gloire et de lumière,
Ce Dieu tout juste et bon peut souffrir ma prière,
S'il y daigne écouter un conjugal amour,
Sur votre aveuglement il répandra le jour.

Seigneur, de vos bontés il faut que je l'obtienne ;
Elle a trop de vertus pour n'être pas chrétienne :
Avec trop de mérite il vous plut la former
Pour ne vous pas connoître et ne vous pas aimer,
Pour vivre des enfers esclave infortunée,
Et, sous leur triste joug, mourir comme elle est née.

PAULINE.

Que dis-tu, malheureux ? qu'oses-tu souhaiter ?

POLYEUCTE.

Ce que de tout mon sang je voudrois acheter.

PAULINE.

Que plutôt...!

POLYEUCTE.

C'est en vain qu'on se met en défense :
Ce Dieu touche les cœurs, lorsque moins on y pense.
Ce bienheureux moment n'est pas encor venu ;
Il viendra ; mais le temps ne m'en est pas connu.

PAULINE.

Quittez cette chimère, et m'aimez.

POLYEUCTE.

       Je vous aime,
Beaucoup moins que mon Dieu, mais bien plus que moi-mêm

PAULINE.

Au nom de cet amour, ne m'abandonnez pas.

POLYEUCTE.

Au nom de cet amour, daignez suivre mes pas.

PAULINE.

C'est peu de me quitter, tu veux donc me séduire ?

POLYEUCTE.

C'est peu d'aller au ciel, je veux vous y conduire.

PAULINE.

Imaginations.

POLYEUCTE.

   Célestes vérités !

PAULINE.

Étrange aveuglement !

POLYEUCTE.

    Éternelles clartés !

PAULINE.

Tu préfères la mort à l'amour de Pauline !

ACTE IV, SCENE IV.

POLYEUCTE.
Vous préférez le monde à la bonté divine !
PAULINE.
Va, cruel, va mourir : tu ne m'aimas jamais.
POLYEUCTE.
Vivez heureuse au monde, et me laissez en paix.
PAULINE.
Oui, je t'y vais laisser ; ne t'en mets plus en peine ;
Je vais....

SCÈNE IV.

POLYEUCTE, PAULINE, SÉVÈRE, FABIAN,
GARDES.

PAULINE.
     Mais quel dessein en ce lieu vous amène,
Sévère ? Auroit-on cru qu'un cœur si généreux
Pût venir jusqu'ici braver un malheureux ?
POLYEUCTE.
Vous traitez mal, Pauline, un si rare mérite ;
A ma seule prière il rend cette visite.
    Je vous ai fait, seigneur, une incivilité,
Que vous pardonnerez à ma captivité.
Possesseur d'un trésor dont je n'étois pas digne,
Souffrez avant ma mort que je vous le résigne,
Et laisse la vertu la plus rare à nos yeux
Qu'une femme jamais pût recevoir des cieux

Aux mains du plus vaillant et du plus honnête homme
Qu'ait adoré la terre et qu'ait vu naître Rome.
Vous êtes digne d'elle, elle est digne de vous;
Ne la refusez pas de la main d'un époux :
S'il vous a désunis, sa mort va vous rejoindre.
Qu'un feu jadis si beau n'en devienne pas moindre;
Rendez-lui votre cœur, et recevez sa foi :
Vivez heureux ensemble, et mourez comme moi;
C'est le bien qu'à tous deux Polyeucte désire.
　Qu'on me mène à la mort, je n'ai plus rien à dire.
Allons, gardes, c'est fait.

SCÈNE V.

SÉVÈRE, PAULINE, FABIAN.

SÉVÈRE.

　　　　　　　　Dans mon étonnement,
Je suis confus pour lui de son aveuglement;
Sa résolution a si peu de pareilles,
Qu'à peine je me fie encore à mes oreilles.
Un cœur qui vous chérit, (mais quel cœur assez bas
Auroit pu vous connoître et ne vous chérir pas?)
Un homme aimé de vous, sitôt qu'il vous possède,
Sans regret il vous quitte : il fait plus, il vous cède ;
Et, comme si vos feux étoient un don fatal,
Il en fait un présent lui-même à son rival !
Certes, ou les chrétiens ont d'étranges manies,

ACTE IV, SCENE V.

Ou leurs félicités doivent être infinies,
Puisque, pour y prétendre, ils osent rejeter
Ce que de tout l'empire il faudroit acheter.
Pour moi, si mes destins, un peu plus tôt propices,
Eussent de votre hymen honoré mes services,
Je n'aurois adoré que l'éclat de vos yeux,
J'en aurois fait mes rois, j'en aurois fait mes dieux;
On m'auroit mis en poudre, on m'auroit mis en cendre,
Avant que....

PAULINE.

Brisons là : je crains de trop entendre,
Et que cette chaleur, qui sent vos premiers feux,
Ne pousse quelque suite indigne de tous deux.
Sévère, connoissez Pauline tout entière.
Mon Polyeucte touche à son heure dernière;
Pour achever de vivre il n'a plus qu'un moment :
Vous en êtes la cause, encor qu'innocemment.
Je ne sais si votre ame, à vos desirs ouverte,
Auroit osé former quelque espoir sur sa perte :
Mais sachez qu'il n'est point de si cruels trépas
Où d'un front assuré je ne porte mes pas,
Qu'il n'est point aux enfers d'horreurs que je n'endure,
Plutôt que de souiller une gloire si pure,
Que d'épouser un homme, après son triste sort,
Qui, de quelque façon, soit cause de sa mort;
Et, si vous me croyiez d'une ame si peu saine,
L'amour que j'eus pour vous tourneroit tout en haine.
Vous êtes généreux; soyez-le jusqu'au bout :

Mon père est en état de vous accorder tout,
Il vous craint; et j'avance encor cette parole,
Que, s'il perd mon époux, c'est à vous qu'il l'immole.
Sauvez ce malheureux, employez-vous pour lui,
Faites-vous un effort pour lui servir d'appui.
Je sais que c'est beaucoup que ce que je demande;
Mais plus l'effort est grand, plus la gloire en est grande.
Conserver un rival dont vous êtes jaloux,
C'est un trait de vertu qui n'appartient qu'à vous;
Et, si ce n'est assez de votre renommée,
C'est beaucoup qu'une femme autrefois tant aimée,
Et dont l'amour peut-être encor vous peut toucher,
Doive à votre grand cœur ce qu'elle a de plus cher :
Souvenez-vous enfin que vous êtes Sévère.
Adieu. Résolvez seul ce que vous devez faire :
Si vous n'êtes pas tel que je l'ose espérer,
Pour vous priser encor, je le veux ignorer.

SCÈNE VI.

SÉVÈRE, FABIAN.

SÉVÈRE.

Qu'est-ce ci, Fabian? quel nouveau coup de foudre
Tombe sur mon bonheur et le réduit en poudre ?
Plus je l'estime près, plus il est éloigné;
Je trouve tout perdu, quand je crois tout gagné;
Et toujours la fortune, à me nuire obstinée,

Tranche mon espérance aussitôt qu'elle est née :
Avant qu'offrir des vœux je reçois des refus ;
Toujours triste, toujours et honteux et confus
De voir que lâchement elle ait osé renaître,
Qu'encor plus lâchement elle ait osé paroître,
Et qu'une femme enfin dans la calamité
Me fasse des leçons de générosité.
 Votre belle ame est haute autant que malheureuse,
Mais elle est inhumaine autant que généreuse,
Pauline ; et vos douleurs avec trop de rigueur
D'un amant tout à vous tyrannisent le cœur.
C'est donc peu de vous perdre, il faut que je vous donne ;
Que je serve un rival, lorsqu'il vous abandonne ;
Et que, par un cruel et généreux effort,
Pour vous rendre en ses mains je l'arrache à la mort !

FABIAN.

Laissez à son destin cette ingrate famille ;
Qu'il accorde, s'il veut, le père avec la fille,
Polyeucte et Félix, l'épouse avec l'époux :
D'un si cruel effort quel prix espérez-vous ?

SÉVÈRE.

La gloire de montrer à cette ame si belle
Que Sévère l'égale, et qu'il est digne d'elle ;
Qu'elle m'étoit bien due, et que l'ordre des cieux
En me la refusant m'est trop injurieux.

FABIAN.

Sans accuser le sort ni le ciel d'injustice,
Prenez garde au péril qui suit un tel service ;

Vous hasardez beaucoup, seigneur, pensez-y bien.
Quoi! vous entreprenez de sauver un chrétien!
Pouvez-vous ignorer, pour cette secte impie,
Quelle est et fut toujours la haine de Décie?
C'est un crime vers lui si grand, si capital,
Qu'à votre faveur même il peut être fatal.

SÉVÈRE.

Cet avis seroit bon pour quelque ame commune.
S'il tient entre ses mains ma vie et ma fortune,
Je suis encor Sévère; et tout ce grand pouvoir
Ne peut rien sur ma gloire, et rien sur mon devoir.
Ici l'honneur m'oblige, et j'y veux satisfaire :
Qu'après le sort se montre ou propice ou contraire,
Comme son naturel est toujours inconstant,
Périssant glorieux, je périrai content.
  Je te dirai bien plus, mais avec confidence.
La secte des chrétiens n'est pas ce que l'on pense :
On les hait; la raison, je ne la connois point;
Et je ne vois Décie injuste qu'en ce point.
Par curiosité j'ai voulu les connoître :
On les tient pour sorciers, dont l'enfer est le maître;
Et, sur cette croyance, on punit du trépas
Des mystères secrets que nous n'entendons pas.
Mais Cérès Éleusine, et la bonne déesse,
Ont leurs secrets comme eux à Rome et dans la Grèce;
Encore impunément nous souffrons en tous lieux,
Leur dieu seul excepté, toute sorte de dieux ;
Tous les monstres d'Égypte ont leurs temples dans Rome;

Nos aïeux à leur gré faisoient un dieu d'un homme ;
Et, leur sang parmi nous conservant leurs erreurs,
Nous remplissons le ciel de tous nos empereurs :
Mais, à parler sans fard de tant d'apothéoses,
L'effet est bien douteux de ces métamorphoses.
 Les chrétiens n'ont qu'un dieu, maître absolu de tout,
De qui le seul vouloir fait tout ce qu'il résout :
Mais, si j'ose entre nous dire ce qui me semble,
Les nôtres bien souvent s'accordent mal ensemble ;
Et, me dût leur colère écraser à tes yeux,
Nous en avons beaucoup pour être de vrais dieux.
Peut-être qu'après tout ces croyances publiques
Ne sont qu'inventions de sages politiques,
Pour contenir un peuple, ou bien pour l'émouvoir,
Et dessus sa foiblesse affermir leur pouvoir.
Enfin chez les chrétiens les mœurs sont innocentes,
Les vices détestés, les vertus florissantes ;
Jamais un adultère, un traître, un assassin ;
Jamais d'ivrognerie, et jamais de larcin ;
Ce n'est qu'amour entr'eux, que charité sincère ;
Chacun y chérit l'autre, et le secourt en frère :
Ils font des vœux pour nous qui les persécutons ;
Et, depuis tant de temps que nous les tourmentons,
Les a-t-on vus mutins ? les a-t-on vus rebelles ?
Nos princes ont-ils eu des soldats plus fidèles ?
Furieux dans la guerre, ils souffrent nos bourreaux ;
Et, lions au combat, ils meurent en agneaux.
J'ai trop de pitié d'eux pour ne les pas défendre :

Allons trouver Félix, commençons par son gendre;
Et contentons ainsi, d'une seule action,
Et Pauline, et ma gloire, et ma compassion.

FIN DU QUATRIÈME ACTE.

ACTE CINQUIÈME.

SCÈNE I.

FÉLIX, ALBIN, CLÉON.

FÉLIX.

Albin, as-tu bien vu la fourbe de Sévère ?
As-tu bien vu sa haine ? et vois-tu ma misère ?
ALBIN.
Je n'ai vu rien en lui qu'un rival généreux,
Et ne vois rien en vous qu'un père rigoureux.
FÉLIX.
Que tu discernes mal le cœur d'avec la mine !
Dans l'ame il hait Félix et dédaigne Pauline ;
Et, s'il l'aima jadis, il estime aujourd'hui
Les restes d'un rival trop indignes de lui.
Il parle en sa faveur, il me prie, il menace,
Et me perdra, dit-il, si je ne lui fais grace ;
Tranchant du généreux, il croit m'épouvanter.
L'artifice est trop lourd pour ne pas l'éventer.
Je sais des gens de cour quelle est la politique ;
J'en connois mieux que lui la plus fine pratique.
C'est en vain qu'il tempête, et feint d'être en fureur ;

Je vois ce qu'il prétend auprès de l'empereur.
De ce qu'il me demande il m'y feroit un crime;
Épargnant son rival, je serois sa victime;
Et, s'il avoit affaire à quelque maladroit,
Le piége est bien tendu, sans doute il le perdroit.
Mais un vieux courtisan est un peu moins crédule;
Il voit quand on le joue, et quand on dissimule;
Et moi, j'en ai tant vu de toutes les façons,
Qu'à lui-même, au besoin, j'en ferois des leçons.

ALBIN.

Dieux! que vous vous gênez par cette défiance!

FÉLIX.

Pour subsister en cour c'est la haute science.
Quand un homme une fois a droit de nous haïr,
Nous devons présumer qu'il cherche à nous trahir;
Toute son amitié nous doit être suspecte.
Si Polyeucte enfin n'abandonne sa secte,
Quoi que son protecteur ait pour lui dans l'esprit,
Je suivrai hautement l'ordre qui m'est prescrit.

ALBIN.

Grace, grace, seigneur! que Pauline l'obtienne!

FÉLIX.

Celle de l'empereur ne suivroit pas la mienne;
Et, loin de le tirer de ce pas hasardeux,
Ma bonté ne feroit que nous perdre tous deux.

ALBIN.

Mais Sévère promet....

FÉLIX.

Albin, je m'en défie,
Et connois mieux que lui la haine de Décie :
En faveur des chrétiens s'il choquoit son courroux,
Lui-même assurément se perdroit avec nous.
Je veux tenter pourtant encore une autre voie.

(A Cléon.)

Amenez Polyeucte ; et, si je le renvoie,
S'il demeure insensible à ce dernier effort,
Au sortir de ce lieu qu'on lui donne la mort.

ALBIN.

Votre ordre est rigoureux.

FÉLIX.

Il faut que je le suive,
Si je veux empêcher qu'un désordre n'arrive.
Je vois le peuple ému pour prendre son parti ;
Et toi-même tantôt tu m'en as averti.
Dans ce zèle pour lui qu'il fait déja paroître,
Je ne sais si long-temps j'en pourrois être maître :
Peut-être dès demain, dès la nuit, dès ce soir,
J'en verrois des effets que je ne veux pas voir ;
Et Sévère aussitôt courant à sa vengeance
M'iroit calomnier de quelque intelligence.
Il faut rompre ce coup, qui me seroit fatal.

ALBIN.

Que tant de prévoyance est un étrange mal !
Tout vous nuit, tout vous perd, tout vous fait de l'ombrage :
Mais voyez que sa mort mettra ce peuple en rage,

Que c'est mal le guérir que le désespérer.
FÉLIX.
En vain après sa mort il voudra murmurer;
Et, s'il ose venir à quelque violence,
C'est à faire à céder deux jours à l'insolence :
J'aurai fait mon devoir, quoi qu'il puisse arriver.
Mais Polyeucte vient; tâchons de le sauver.
Soldats, retirez-vous, et gardez bien la porte.

SCÈNE II.

FÉLIX, POLYEUCTE, ALBIN.

FÉLIX.
As-tu donc pour la vie une haine si forte,
Malheureux Polyeucte? et la loi des chrétiens
T'ordonne-t-elle ainsi d'abandonner les tiens?
POLYEUCTE.
Je ne hais point la vie, et j'en aime l'usage,
Mais sans attachement qui sente l'esclavage,
Toujours prêt à la rendre au Dieu dont je la tiens:
La raison me l'ordonne, et la loi des chrétiens;
Et je vous montre à tous par là comme il faut vivre,
Si vous avez le cœur assez bon pour me suivre.
FÉLIX.
Te suivre dans l'abyme où tu te veux jeter ?
POLYEUCTE.
Mais plutôt dans la gloire où je m'en vais monter.

ACTE V, SCENE II.

FÉLIX.

Donne-moi pour le moins le temps de la connoître;
Pour me faire chrétien, sers-moi de guide à l'être ;
Et ne dédaigne pas de m'instruire en ta foi,
Ou toi-même à ton Dieu tu répondras de moi.

POLYEUCTE.

N'en riez point, Félix; il sera votre juge;
Vous ne trouverez point devant lui de refuge :
Les rois et les bergers y sont d'un même rang.
De tous les siens sur vous il vengera le sang;

FÉLIX.

Je n'en répandrai plus; et, quoi qu'il en arrive,
Dans la foi des chrétiens je souffrirai qu'on vive;
J'en serai protecteur.

POLYEUCTE.

Non, non; persécutez,
Et soyez l'instrument de nos félicités :
Celle d'un vrai chrétien n'est que dans les souffrances;
Les plus cruels tourments lui sont des récompenses.
Dieu, qui rend le centuple aux bonnes actions,
Pour comble donne encor les persécutions.
Mais ces secrets pour vous sont fâcheux à comprendre;
Ce n'est qu'à ses élus que Dieu les fait entendre.

FÉLIX.

Je te parle sans fard, et veux être chrétien.

POLYEUCTE.

Qui peut donc retarder l'effet d'un si grand bien?

FÉLIX.

La présence importune....

POLYEUCTE.

Et de qui? de Sévère?

FÉLIX.

Pour lui seul contre toi j'ai feint tant de colère :
Dissimule un moment jusques à son départ.

POLYEUCTE.

Félix, c'est donc ainsi que vous parlez sans fard?
Portez à vos païens, portez à vos idoles
Le sucre empoisonné que sèment vos paroles.
Un chrétien ne craint rien, ne dissimule rien;
Aux yeux de tout le monde il est toujours chrétien.

FÉLIX.

Ce zèle de ta foi ne sert qu'à te séduire,
Si tu cours à la mort plutôt que de m'instruire.

POLYEUCTE.

Je vous en parlerois ici hors de saison;
Elle est un don du ciel, et non de la raison;
Et c'est là que bientôt, voyant Dieu face à face,
Plus aisément pour vous j'obtiendrai cette grace.

FÉLIX.

Ta perte cependant me va désespérer.

POLYEUCTE.

Vous avez en vos mains de quoi la réparer :
En vous ôtant un gendre, on vous en donne un autre
Dont la condition répond mieux à la vôtre.
Ma perte n'est pour vous qu'un change avantageux.

ACTE V, SCENE II.

FÉLIX.

Cesse de me tenir ce discours outrageux.
Je t'ai considéré plus que tu ne mérites;
Mais malgré ma bonté, qui croît plus tu l'irrites,
Cette insolence enfin te rendroit odieux;
Et je me vengerois aussi bien que nos dieux.

POLYEUCTE.

Quoi! vous changez bientôt d'humeur et de langage!
Le zèle de vos dieux rentre en votre courage!
Celui d'être chrétien s'échappe! et par hasard
Je vous viens d'obliger à me parler sans fard!

FÉLIX.

Va, ne présume pas que, quoi que je te jure,
De tes nouveaux docteurs je suive l'imposture.
Je flattois ta manie, afin de t'arracher
Du honteux précipice où tu vas trébucher;
Je voulois gagner temps pour ménager ta vie,
Après l'éloignement d'un flatteur de Décie :
Mais j'ai fait trop d'injure à nos dieux tout-puissants;
Choisis de leur donner ton sang, ou de l'encens.

POLYEUCTE.

Mon choix n'est point douteux. Mais j'aperçois Pauline.
O ciel !

SCÈNE III.

FÉLIX, POLYEUCTE, PAULINE, ALBIN.

PAULINE.
Qui de vous deux aujourd'hui m'assassine?
Sont-ce tous deux ensemble, ou chacun à son tour?
Ne pourrai-je fléchir la nature, ou l'amour?
Et n'obtiendrai-je rien d'un époux, ni d'un père?
FÉLIX.
Parlez à votre époux.
POLYEUCTE.
Vivez avec Sévère.
PAULINE.
Tigre, assassine-moi du moins sans m'outrager.
POLYEUCTE.
Mon amour, par pitié, cherche à vous soulager;
Il voit quelle douleur dans l'ame vous possède,
Et sait qu'un autre amour en est le seul remède.
Puisqu'un si grand mérite a pu vous enflammer,
Sa présence toujours a droit de vous charmer :
Vous l'aimiez, il vous aime; et sa gloire augmentée....
PAULINE.
Que t'ai-je fait, cruel! pour être ainsi traitée,
Et pour me reprocher, au mépris de ma foi,
Un amour si puissant que j'ai vaincu pour toi?
Vois, pour te faire vaincre un si fort adversaire,

Quels efforts à moi-même il a fallu me faire,
Quels combats j'ai donnés pour te donner un cœur
Si justement acquis à son premier vainqueur :
Et, si l'ingratitude en ton cœur ne domine,
Fais quelque effort sur toi pour te rendre à Pauline.
Apprends d'elle à forcer ton propre sentiment ;
Prends sa vertu pour guide en ton aveuglement ;
Souffre que de toi-même elle obtienne ta vie
Pour vivre sous tes lois à jamais asservie.
Si tu peux rejeter de si justes desirs,
Regarde au moins ses pleurs, écoute ses soupirs ;
Ne désespère pas une ame qui t'adore.

POLYEUCTE.

Je vous l'ai déja dit, et vous le dis encore,
Vivez avec Sévère, ou mourez avec moi.
Je ne méprise point vos pleurs ni votre foi ;
Mais, de quoi que pour vous notre amour m'entretienne,
Je ne vous connois plus si vous n'êtes chrétienne.
  C'en est assez ; Félix, reprenez ce courroux,
Et sur cet insolent vengez vos dieux et vous.

PAULINE.

Ah ! mon père, son crime à peine est pardonnable ;
Mais, s'il est insensé, vous êtes raisonnable :
La nature est trop forte, et ses aimables traits
Imprimés dans le sang ne s'effacent jamais ;
Un père est toujours père, et sur cette assurance
J'ose appuyer encore un reste d'espérance.
Jetez sur votre fille un regard paternel :

Ma mort suivra la mort de ce cher criminel;
Et les dieux trouveront sa peine illégitime,
Puisqu'elle confondra l'innocence et le crime,
Et qu'elle changera, par ce redoublement,
En injuste rigueur un juste châtiment.
Nos destins, par vos mains rendus inséparables,
Nous doivent rendre heureux ensemble ou misérables;
Et vous seriez cruel jusques au dernier point,
Si vous désunissiez ce que vous avez joint :
Un cœur à l'autre uni jamais ne se retire,
Et pour l'en séparer il faut qu'on le déchire.
Mais vous êtes sensible à mes justes douleurs,
Et d'un œil paternel vous regardez mes pleurs.

FÉLIX.

Oui, ma fille, il est vrai qu'un père est toujours père :
Rien n'en peut effacer le sacré caractère;
Je porte un cœur sensible, et vous l'avez percé.
Je me joins avec vous contre cet insensé.
  Malheureux Polyeucte, es-tu seul insensible?
Et veux-tu rendre seul ton crime irrémissible?
Peux-tu voir tant de pleurs d'un œil si détaché?
Peux-tu voir tant d'amour sans en être touché?
Ne reconnois-tu plus ni beau-père, ni femme,
Sans amitié pour l'un, et pour l'autre sans flamme?
Pour reprendre les noms et de gendre et d'époux,
Veux-tu nous voir tous deux embrasser tes genoux?

POLYEUCTE.

Que tout cet artifice est de mauvaise grace!

Après avoir deux fois essayé la menace,
Après m'avoir fait voir Néarque dans la mort,
Après avoir tenté l'amour et son effort,
Après m'avoir montré cette soif du baptême,
Pour opposer à Dieu l'intérêt de Dieu même,
Vous vous joignez ensemble ! Ah ! ruses de l'enfer !
Faut-il tant de fois vaincre avant que triompher !
Vos résolutions usent trop de remise ;
Prenez la vôtre enfin, puisque la mienne est prise.
   Je n'adore qu'un Dieu, maître de l'univers,
Sous qui tremblent le ciel, la terre, et les enfers ;
Un Dieu qui, nous aimant d'une amour infinie,
Voulut mourir pour nous avec ignominie,
Et qui, par un effort de cet excès d'amour,
Veut pour nous en victime être offert chaque jour.
Mais j'ai tort d'en parler à qui ne peut m'entendre.
Voyez l'aveugle erreur que vous osez défendre :
Des crimes les plus noirs vous souillez tous vos dieux ;
Vous n'en punissez point qui n'ait son maître aux cieux ;
La prostitution, l'adultère, l'inceste,
Le vol, l'assassinat, et tout ce qu'on déteste,
C'est l'exemple qu'à suivre offrent vos immortels.
J'ai profané leur temple et brisé leurs autels ;
Je le ferois encor, si j'avois à le faire,
Même aux yeux de Félix, même aux yeux de Sévère,
Même aux yeux du sénat, aux yeux de l'empereur.

FÉLIX.

Enfin ma bonté cède à ma juste fureur :

Adore-les, ou meurs.

POLYEUCTE.

Je suis chrétien.

FÉLIX.

Impie !
Adore-les, te dis-je ; ou renonce à la vie.

POLYEUCTE.

Je suis chrétien.

FÉLIX.

Tu l'es ? O cœur trop obstiné !....
Soldats, exécutez l'ordre que j'ai donné.

PAULINE.

Où le conduisez-vous ?

FÉLIX.

A la mort.

POLYEUCTE.

A la gloire.
Chère Pauline, adieu ; conservez ma mémoire.

PAULINE.

Je te suivrai par-tout, et mourrai si tu meurs.

POLYEUCTE.

Ne suivez point mes pas, ou quittez vos erreurs.

FÉLIX.

Qu'on l'ôte de mes yeux, et que l'on m'obéisse :
Puisqu'il aime à périr, je consens qu'il périsse.

SCÈNE IV.

FÉLIX, ALBIN.

FÉLIX.

Je me fais violence, Albin; mais je l'ai dû :
Ma bonté naturelle aisément m'eût perdu.
Que la rage du peuple à présent se déploie,
Que Sévère en fureur tonne, éclate, foudroie;
M'étant fait cet effort, j'ai fait ma sûreté.
Mais n'es-tu point surpris de cette dureté?
Vois-tu comme le sien des cœurs impénétrables,
Ou des impiétés à ce point exécrables?
Du moins j'ai satisfait mon esprit affligé :
Pour amollir son cœur je n'ai rien négligé;
J'ai feint même à tes yeux des lâchetés extrêmes;
Et certes, sans l'horreur de ses derniers blasphêmes,
Qui m'ont rempli soudain de colère et d'effroi,
J'aurois eu de la peine à triompher de moi.

ALBIN.

Vous maudirez peut-être un jour cette victoire,
Qui tient je ne sais quoi d'une action trop noire,
Indigne de Félix, indigne d'un Romain,
Répandant votre sang par votre propre main.

FÉLIX.

Ainsi l'ont autrefois versé Brute et Manlie;
Mais leur gloire en a crû, loin d'en être affoiblie;

Et quand nos vieux héros avoient de mauvais sang,
Ils eussent, pour le perdre, ouvert leur propre flanc.

ALBIN.

Votre ardeur vous séduit; mais, quoi qu'elle vous die,
Quand vous la sentirez une fois refroidie,
Quand vous verrez Pauline, et que son désespoir
Par ses pleurs et ses cris saura vous émouvoir....

FÉLIX.

Tu me fais souvenir qu'elle a suivi ce traître,
Et que ce désespoir qu'elle fera paroître
De mes commandements pourra troubler l'effet.
Va donc, cours y mettre ordre, et voir ce qu'elle fait;
Romps ce que ses douleurs y donneroient d'obstacle;
Tire-la, si tu peux, de ce triste spectacle :
Tâche à la consoler. Va donc; qui te retient?

ALBIN.

Il n'en est pas besoin, seigneur; elle revient.

SCÈNE V.

FÉLIX, PAULINE, ALBIN.

PAULINE.

Père barbare, achève, achève ton ouvrage ;
Cette seconde hostie est digne de ta rage :
Joins ta fille à ton gendre; ose : que tardes-tu ?
Tu vois le même crime, ou la même vertu :
Ta barbarie en elle a les mêmes matières.

Mon époux, en mourant, m'a laissé ses lumières;
Son sang, dont tes bourreaux viennent de me couvrir,
M'a dessillé les yeux, et me les vient d'ouvrir.
Je vois, je sais, je crois, je suis désabusée;
De ce bienheureux sang tu me vois baptisée;
Je suis chrétienne enfin, n'est-ce point assez dit?
Conserve en me perdant ton rang et ton crédit,
Redoute l'empereur, appréhende Sévère;
Si tu ne veux périr, ma perte est nécessaire.
Polyeucte m'appelle à cet heureux trépas;
Je vois Néarque et lui qui me tendent les bras.
Mène, mène-moi voir tes dieux que je déteste;
Ils n'en ont brisé qu'un, je briserai le reste.
On m'y verra braver tout ce que vous craignez,
Ces foudres impuissants qu'en leurs mains vous peignez,
Et, saintement rebelle aux lois de la naissance,
Une fois envers toi manquer d'obéissance.
Ce n'est point ma douleur que par là je fais voir;
C'est la grace qui parle, et non le désespoir.
Le faut-il dire encor? Félix, je suis chrétienne.
Affermis par ma mort ta fortune et la mienne;
Le coup à l'un et l'autre en sera précieux,
Puisqu'il t'assure en terre en m'élevant aux cieux.

SCÈNE VI.

FÉLIX, SÉVÈRE, PAULINE, ALBIN, FABIAN.

SÉVÈRE.

Père dénaturé, malheureux politique,
Esclave ambitieux d'une peur chimérique,
Polyeucte est donc mort! et par vos cruautés
Vous pensez conserver vos tristes dignités!
La faveur que pour lui je vous avois offerte,
Au lieu de le sauver, précipite sa perte!
J'ai prié, menacé, mais sans vous émouvoir;
Et vous m'avez cru fourbe, ou de peu de pouvoir!
Hé bien! à vos dépens vous verrez que Sévère
Ne se vante jamais que de ce qu'il peut faire;
Et par votre ruine il vous fera juger
Que qui peut bien vous perdre eût pu vous protéger.
Continuez aux dieux ce service fidèle;
Par de telles horreurs montrez-leur votre zèle.
Adieu : mais, quand l'orage éclatera sur vous,
Ne doutez point du bras dont partiront les coups.

FÉLIX.

Arrêtez-vous, seigneur, et d'une ame apaisée
Souffrez que je vous livre une vengeance aisée.
Ne me reprochez plus que par mes cruautés
Je tâche à conserver mes tristes dignités;
Je dépose à vos pieds l'éclat de leur faux lustre :

Celle où j'ose aspirer est d'un rang plus illustre ;
Je m'y trouve forcé par un secret appas ;
Je cède à des transports que je ne connois pas ;
Et, par un mouvement que je ne puis entendre,
De ma fureur je passe au zèle de mon gendre.
C'est lui, n'en doutez point, dont le sang innocent
Pour son persécuteur prie un Dieu tout-puissant.
Son amour, épandu sur toute la famille,
Tire après lui le père aussi-bien que la fille.
J'en ai fait un martyr ; sa mort me fait chrétien :
J'ai fait tout son bonheur ; il veut faire le mien.
C'est ainsi qu'un chrétien se venge et se courrouce :
Heureuse cruauté dont la suite est si douce !
Donne la main, Pauline. Apportez des liens,
Immolez à vos dieux ces deux nouveaux chrétiens :
Je le suis ; elle l'est ; suivez votre colère.

PAULINE.

Qu'heureusement enfin je retrouve mon père !
Cet heureux changement rend mon bonheur parfait.

FÉLIX.

Ma fille, il n'appartient qu'à la main qui le fait.

SÉVÈRE.

Qui ne seroit touché d'un si tendre spectacle !
De pareils changements ne vont point sans miracle.
Sans doute vos chrétiens, qu'on persécute en vain,
Ont quelque chose en eux qui surpasse l'humain ;
Ils mènent une vie avec tant d'innocence,
Que le ciel leur en doit quelque reconnoissance :

Se relever plus forts, plus ils sont abattus,
N'est pas aussi l'effet des communes vertus.
Je les aimai toujours, quoi qu'on m'en ait pu dire;
Je n'en vois point mourir que mon cœur n'en soupire;
Et peut-être qu'un jour je les connoîtrai mieux.
J'approuve cependant que chacun ait ses dieux,
Qu'il les serve à sa mode, et sans peur de la peine.
Si vous êtes chrétien, ne craignez plus ma haine:
Je les aime, Félix, et de leur protecteur
Je n'en veux pas sur vous faire un persécuteur.
Gardez votre pouvoir, reprenez-en la marque;
Servez bien votre Dieu, servez notre monarque.
Je perdrai mon crédit envers sa majesté,
Ou vous verrez finir cette sévérité :
Par cette injuste haine il se fait trop d'outrage.

FÉLIX.

Daigne le ciel en vous achever son ouvrage,
Et, pour vous rendre un jour ce que vous méritez,
Vous inspirer bientôt toutes ses vérités !
Nous autres, bénissons notre heureuse aventure;
Allons à nos martyrs donner la sépulture,
Baiser leurs corps sacrés, les mettre en digne lieu,
Et faire retentir par-tout le nom de Dieu.

FIN DE POLYEUCTE.

EXAMEN DE POLYEUCTE.

Ce martyre est rapporté par Surius au 9 de janvier. Polyeucte vivoit en l'année 250, sous l'empereur Décius; il étoit Arménien, ami de Néarque, et gendre de Félix, qui avoit la commission de l'empereur de faire exécuter ses édits contre les chrétiens. Cet ami l'ayant résolu à se faire chrétien, il déchira ces édits qu'on publioit, arracha les idoles des mains de ceux qui les portoient sur les autels pour les adorer, les brisa contre terre, résista aux larmes de sa femme Pauline, que Félix employa auprès de lui pour le ramener à leur culte, et perdit la vie par l'ordre de son beau-père; sans autre baptême que celui de son sang. Voilà ce que m'a prêté l'histoire : le reste est de mon invention.

Pour donner plus de dignité à l'action, j'ai fait Félix gouverneur d'Arménie, et ai pratiqué un sacrifice public afin de rendre l'occasion plus illustre, et donner un prétexte à Sévère de venir en cette province sans faire éclater son amour avant qu'il en eût l'aveu de Pauline. Ceux qui veulent arrêter nos héros dans une médiocre bonté, où quelques interprètes d'Aristote bornent leur vertu, ne trouveront pas ici leur compte, puisque celle de Polyeucte va jusqu'à la sainteté, et n'a aucun mélange de foiblessse. J'en ai déja parlé ailleurs; et, pour confirmer ce que j'en ai dit par quelques autorités, j'ajouterai ici que Minturnus, dans son *Traité du Poëte*, agite cette question, *Si la passion de Jésus-Christ et les martyres des saints doivent être exclus du théâtre, à cause qu'ils passent cette médiocre bonté*, et résout en ma faveur. Le célèbre Heinsius, qui non-seulement a traduit la Poétique de notre philosophe, mais a fait un traité de la constitution de la tragédie selon sa pensée, nous en a donné une sur le martyre des Innocents. L'illustre Grotius a mis sur la scène la passion même de Jésus-Christ, et l'histoire de Joseph; et le savant Buchanan a fait la même chose de celle de Jephté, et de la mort de saint Jean-Baptiste. C'est sur ces exemples que j'ai hasardé ce poëme, où je me suis donné des licences qu'ils n'ont pas prises, de changer l'histoire en quelque chose, et d'y mêler des épisodes d'invention : aussi m'étoit-il plus permis sur cette matière, qu'à eux sur celle qu'ils ont choisie. Nous ne devons qu'une croyance pieuse à la vie des saints, et nous avons le même droit sur ce que nous en tirons pour le porter sur le théâtre que sur ce que nous empruntons des autres histoires : mais nous devons une foi chrétienne et indispensable à tout ce qui est dans la Bible, qui ne nous laisse aucune liberté d'y rien changer. J'estime toutefois qu'il ne nous est pas défendu d'y ajouter quelque chose, pour-

vu qu'il ne détruise rien de ces vérités dictées par le
Saint-Esprit. Buchanan ni Grotius ne l'ont pas fait
dans leurs poëmes ; mais aussi ne les ont-ils pas rendus assez fournis pour notre théâtre, et ne s'y sont
proposé pour exemple que la constitution la plus
simple des anciens. Heinsius a plus osé qu'eux dans
celui que j'ai nommé : les anges qui bercent l'enfant
Jésus, et l'ombre de Mariamne avec les furies qui
agitent l'esprit d'Hérode, sont des agréments qu'il
n'a pas trouvés dans l'Évangile. Je crois même qu'on
en peut supprimer quelque chose quand il y a apparence qu'il ne plairoit pas sur le théâtre, pourvu
qu'on ne mette rien en la place ; car alors ce seroit
changer l'histoire, ce que le respect que nous devons
à l'Écriture ne permet point. Si j'avais à y exposer
celle de David et de Bethzabée, je ne décrirois pas
comme il en devint amoureux en la voyant se baigner
dans une fontaine, de peur que l'image de cette nu-
dité ne fît une impression trop chatouilleuse dans
l'esprit de l'auditeur ; mais je me contenterois de le
peindre avec de l'amour pour elle, sans parler aucunement de quelle manière cet amour se seroit emparé
de son cœur.

Je reviens à Polyeucte, dont le succès a été très-
heureux. Le style n'en est pas si fort ni si majestueux
que celui de Cinna et de Pompée ; mais il a quelque
chose de plus touchant, et les tendresses de l'amour

humain y font un si agréable mélange avec la fermeté du divin, que sa représentation a satisfait tout ensemble les dévots et les gens du monde. A mon gré, je n'ai point fait de pièce où l'ordre du théâtre soit plus beau, et l'enchaînement des scènes mieux ménagé. L'unité d'action et celle de jour et de lieu y ont leur justesse; et les scrupules qui peuvent naître touchant ces deux dernières se dissiperont aisément pour peu qu'on me veuille prêter de cette faveur que l'auditeur nous doit toujours, quand l'occasion s'en offre, en reconnoissance de la peine que nous avons prise à le divertir.

Il est hors de doute que, si nous appliquons ce poëme à nos coutumes, le sacrifice se fait trop tôt après la venue de Sévère; et cette précipitation sortira du vraisemblable par la nécessité d'obéir à la règle. Quand le roi envoie ses ordres dans les villes pour y faire rendre des actions de graces pour ses victoires, ou pour d'autres bénédictions qu'il reçoit du ciel, on ne les exécute pas dès le jour même; mais aussi il faut du temps pour assembler le clergé, les magistrats, et les corps de ville, et c'est ce qui en fait différer l'exécution. Nos acteurs n'avoient ici aucune de ces assemblées à faire. Il suffisoit de la présence de Sévère et de Félix, et du ministère du grand-prêtre; et ainsi, nous n'avons eu aucun besoin de remettre ce sacrifice à un autre jour. D'ailleurs, comme Félix craignoit ce favori, qu'il croyoit irrité du mariage de sa fille, il étoit bien aise de lui donner le moins d'occasion de tarder qu'il lui étoit possible, et de tâcher, durant son peu de séjour, à gagner son esprit par une prompte complaisance, et montrer tout ensemble une impatience d'obéir aux volontés de l'empereur.

L'autre scrupule regarde l'unité de lieu, qui est assez exacte, puisque tout s'y passe dans une salle ou antichambre commune aux appartements de Félix et de sa fille. Il semble que la bienséance y soit un peu forcée pour conserver cette unité au second acte, en ce que Pauline vient jusque dans cette antichambre pour trouver Sévère, dont elle devroit attendre la visite dans son cabinet. A quoi je réponds qu'elle a eu deux raisons de venir au-devant de lui : l'une, pour faire plus d'honneur à un homme dont son père redoutoit l'indignation, et qu'il lui avoit commandé d'adoucir en sa faveur; l'autre, pour rompre plus aisément la conversation avec lui, en se retirant dans ce cabinet, s'il ne vouloit pas la quitter à sa prière, et se délivrer par cette retraite d'un entretien dangereux pour elle; ce qu'elle n'eût pu faire, si elle eût reçu sa visite dans son appartement.

Sa confidence avec Stratonice, touchant l'amour qu'elle avoit eu pour ce cavalier, me fait faire une réflexion sur le temps qu'elle prend pour cela. Il s'en fait beaucoup, sur nos théâtres, d'affections qui ont déja duré deux ou trois ans, dont on attend à révéler le secret justement au jour de l'action qui se représente, et non-seulement sans aucune raison de choisir ce jour-là plutôt qu'un autre pour le déclarer, mais lors même que vraisemblablement on s'en est dû ouvrir beaucoup auparavant avec la personne à qui on en fait confidence. Ce sont choses dont il faut instruire le spectateur, en les faisant apprendre par un des acteurs à l'autre; mais il faut prendre garde avec soin que celui à qui on les apprend ait eu lieu de les ignorer jusque-là aussi-bien que le spectateur, et que quelque occasion tirée du sujet oblige celui qui les récite à rompre enfin un silence qu'il a gardé si long-temps. L'infante, dans le Cid, avoue à Léonor l'amour secret qu'elle a pour lui, et l'auroit pu faire un an ou six mois plus tôt. Cléopâtre, dans Pompée, ne prend pas des mesures plus justes avec Charmion : elle lui conte la passion de César pour elle, et comme

> Chaque jour ses courriers
> Lui portent en tribut ses vœux et ses lauriers.

Cependant, comme il ne paroît personne avec qui elle ait plus d'ouverture de cœur qu'avec cette Charmion, il y a grande apparence que c'étoit elle-même dont cette reine se servoit pour introduire ces courriers, et qu'ainsi elle devoit savoir déja tout ce commerce entre César et sa maîtresse. Du moins il falloit marquer quelque raison qui lui eût laissé ignorer jusque-là tout ce qu'elle lui apprend, et de quel autre ministère cette princesse s'étoit servie pour recevoir ses courriers. Il n'en va pas de même ici : Pauline ne s'ouvre avec Stratonice que pour lui faire entendre le songe qui la trouble, et les sujets qu'elle a de s'en alarmer ; et, comme elle n'a fait ce songe que la nuit d'auparavant, et qu'elle ne lui eût jamais révélé son secret sans cette occasion qui l'y oblige, on peut dire qu'elle n'a point eu lieu de lui faire cette confidence plus tôt qu'elle ne l'a faite.

Je n'ai point fait de narration de la mort de Polyeucte, parce que je n'avois personne pour la faire ni pour l'écouter que des païens qui ne la pouvoient ni écouter ni faire que comme ils avoient fait et écouté celle de Néarque, ce qui auroit été une répétition et marque de stérilité, et n'auroit pas d'ailleurs répondu à la dignité de l'action principale, qui est terminée par là. Ainsi j'ai mieux aimé la faire connoître par un saint emportement de Pauline que cette mort a convertie, que par un récit qui n'eût point eu de grace dans une bouche indigne de le prononcer. Félix, son père, se convertit après elle ; et ces deux conversions, quoique miraculeuses, sont si ordinaires dans les martyres, qu'elles ne sortent point de la vraisemblance, parce qu'elles ne sont pas de ces événements rares et singuliers qu'on ne peut tirer en exemple ; et elles servent à remettre le calme dans les esprits de Félix, de Sévère, et de Pauline, que, sans cela, j'aurois bien eu de la peine à retirer du théâtre dans un état qui rendît la pièce complète, en ne laissant rien à souhaiter à la curiosité de l'auditeur.

FIN DE L'EXAMEN DE POLYEUCTE.

POMPÉE,

TRAGÉDIE EN CINQ ACTES.

1641.

A MONSEIGNEUR

L'ÉMINENTISSIME

CARDINAL MAZARIN.

Monseigneur,

Je présente le grand Pompée à votre Éminence, c'est-à-dire, le plus grand personnage de l'ancienne Rome au plus illustre de la nouvelle; je mets sous la protection du premier ministre de notre jeune roi un héros qui, dans sa bonne fortune, fut le protecteur de beaucoup de rois, et qui, dans sa mauvaise, eut encore des rois pour ses ministres. Il espère de la générosité de V. Ém. qu'elle ne dédaignera pas de lui conserver cette seconde vie que j'ai tâché de lui redonner, et que, lui rendant cette justice qu'elle fait rendre par tout le royaume, elle le vengera pleinement de la mauvaise politique de la cour d'Égypte. Il l'espère, et avec raison, puisque, dans le peu de séjour qu'il a fait en France, il a déja su de la voix publique que les maximes dont vous vous servez pour la conduite de cet état ne sont point fondées sur d'autres principes que ceux de la vertu. Il a su d'elle les obligations que vous a la France de l'avoir choisie pour votre seconde mère, qui vous est d'autant plus redevable, que les grands services que vous lui rendez sont de purs effets de votre inclination et de votre zèle, et non pas des devoirs de votre naissance. Il a su d'elle que Rome s'est acquittée envers notre jeune Monarque de ce qu'elle devoit à ses prédécesseurs par le présent qu'elle lui a fait de votre personne. Il a su d'elle enfin que la solidité de votre prudence et la netteté de vos lumières enfantent des conseils si avantageux pour le gouvernement, qu'il semble que ce soit vous à qui, par un esprit de prophétie, notre Virgile ait adressé ce vers il y a plus de seize siècles,

Tu regere imperio populos, Romane, memento.

Voilà, Monseigneur, ce que ce grand homme a appris en apprenant à parler françois :

Pauca, sed a pleno venientia pectore veri.

Et comme la gloire de V. Ém. est assez assurée

sur la fidélité de cette voix publique, je n'y mêlerai point la foiblesse de mes pensées, ni la rudesse de mes expressions, qui pourroient diminuer quelque chose de son éclat; et je n'ajouterai rien aux célèbres témoignages qu'elle vous rend, qu'une profonde vénération pour les hautes qualités qui vous les ont acquis, avec une protestation très-sincère et très-inviolable d'être toute ma vie,

Monseigneur,

DE VOTRE ÉMINENCE

Le très-humble, très-obéissant
et très-fidèle serviteur,
P. Cornlill.

PRÉFACE
DE CORNEILLE.

AU LECTEUR.

Si je voulois faire ici ce que j'ai fait en mes derniers ouvrages, et te donner le texte ou l'abrégé des auteurs dont cette histoire est tirée, afin que tu pusses remarquer en quoi je m'en serois écarté pour l'accommoder au théâtre, je ferois un avant-propos dix fois plus long que mon poëme, et j'aurois à rapporter des livres entiers de presque tous ceux qui ont écrit *l'histoire romaine*. Je me contenterai de t'avertir que celui dont je me suis le plus servi a été le poëte Lucain, dont la lecture m'a rendu si amoureux de la force de ses pensées et de la majesté de son raisonnement, qu'afin d'en enrichir notre langue j'ai fait cet effort pour réduire en poëme dramatique ce qu'il a traité en épique. Tu trouveras ici cent ou deux cents vers traduits ou imités de lui, que tu reconnoîtras aux mêmes marques que tu as déja reconnu ce que j'ai emprunté de D. Guillem de Castro dans *le Cid*. J'ai tâché de suivre ce grand homme dans le reste, et de prendre son caractère quand son exemple m'a manqué : si je suis demeuré bien loin derrière, tu en jugeras. Cependant j'ai cru ne te déplaire pas de te donner ici trois passages qui ne viennent pas mal à mon sujet. Le premier est une épitaphe de Pompée, prononcée par Caton dans Lucain. Les deux autres sont deux peintures de Pompée et de César, tirées de Velleius Paterculus. Je les laisse en latin, de peur que ma traduction n'ôte trop de leur grace et de leur force. Les dames se les feront expliquer.

EPITAPHIUM
POMPEII MAGNI.

Cato, apud Lucanum, lib. ix, v. 190 *et seqq.*

Civis obit, *inquit*, multum majoribus impar,
Nosse modum juris, sed in hoc tamen utilis ævo,
Cui non ulla fuit justi reverentia : salva
Libertate potens, et solus plebe parata
Privatus servire sibi, rectorque senatus,
Sed regnantis, erat. Nil belli jure poposcit :
Quæque dari voluit, voluit sibi posse negari.
Immodicas possedit opes, sed plura retentis
Intulit : invasit ferrum ; sed ponere norat.
Prætulit arma togæ ; sed pacem armatus amavit.
Juvit sumpta ducem, juvit dimissa potestas.
Casta domus, luxuque carens, corruptaque nunquam
Fortuna domini. Clarum et venerabile nomen
Gentibus, et multum nostræ quod proderat urbi.
Olim vera fides, Sylla Marioque receptis,
Libertatis obit : Pompeio rebus adempto
Nunc et ficta perit. Non jam regnare pudebit :
Nec color imperii, nec frons erit ulla senatus.
O felix, cui summa dies fuit obvia victo,
Et cui quærendos Pharium scelus obtulit enses!
Forsitan in soceri potuisset vivere regno.
Scire mori, sors prima viris ; sed proxima, cogi.
Et mihi, si fatis aliena in jura venimus,
Da talem, Fortuna, Jubam : non deprecor hosti
Servari, dum me servet cervice recisa.

ICON POMPEII MAGNI.

VELLEIUS PATERCULUS, LIB. II, C. 29.

Fuit hic genitus matre Lucilia, stirpis senatoriæ, forma excellens, non ea qua flos commendatur ætatis, sed dignitate et constantia : quæ in illam conveniens amplitudinem, fortunam quoque ejus ad ultimum vitæ comitata est diem : innocentia eximius, sanctitate præcipuus, eloquentia medius; potentiæ quæ honoris causa ad eum deferretur, non ut ab eo occuparetur, cupidissimus : dux bello peritissimus : civis in toga (nisi ubi vereretur ne quem haberet parem) modestissimus, amicitiarum tenax, in offensis exorabilis, in reconcilianda gratia fidelissimus, in accipienda satisfactione facillimus, potentia sua nunquam aut raro ad impotentiam usus, pene omnium vitiorum expers, nisi numeraretur inter maxima, in civitate libera dominaque gentium, indignari, quum omnes cives jure haberet pares, quemquam æqualem dignitate conspicere.

ICON C. J. CÆSARIS.

VELLEIUS PATERCULUS, LIB. II, C. 41.

Hic nobilissima Juliorum genitus familia, et, quod inter omnes antiquissimos constabat, ab Anchise ac Venere deducens genus, forma omnium civium excellentissimus, vigore animi acerrimus, munificentia effusissimus, animo super humanam et naturam et fidem evectus, magnitudine cogitationum, celeritate bellandi, patientia periculorum, Magno illi Alexandro, sed sobrio, neque iracundo, simillimus : qui denique semper et somno et cibo in vitam, non in voluptatem, uteretur.

PERSONNAGES.

JULES-CÉSAR.
MARC-ANTOINE.
LÉPIDE.
CORNÉLIE, femme de Pompée.
PTOLOMÉE, roi d'Égypte.
CLÉOPATRE, sœur de Ptolémée.
PHOTIN, chef du conseil d'Égypte.
ACHILLAS, lieutenant-général des armées du roi d'Égypte.
SEPTIME, tribun romain, à la solde du roi d'Égypte.
CHARMION, dame d'honneur de Cléopâtre.
ACHORÉE, écuyer de Cléopâtre.
PHILIPPE, affranchi de Pompée.
Troupe de Romains.
Troupe d'Égyptiens.

La scène est à Alexandrie, dans le palais de Ptolomée.

POMPÉE.

ACTE PREMIER.

SCÈNE I.

PTOLOMÉE, PHOTIN, ACHILLAS, SEPTIME.

PTOLOMÉE.

Le destin se déclare; et nous venons d'entendre
Ce qu'il a résolu du beau-père et du gendre.
Quand les dieux étonnés sembloient se partager,
Pharsale a décidé ce qu'ils n'osoient juger.
Ses fleuves teints de sang, et rendus plus rapides
Par le débordement de tant de parricides;
Cet horrible débris d'aigles, d'armes, de chars,
Sur ces champs empestés confusément épars;
Ces montagnes de morts privés d'honneurs suprêmes,
Que la nature force à se venger eux-mêmes,
Et dont les troncs pourris exhalent dans les vents
De quoi faire la guerre au reste des vivants,
Sont les titres affreux dont le droit de l'épée,
Justifiant César, a condamné Pompée.

Ce déplorable chef du parti le meilleur,
Que sa fortune lasse abandonne au malheur,
Devient un grand exemple, et laisse à la mémoire
Des changements du sort une éclatante histoire.
Il fuit, lui qui, toujours triomphant et vainqueur,
Vit ses prospérités égaler son grand cœur;
Il fuit, et dans nos ports, dans nos murs, dans nos villes;
Et, contre son beau-père ayant besoin d'asyles,
Sa déroute orgueilleuse en cherche aux mêmes lieux
Où contre les Titans en trouvèrent les Dieux.
Il croit que ce climat, en dépit de la guerre,
Ayant sauvé le ciel, sauvera bien la terre,
Et, dans son désespoir à la fin se mêlant,
Pourra prêter l'épaule au monde chancelant.
Oui, Pompée avec lui porte le sort du monde,
Et veut que notre Égypte, en miracles féconde,
Serve à sa liberté de sépulcre ou d'appui,
Et relève sa chute, ou trébuche sous lui.

 C'est de quoi, mes amis, nous avons à résoudre.
Il apporte en ces lieux les palmes, ou la foudre:
S'il couronna le père, il hasarde le fils;
Et, nous l'ayant donnée, il expose Memphis.
Il faut le recevoir, ou hâter son supplice;
Le suivre, ou le pousser dedans le précipice.
L'un me semble peu sûr, l'autre peu généreux;
Et je crains d'être injuste, ou d'être malheureux.
Quoi que je fasse enfin, la fortune ennemie
M'offre bien des périls, ou beaucoup d'infamie:

C'est à moi de choisir; c'est à vous d'aviser
A quel choix vos conseils me doivent disposer.
Il s'agit de Pompée; et nous aurons la gloire
D'achever de César ou troubler la victoire;
Et je puis dire enfin que jamais potentat
N'eut à délibérer d'un si grand coup d'état.

PHOTIN.

Seigneur, quand par le fer les choses sont vidées,
La justice et le droit sont de vaines idées;
Et qui veut être juste en de telles saisons
Balance le pouvoir, et non pas les raisons.

Voyez donc votre force; et regardez Pompée,
Sa fortune abattue, et sa valeur trompée.
César n'est pas le seul qu'il fuie en cet état:
Il fuit et le reproche et les yeux du sénat,
Dont plus de la moitié piteusement étale
Une indigne curée aux vautours de Pharsale;
Il fuit Rome perdue, il fuit tous les Romains,
A qui, par sa défaite, il met les fers aux mains;
Il fuit le désespoir des peuples et des princes,
Qui vengeroient sur lui le sang de leurs provinces,
Leurs états et d'argent et d'hommes épuisés,
Leurs trônes mis en cendre, et leurs sceptres brisés :
Auteur des maux de tous, il est à tous en butte,
Et fuit le monde entier écrasé sous sa chute.
Le défendrez-vous seul contre tant d'ennemis?
L'espoir de son salut en lui seul étoit mis;
Lui seul pouvoit pour soi : cédez alors qu'il tombe.

Soutiendrez-vous un faix sous qui Rome succombe,
Sous qui tout l'univers se trouve foudroyé,
Sous qui le grand Pompée a lui-même ployé?
Quand on veut soutenir ceux que le sort accable,
A force d'être juste on est souvent coupable;
Et la fidélité qu'on garde imprudemment,
Après un peu d'éclat, traîne un long châtiment,
Trouve un noble revers, dont les coups invincibles,
Pour être glorieux, ne sont pas moins sensibles.

Seigneur, n'attirez point le tonnerre en ces lieux;
Rangez-vous du parti des destins et des dieux;
Et, sans les accuser d'injustice ou d'outrage,
Puisqu'ils font les heureux, adorez leur ouvrage;
Quels que soient leurs décrets, déclarez-vous pour eux,
Et, pour leur obéir, perdez le malheureux.
Pressé de toutes parts des colères célestes,
Il en vient dessus vous faire fondre les restes;
Et sa tête, qu'à peine il a pu dérober,
Toute prête de choir, cherche avec qui tomber.
Sa retraite chez vous en effet n'est qu'un crime;
Elle marque sa haine, et non pas son estime:
Il ne vient que vous perdre en venant prendre port;
Et vous pouvez douter s'il est digne de mort!
Il devoit mieux remplir nos vœux et notre attente,
Faire voir sur ses nefs la victoire flottante;
Il n'eût ici trouvé que joie et que festins:
Mais, puisqu'il est vaincu, qu'il s'en prenne aux destins.
J'en veux à sa disgrace, et non à sa personne;

J'exécute à regret ce que le ciel ordonne ;
Et du même poignard pour César destiné
Je perce en soupirant son cœur infortuné.
Vous ne pouvez enfin qu'aux dépens de sa tête
Mettre à l'abri la vôtre, et parer la tempête.
Laissez nommer sa mort un injuste attentat :
La justice n'est pas une vertu d'état.
Le choix des actions ou mauvaises ou bonnes
Ne fait qu'anéantir la force des couronnes ;
Le droit des rois consiste à ne rien épargner.
La timide équité détruit l'art de régner :
Quand on craint d'être injuste, on a toujours à craindre ;
Et qui veut tout pouvoir doit oser tout enfreindre,
Fuir comme un déshonneur la vertu qui le perd,
Et voler sans scrupule au crime qui le sert.
 C'est là mon sentiment. Achillas et Septime
S'attacheront peut-être à quelque autre maxime ;
Chacun a son avis : mais, quel que soit le leur,
Qui punit le vaincu ne craint point le vainqueur.

ACHILLAS.

Seigneur, Photin dit vrai : mais, quoique de Pompée
Je voie et la fortune et la valeur trompée,
Je regarde son sang comme un sang précieux
Qu'au milieu de Pharsale ont respecté les dieux.
Non qu'en un coup d'état je n'approuve le crime ;
Mais, s'il n'est nécessaire, il n'est point légitime :
Et quel besoin ici d'une extrême rigueur ?
Qui n'est point au vaincu ne craint point le vainqueur.

Neutre jusqu'à-présent, vous pouvez l'être encore;
Vous pouvez adorer César, si l'on l'adore :
Mais quoique vos encens le traitent d'immortel,
Cette grande victime est trop pour son autel;
Et sa tête, immolée au dieu de la victoire,
Imprime à votre nom une tache trop noire.
Ne le pas secourir suffit sans l'opprimer;
En usant de la sorte on ne vous peut blâmer.
Vous lui devez beaucoup; par lui Rome animée
A fait rendre le sceptre au feu roi Ptolomée :
Mais la reconnoissance et l'hospitalité
Sur les ames des rois n'ont qu'un droit limité.
Quoi que doive un monarque, et dût-il sa couronne,
Il doit à ses sujets encor plus qu'à personne,
Et cesse de devoir quand la dette est d'un rang
A ne point s'acquitter qu'aux dépens de leur sang.
S'il est juste d'ailleurs que tout se considère,
Que hasardoit Pompée en servant votre père?
Il se voulut par là faire voir tout-puissant,
Et vit croître sa gloire en le rétablissant.
Il le servit enfin, mais ce fut de la langue :
La bourse de César fit plus que sa harangue;
Sans ses mille talents, Pompée et ses discours
Pour rentrer en Égypte étoient un froid secours.
Qu'il ne vante donc plus ses mérites frivoles;
Les effets de César valent bien ses paroles;
Et si c'est un bienfait qu'il faut rendre aujourd'hui,
Comme il parla pour vous, vous parlerez pour lui :

Ainsi vous le pouvez et devez reconnoître.
Le recevoir chez vous, c'est recevoir un maître,
Qui, tout vaincu qu'il est, bravant le nom de roi,
Dans vos propres états vous donneroit la loi.
Fermez-lui donc vos ports, mais épargnez sa tête.
S'il le faut toutefois, ma main est toute prête;
J'obéis avec joie, et je serois jaloux
Qu'autre bras que le mien portât les premiers coups.

SEPTIME.

Seigneur, je suis Romain; je connois l'un et l'autre.
Pompée a besoin d'aide; il vient chercher la vôtre :
Vous pouvez, comme maître absolu de son sort,
Le servir, le chasser, le livrer vif ou mort.
Des quatre, le premier vous seroit trop funeste;
Souffrez donc qu'en deux mots j'examine le reste.
  Le chasser, c'est vous faire un puissant ennemi,
Sans obliger par là le vainqueur qu'à demi,
Puisque c'est lui laisser, et sur mer et sur terre,
La suite d'une longue et difficile guerre,
Dont peut-être tous deux également lassés
Se vengeroient sur vous de tous les maux passés.
Le livrer à César n'est que la même chose :
Il lui pardonnera, s'il faut qu'il en dispose;
Et, s'armant à regret de générosité,
D'une fausse clémence il fera vanité;
Heureux de l'asservir en lui donnant la vie,
Et de plaire par là même à Rome asservie;
Cependant que, forcé d'épargner son rival,

Aussi-bien que Pompée il vous voudra du mal.
Il faut le délivrer du péril et du crime,
Assurer sa puissance, et sauver son estime,
Et du parti contraire, en ce grand chef détruit,
Prendre sur vous la honte, et lui laisser le fruit.
　C'est là mon sentiment; ce doit être le vôtre :
Par là vous gagnez l'un, et ne craignez plus l'autre.
Mais, suivant d'Achillas le conseil hasardeux,
Vous n'en gagnez aucun, et les perdez tous deux.

PTOLOMÉE.

N'examinons donc plus la justice des causes,
Et cédons au torrent qui roule toutes choses.
Je passe au plus de voix; et de mon sentiment
Je veux bien avoir part à ce grand changement.
Assez et trop long-temps l'arrogance de Rome
A cru qu'être Romain c'étoit être plus qu'homme;
Abattons sa superbe avec sa liberté;
Dans le sang de Pompée éteignons sa fierté;
Tranchons l'unique espoir où tant d'orgueil se fonde;
Et donnons un tyran à ces tyrans du monde :
Secondons le destin qui les veut mettre aux fers;
Et prêtons-lui la main pour venger l'univers.
Rome, tu serviras; et ces rois que tu braves,
Et que ton insolence ose traiter d'esclaves,
Adoreront César avec moins de douleur,
Puisqu'il sera ton maître aussi-bien que le leur.
　Allez donc, Achillas, allez avec Septime
Nous immortaliser par cet illustre crime :

Qu'il plaise au ciel ou non, laissez-m'en le souci ;
Je crois qu'il veut sa mort, puisqu'il l'amène ici.

ACHILLAS.

Seigneur, je crois tout juste alors qu'un roi l'ordonne.

PTOLOMÉE.

Allez, et hâtez-vous d'assurer ma couronne.
Et vous ressouvenez que je mets en vos mains
Le destin de l'Égypte et celui des Romains.

SCÈNE II.

PTOLOMÉE, PHOTIN.

PTOLOMÉE.

Photin, ou je me trompe, ou ma sœur est déçue ;
De l'abord de Pompée elle espère autre issue :
Sachant que de mon père il a le testament,
Elle ne doute point de son couronnement ;
Elle se croit déja souveraine maîtresse
D'un sceptre partagé que sa bonté lui laisse ;
Et, se promettant tout de leur vieille amitié,
De mon trône en son ame elle prend la moitié,
Où de son vain orgueil les cendres rallumées
Poussent déja dans l'air de nouvelles fumées.

PHOTIN.

Seigneur, c'est un motif, que je ne disois pas,
Qui devoit de Pompée avancer le trépas.
Sans doute il jugeroit de la sœur et du frère

Suivant le testament du feu roi votre père,
Son hôte et son ami, qui l'en daigna saisir :
Jugez après cela de votre déplaisir.
Ce n'est pas que je veuille, en vous parlant contre elle,
Rompre les sacrés nœuds d'une amour fraternelle :
Du trône, et non du cœur, je la veux éloigner;
Car c'est ne régner pas qu'être deux à régner.
Un roi qui s'y résout est mauvais politique;
Il détruit son pouvoir quand il le communique;
Et les raisons d'état... Mais, seigneur, la voici.

SCÈNE III.

PTOLOMÉE, CLÉOPATRE, PHOTIN.

CLÉOPATRE.

Seigneur, Pompée arrive, et vous êtes ici!

PTOLOMÉE.

J'attends dans mon palais ce guerrier magnanime,
Et lui viens d'envoyer Achillas et Septime.

CLÉOPATRE.

Quoi! Septime à Pompée! à Pompée Achillas!

PTOLOMÉE.

Si ce n'est assez d'eux, allez, suivez leurs pas.

CLÉOPATRE.

Donc pour le recevoir c'est trop que de vous-même?

PTOLOMÉE.

Ma sœur, je dois garder l'honneur du diadème.

ACTE I, SCENE III.

CLÉOPATRE.

Si vous en portez un, ne vous en souvenez
Que pour baiser la main de qui vous le tenez,
Que pour en faire hommage aux pieds d'un si grand homme.

PTOLOMÉE.

Au sortir de Pharsale est-ce ainsi qu'on le nomme?

CLÉOPATRE.

Fût-il, dans son malheur, de tous abandonné,
Il est toujours Pompée, et vous a couronné.

PTOLOMÉE.

Il n'en est plus que l'ombre, et couronna mon père,
Dont l'ombre, et non pas moi, lui doit ce qu'il espère.
Il peut aller, s'il veut, dessus son monument
Recevoir ses devoirs et son remercîment.

CLÉOPATRE.

Après un tel bienfait, c'est ainsi qu'on le traite!

PTOLOMÉE.

Je m'en souviens, ma sœur, et je vois sa défaite.

CLÉOPATRE.

Vous la voyez, de vrai, mais d'un œil de mépris.

PTOLOMÉE.

Le temps de chaque chose ordonne et fait le prix.
Vous qui l'estimez tant, allez lui rendre hommage;
Mais songez qu'au port même il peut faire naufrage.

CLÉOPATRE.

Il peut faire naufrage, et même dans le port!
Quoi! vous auriez osé lui préparer la mort?

PTOLOMÉE.
J'ai fait ce que les dieux m'ont inspiré de faire,
Et que pour mon état j'ai jugé nécessaire.
CLÉOPATRE.
Je ne le vois que trop, Photin et ses pareils
Vous ont empoisonné de leurs lâches conseils :
Ces ames, que le ciel ne forma que de boue...
PHOTIN.
Ce sont de nos conseils, oui, madame; et j'avoue...
CLÉOPATRE.
Photin, je parle au roi : vous répondrez pour tous
Quand je m'abaisserai jusqu'à parler à vous.
PTOLOMÉE à Photin.
Il faut un peu souffrir de cette humeur hautaine;
Je sais votre innocence, et je connois sa haine :
Après tout, c'est ma sœur, oyez sans repartir.
CLÉOPATRE.
Ah! s'il est encor temps de vous en repentir,
Affranchissez-vous d'eux et de leur tyrannie;
Rappelez la vertu par leurs conseils bannie,
Cette haute vertu dont le ciel et le sang
Enflent toujours les cœurs de ceux de notre rang.
PTOLOMÉE.
Quoi! d'un frivole espoir déja préoccupée,
Vous me parlez en reine en parlant de Pompée;
Et d'un faux zèle ainsi votre orgueil revêtu
Fait agir l'intérêt sous le nom de vertu!
Confessez-le, ma sœur, vous sauriez vous en taire,

N'étoit le testament du feu roi notre père;
Vous savez qui le garde.
CLÉOPATRE.
Et vous saurez aussi
Que la seule vertu me fait parler ainsi;
Et que si l'intérêt m'avoit préoccupée,
J'agirois pour César, et non pas pour Pompée.
Apprenez un secret que je voulois cacher,
Et cessez désormais de me rien reprocher.
Quand ce peuple insolent qu'enferme Alexandrie
Fit quitter au feu roi son trône et sa patrie,
Et que jusque dans Rome il alla du sénat
Implorer la pitié contre un tel attentat,
Il nous mena tous deux pour toucher son courage,
Vous assez jeune encor, moi déja dans un âge
Où ce peu de beauté que m'ont donné les cieux
D'un assez vif éclat faisoit briller mes yeux.
César en fut épris, et du moins j'eus la gloire
De le voir hautement donner lieu de le croire;
Mais, voyant contre lui le sénat irrité,
Il fit agir Pompée et son autorité.
Ce dernier nous servit à sa seule prière,
Qui de leur amitié fut la preuve dernière :
Vous en savez l'effet, et vous en jouissez.
Mais pour un tel amant ce ne fut pas assez :
Après avoir pour nous employé ce grand homme,
Qui nous gagna soudain toutes les voix de Rome,
Son amour en voulut seconder les efforts,

Et, nous ouvrant son cœur, nous ouvrit ses trésors.
Nous eûmes de ses feux, encore en leur naissance,
Et les nerfs de la guerre, et ceux de la puissance;
Et les mille talents qui lui sont encor dus
Remirent en nos mains tous nos états perdus.
Le roi, qui s'en souvint à son heure fatale,
Me laissa, comme à vous, la dignité royale;
Et, par son testament, il vous fit cette loi,
Pour me rendre une part de ce qu'il tint de moi.
C'est ainsi qu'ignorant d'où vint ce bon office,
Vous appelez faveur ce qui n'est que justice,
Et l'osez accuser d'une aveugle amitié
Quand du tout qu'il me doit il me rend la moitié.

PTOLOMÉE.
Certes, ma sœur, le conte est fait avec adresse!

CLÉOPATRE.
César viendra bientôt, et j'en ai lettre expresse;
Et peut-être aujourd'hui vos yeux seront témoins
De ce que votre esprit s'imagine le moins.
Ce n'est pas sans sujet que je parlois en reine :
Je n'ai reçu de vous que mépris et que haine;
Et, de ma part du sceptre indigne ravisseur,
Vous m'avez plus traitée en esclave qu'en sœur;
Même, pour éviter des effets plus sinistres,
Il m'a fallu flatter vos insolents ministres,
Dont j'ai craint jusqu'ici le fer ou le poison :
Mais Pompée, ou César, m'en va faire raison;
Et, quoi qu'avec Photin Achillas en ordonne,

Ou l'une ou l'autre main me rendra ma couronne.
Cependant mon orgueil vous laisse à démêler
Quel étoit l'intérêt qui me faisoit parler.

SCÈNE IV.

PTOLOMÉE, PHOTIN.

PTOLOMÉE.

Que dites-vous, ami, de cette ame orgueilleuse?

PHOTIN.

Seigneur, cette surprise est pour moi merveilleuse;
Je n'en sais que penser : et mon cœur étonné
D'un secret que jamais il n'auroit soupçonné,
Inconstant et confus dans son incertitude,
Ne se résout à rien qu'avec inquiétude.

PTOLOMÉE.

Sauverons-nous Pompée?

PHOTIN.

Il faudroit faire effort,
Si nous l'avions sauvé, pour conclure sa mort.
Cléopatre vous hait; elle est fière, elle est belle :
Et si l'heureux César a de l'amour pour elle,
La tête de Pompée est l'unique présent
Qui vous fasse contre elle un rempart suffisant.

PTOLOMÉE.

Ce dangereux esprit a beaucoup d'artifice.

PHOTIN.

Son artifice est peu contre un si grand service.

PTOLOMÉE.
Mais si, tout grand qu'il est, il cède à ses appas?
PHOTIN.
Il la faudra flatter. Mais ne m'en croyez pas;
Et pour mieux empêcher qu'elle ne vous opprime,
Consultez-en encore Achillas et Septime.
PTOLOMÉE.
Allons donc les voir faire, et montons à la tour;
Et nous en résoudrons ensemble à leur retour.

FIN DU PREMIER ACTE.

ACTE SECOND.

SCÈNE I.

CLÉOPATRE, CHARMION.

CLÉOPATRE.

Je l'aime; mais l'éclat d'une si belle flamme,
Quelque brillant qu'il soit, n'éblouit point mon ame;
Et toujours ma vertu retrace dans mon cœur
Ce qu'il doit au vaincu, brûlant pour le vainqueur.
Aussi qui l'ose aimer porte une ame trop haute
Pour souffrir seulement le soupçon d'une faute;
Et je le traiterois avec indignité
Si j'aspirois à lui par une lâcheté.

CHARMION.

Quoi! vous aimez César! et si vous étiez crue,
L'Égypte pour Pompée armeroit à sa vue,
En prendroit la défense, et, par un prompt secours,
Du destin de Pharsale arrêteroit le cours!
L'amour certes sur vous a bien peu de puissance!

CLÉOPATRE.

Les princes ont cela de leur haute naissance :
Leur ame dans leur sang prend des impressions

Qui dessous leur vertu rangent leurs passions.
Leur générosité soumet tout à leur gloire :
Tout est illustre en eux, quand ils daignent se croire;
Et si le peuple y voit quelques dérèglements,
C'est quand l'avis d'autrui corrompt leurs sentiments.
Ce malheur de Pompée achève la ruine;
Le roi l'eût secouru, mais Photin l'assassine :
Il croit cette ame basse, et se montre sans foi;
Mais, s'il croyoit la sienne, il agiroit en roi.

CHARMION.

Ainsi donc de César l'amante et l'ennemie...

CLÉOPATRE.

Je lui garde ma flamme exempte d'infamie,
Un cœur digne de lui.

CHARMION.

    Vous possédez le sien?

CLÉOPATRE.

Je crois le posséder.

CHARMION.

    Mais le savez-vous bien?

CLÉOPATRE.

Apprends qu'une princesse aimant sa renommée,
Quand elle dit qu'elle aime est sûre d'être aimée,
Et que les plus beaux feux dont son cœur soit épris
N'oseroient l'exposer aux hontes d'un mépris.
Notre séjour à Rome enflamma son courage :
Là j'eus de son amour le premier témoignage;
Et depuis jusqu'ici chaque jour ses courriers

ACTE II, SCENE I.

M'apportent en tribut ses vœux et ses lauriers.
Partout, en Italie, aux Gaules, en Espagne,
La fortune le suit et l'amour l'accompagne :
Son bras ne dompte point de peuple, ni de lieux,
Dont il ne rende hommage au pouvoir de mes yeux;
Et, de la même main dont il quitte l'épée,
Fumante encor du sang des amis de Pompée,
Il trace des soupirs, et, d'un style plaintif,
Dans son champ de victoire il se dit mon captif.
Oui, tout victorieux il m'écrit de Pharsale;
Et, si sa diligence à ses feux est égale,
Ou plutôt si la mer ne s'oppose à ses feux,
L'Égypte le va voir me présenter ses vœux.
Il vient, ma Charmion, jusque dans nos murailles
Chercher auprès de moi le prix de ses batailles,
M'offrir toute sa gloire, et soumettre à mes lois
Ce cœur et cette main qui commandent aux rois :
Et ma rigueur, mêlée aux faveurs de la guerre,
Feroit un malheureux du maître de la terre.

CHARMION.

J'oserois bien jurer que vos charmants appas
Se vantent d'un pouvoir dont ils n'useront pas;
Et que le grand César n'a rien qui l'importune,
Si vos seules rigueurs ont droit sur sa fortune.
Mais quelle est votre attente, et que prétendez-vous,
Puisque d'une autre femme il est déja l'époux,
Et qu'avec Calpurnie un paisible hyménée
Par des liens sacrés tient son ame enchaînée ?

CLÉOPATRE.

Le divorce, aujourd'hui si commun aux Romains,
Peut rendre en ma faveur tous ces obstacles vains :
César en sait l'usage et la cérémonie;
Un divorce chez lui fit place à Calpurnie.

CHARMION.

Par cette même voie il pourra vous quitter.

CLÉOPATRE.

Peut-être mon bonheur saura mieux l'arrêter;
Peut-être mon amour aura quelque avantage
Qui saura mieux pour moi ménager son courage.
Mais laissons au hasard ce qui peut arriver;
Achevons cet hymen, s'il se peut achever :
Ne durât-il qu'un jour, ma gloire est sans seconde,
D'être, du moins un jour, la maîtresse du monde.
J'ai de l'ambition; et, soit vice ou vertu,
Mon cœur sous son fardeau veut bien être abattu :
J'en aime la chaleur, et la nomme sans cesse
La seule passion digne d'une princesse.
Mais je veux que la gloire anime ses ardeurs,
Qu'elle mène sans honte au faîte des grandeurs;
Et je la désavoue alors que sa manie
Nous présente le trône avec ignominie.
Ne t'étonne donc plus, Charmion, de me voir
Défendre encor Pompée, et suivre mon devoir :
Ne pouvant rien de plus pour sa vertu séduite,
Dans mon ame en secret je l'exhorte à la fuite;
Et voudrois qu'un orage, écartant ses vaisseaux,

Malgré lui l'enlevât aux mains de ses bourreaux.
Mais voici de retour le fidèle Achorée,
Par qui j'en apprendrai la nouvelle assurée.

SCÈNE II.

CLÉOPATRE, ACHORÉE, CHARMION.

CLÉOPATRE.

En est-ce déja fait, et nos bords malheureux
Sont-ils déja souillés d'un sang si généreux ?

ACHORÉE.

Madame, j'ai couru par votre ordre au rivage ;
J'ai vu la trahison, j'ai vu toute sa rage ;
Du plus grand des mortels j'ai vu trancher le sort ;
J'ai vu dans son malheur la gloire de sa mort :
Et puisque vous voulez qu'ici je vous raconte
La gloire d'une mort qui nous couvre de honte,
Écoutez, admirez, et plaignez son trépas.
    Ses trois vaisseaux en rade avoient mis voiles bas ;
Et, voyant dans le port préparer nos galères,
Il croyoit que le roi, touché de ses misères,
Par un beau sentiment d'honneur et de devoir,
Avec toute sa cour le venoit recevoir ;
Mais, voyant que ce prince, ingrat à ses mérites,
N'envoyoit qu'un esquif rempli de satellites,
Il soupçonne aussitôt son manquement de foi,
Et se laisse surprendre à quelque peu d'effroi.

Enfin, voyant nos bords et notre flotte en armes,
Il condamne en son cœur ces indignes alarmes,
Et réduit tous les soins d'un si pressant ennui
A ne hasarder pas Cornélie avec luï :
« N'exposons, lui dit-il, que cette seule tête
« A la réception que l'Égypte m'apprête;
« Et, tandis que moi seul j'en courrai le danger,
« Songe à prendre la fuite afin de me venger.
« Le roi Juba nous garde une foi plus sincère;
« Chez lui tu trouveras et mes fils et ton père :
« Mais quand tu les verrois descendre chez Pluton,
« Ne désespère point, du vivant de Caton. »
Tandis que leur amour en cet adieu conteste,
Achillas à son bord joint son esquif funeste :
Septime se présente, et, lui tendant la main,
Le salue empereur en langage romain;
Et, comme député de ce jeune monarque,
« Passez, seigneur, dit-il, passez dans cette barque;
« Les sables et les bancs, cachés dessous les eaux,
« Rendent l'accès mal sûr à de plus grands vaisseaux. »
  Ce héros voit la fourbe, et s'en moque dans l'ame :
Il reçoit les adieux des siens et de sa femme,
Leur défend de le suivre, et s'avance au trépas
Avec le même front qu'il donnoit les états.
La même majesté, sur son visage empreinte,
Entre ces assassins montre un esprit sans crainte;
Sa vertu tout entière à la mort le conduit :
Son affranchi Philippe est le seul qui le suit.

ACTE II, SCENE II.

C'est de lui que j'ai su ce que je viens de dire;
Mes yeux ont vu le reste, et mon cœur en soupire,
Et croit que César même à de si grands malheurs
Ne pourra refuser des soupirs et des pleurs.

CLÉOPATRE.

N'épargnez pas les miens; achevez, Achorée,
L'histoire d'une mort que j'ai déja pleurée.

ACHORÉE.

On l'amène; et du port nous le voyons venir,
Sans que pas un d'entre eux daigne l'entretenir.
Ce mépris lui fait voir ce qu'il en doit attendre.
Sitôt qu'on a pris terre, on l'invite à descendre :
Il se lève; et soudain, pour signal, Achillas
Derrière ce héros tirant son coutelas,
Septime et trois des siens, lâches enfants de Rome,
Percent à coups pressés les flancs de ce grand homme,
Tandis qu'Achillas même, épouvanté d'horreur,
De ces quatre enragés admire la fureur.

CLÉOPATRE.

Vous qui livrez la terre aux discordes civiles,
Si vous vengez sa mort, dieux, épargnez nos villes !
N'imputez rien aux lieux, reconnoissez les mains;
Le crime de l'Égypte est fait par des Romains.
Mais que fait et que dit ce généreux courage?

ACHORÉE.

D'un des pans de sa robe il couvre son visage,
A son mauvais destin en aveugle obéit,
Et dédaigne de voir le ciel qui le trahit,

De peur que d'un coup d'œil contre une telle offense
Il ne semble implorer son aide ou sa vengeance.
Aucun gémissement, à son cœur échappé,
Ne le montre, en mourant, digne d'être frappé :
Immobile à leurs coups, en lui-même il rappelle
Ce qu'eut de beau sa vie, et ce qu'on dira d'elle;
Et tient la trahison que le roi leur prescrit
Trop au-dessous de lui pour y prêter l'esprit.
Sa vertu dans leur crime augmente ainsi son lustre;
Et son dernier soupir est un soupir illustre,
Qui, de cette grande ame achevant les destins,
Étale tout Pompée aux yeux des assassins.
Sur les bords de l'esquif sa tête enfin penchée,
Par le traître Septime indignement tranchée,
Passe au bout d'une lance en la main d'Achillas,
Ainsi qu'un grand trophée après de grands combats.
On descend; et, pour comble à sa noire aventure,
On donne à ce héros la mer pour sépulture,
Et le tronc sous les flots roule dorénavant
Au gré de la fortune, et de l'onde, et du vent.
La triste Cornélie, à cet affreux spectacle,
Par de longs cris aigus tâche d'y mettre obstacle,
Défend ce cher époux de la voix et des yeux;
Puis, n'espérant plus rien, lève les mains aux cieux;
Et, cédant tout-à-coup à la douleur plus forte,
Tombe, dans sa galère, évanouie, ou morte.
Les siens, en ce désastre, à force de ramer,
L'éloignent de la rive et regagnent la mer.

Mais sa fuite est mal sûre; et l'infame Septime,
Qui se voit dérober la moitié de son crime,
Afin de l'achever, prend six vaisseaux au port,
Et poursuit sur les eaux Pompée après sa mort.
Cependant Achillas porte au roi sa conquête :
Tout le peuple tremblant en détourne la tête;
Un effroi général offre à l'un sous ses pas
Des abymes ouverts pour venger ce trépas;
L'autre entend le tonnerre; et chacun se figure
Un désordre soudain de toute la nature;
Tant l'excès du forfait, troublant leurs jugements,
Présente à leur terreur l'excès des châtiments!
Philippe, d'autre part, montrant sur le rivage
Dans une ame servile un généreux courage,
Examine d'un œil et d'un soin curieux
Où les vagues rendront ce dépôt précieux,
Pour lui rendre, s'il peut, ce qu'aux morts on doit rendre,
Dans quelque urne chétive en ramasser la cendre,
Et d'un peu de poussière élever un tombeau
A celui qui du monde eut le sort le plus beau.
Mais comme vers l'Afrique on poursuit Cornélie,
On voit d'ailleurs César venir de Thessalie,
Une flotte paroît, qu'on a peine à compter...

CLÉOPATRE.

C'est lui-même, Achorée, il n'en faut point douter.
Tremblez, tremblez, méchants, voici venir la foudre;
Cléopâtre a de quoi vous mettre tous en poudre :
César vient, elle est reine, et Pompée est vengé;

La tyrannie est bas, et le sort a changé.
Admirons cependant le destin des grands hommes;
Plaignons-les, et par eux jugeons ce que nous sommes:
Ce prince d'un sénat maître de l'univers,
Dont le bonheur sembloit au-dessus du revers,
Lui que sa Rome a vu, plus craint que le tonnerre,
Triompher en trois fois des trois parts de la terre,
Et qui voyoit encore, en ces derniers hasards,
L'un et l'autre consul suivre ses étendards;
Sitôt que d'un malheur sa fortune est suivie,
Les monstres de l'Égypte ordonnent de sa vie;
On voit un Achillas, un Septime, un Photin,
Arbitres souverains d'un si noble destin;
Un roi qui, de ses mains, a reçu la couronne,
A ces pestes de cour lâchement l'abandonne.
Ainsi finit Pompée, et peut-être qu'un jour
César éprouvera même sort à son tour:
Rendez l'augure faux, dieux, qui voyez mes larmes,
Et secondez partout et mes vœux et ses armes!

CHARMION.

Madame, le roi vient, qui pourra vous ouïr.

SCÈNE III.

PTOLOMÉE, CLÉOPATRE, CHARMION.

PTOLOMÉE.

Savez-vous le bonheur dont nous allons jouir,

Ma sœur?
CLÉOPATRE.
Oui, je le sais, le grand César arrive :
Sous les lois de Photin je ne suis plus captive.
PTOLOMÉE.
Vous haïssez toujours ce fidèle sujet.
CLÉOPATRE.
Non, mais en liberté je ris de son projet.
PTOLOMÉE.
Quel projet faisoit-il dont vous puissiez vous plaindre?
CLÉOPATRE.
J'en ai souffert beaucoup, et j'avois plus à craindre.
Un si grand politique est capable de tout,
Et vous donnez les mains à tout ce qu'il résout.
PTOLOMÉE.
Si je suis ses conseils, j'en connois la prudence.
CLÉOPATRE.
Si j'en crains les effets, j'en vois la violence.
PTOLOMÉE.
Pour le bien de l'état tout est juste en un roi.
CLÉOPATRE.
Ce genre de justice est à craindre pour moi :
Après ma part du sceptre, à ce titre usurpée,
Il en coûte la vie et la tête à Pompée.
PTOLOMÉE.
Jamais un coup d'état ne fut mieux entrepris.
Le voulant secourir, César nous eût surpris :
Vous voyez sa vitesse, et l'Égypte troublée,

Avant qu'être en défense, en seroit accablée.
Mais je puis maintenant à cet heureux vainqueur
Offrir en sûreté mon trône et votre cœur.

CLÉOPATRE.

Je ferai mes présents; n'ayez soin que des vôtres,
Et dans vos intérêts n'en confondez point d'autres.

PTOLOMÉE.

Les vôtres sont les miens, étant de même sang.

CLÉOPATRE.

Vous pouvez dire encore étant de même rang,
Étant rois l'un et l'autre; et toutefois je pense
Que nos deux intérêts ont quelque différence.

PTOLOMÉE.

Oui, ma sœur; car l'état, dont mon cœur est content,
Sur quelques bords du Nil à grand'peine s'étend :
Mais César, à vos lois soumettant son courage,
Va vous faire régner sur le Gange et le Tage.

CLÉOPATRE.

J'ai de l'ambition; mais je la sais régler :
Elle peut m'éblouir, et non pas m'aveugler.
Ne parlons point ici du Tage ni du Gange;
Je connois ma portée, et ne prends point le change.

PTOLOMÉE.

L'occasion vous rit, et vous en userez.

CLÉOPATRE.

Si je n'en use bien, vous m'en accuserez.

PTOLOMÉE.

J'en espère beaucoup, vu l'amour qui l'engage.

ACTE II, SCENE III.

CLÉOPATRE.

Vous la craignez peut-être encore davantage :
Mais, quelque occasion qui me rie aujourd'hui,
N'ayez aucune peur, je ne veux rien d'autrui ;
Je ne garde pour vous ni haine ni colère ;
Et je suis bonne sœur, si vous êtes bon frère.

PTOLOMÉE.

Vous montrez cependant un peu bien du mépris.

CLÉOPATRE.

Le temps de chaque chose ordonne et fait le prix.

PTOLOMÉE.

Votre façon d'agir le fait assez connoître.

CLÉOPATRE.

Le grand César arrive, et vous avez un maître.

PTOLOMÉE.

Il l'est de tout le monde, et je l'ai fait le mien.

CLÉOPATRE.

Allez lui rendre hommage ; et j'attendrai le sien.
Allez, ce n'est pas trop pour lui que de vous-même ;
Je garderai pour vous l'honneur du diadême.
Photin vous vient aider à le bien recevoir ;
Consultez avec lui quel est votre devoir.

SCÈNE IV.

PTOLOMÉE, PHOTIN.

PTOLOMÉE.

J'ai suivi tes conseils ; mais plus je l'ai flattée,

Et plus dans l'insolence elle s'est emportée;
Si bien qu'enfin, outré de tant d'indignités,
Je m'allois emporter dans les extrémités :
Mon bras, dont ses mépris forçoient la retenue,
N'eût plus considéré César ni sa venue,
Et l'eût mise en état, malgré tout son appui,
De s'en plaindre à Pompée auparavant qu'à lui.
L'arrogante! à l'ouïr, elle est déja ma reine;
Et si César en croit son orgueil et sa haine,
Si, comme elle s'en vante, elle est son cher objet,
De son frère et son roi, je deviens son sujet.
Non, non; prévenons-la : c'est foiblesse d'attendre
Le mal qu'on voit venir, sans vouloir s'en défendre.
Otons-lui les moyens de nous plus dédaigner;
Otons-lui les moyens de plaire et de régner;
Et ne permettons pas qu'après tant de bravades
Mon sceptre soit le prix d'une de ses œillades.

PHOTIN.

Seigneur, ne donnez point de prétexte à César
Pour attacher l'Égypte aux pompes de son char.
Ce cœur ambitieux, qui, par toute la terre,
Ne cherche qu'à porter l'esclavage et la guerre,
Enflé de sa victoire et des ressentiments
Qu'une perte pareille imprime aux vrais amants,
Quoique vous ne rendiez que justice à vous-même,
Prendroit l'occasion de venger ce qu'il aime;
Et, pour s'assujettir et vos états et vous,
Imputeroit à crime un si juste courroux.

ACTE II, SCENE IV.

PTOLOMÉE.

Si Cléopatre vit, s'il la voit, elle est reine.

PHOTIN.

Si Cléopatre meurt, votre perte est certaine.

PTOLOMÉE.

Je perdrai qui me perd, ne pouvant me sauver.

PHOTIN.

Pour la perdre avec joie, il faut vous conserver.

PTOLOMÉE.

Quoi! pour voir sur sa tête éclater ma couronne?
Sceptre, s'il faut enfin que ma main t'abandonne,
Passe, passe plutôt en celle du vainqueur!

PHOTIN.

Vous l'arracherez mieux de celle d'une sœur.
Quelques feux que d'abord il lui fasse paroître,
Il partira bientôt, et vous serez le maître.
L'amour à ses pareils ne donne point d'ardeur
Qui ne cède aisément aux soins de leur grandeur.
Il voit encor l'Afrique et l'Espagne occupées
Par Juba, Scipion, et les jeunes Pompées;
Et le monde à ses lois n'est point assujetti
Tant qu'il verra durer ces restes du parti.
Au sortir de Pharsale un si grand capitaine
Sauroit mal son métier, s'il laissoit prendre haleine,
Et s'il donnoit loisir à des cœurs si hardis,
De relever du coup dont ils sont étourdis :
S'il les vainc, s'il parvient où son desir aspire,
Il faut qu'il aille à Rome établir son empire,

Jouir de sa fortune et de son attentat,
Et changer à son gré la forme de l'état.
Jugez durant ce temps ce que vous pourrez faire.
Seigneur, voyez César; forcez-vous à lui plaire :
En lui déférant tout, veuillez vous souvenir
Que les événements règleront l'avenir.
Remettez en ses mains trône, sceptre, couronne;
Et sans en murmurer souffrez qu'il en ordonne.
Il en croira sans doute ordonner justement,
En suivant du feu roi l'ordre et le testament :
L'importance d'ailleurs de ce dernier service
Ne permet pas d'en craindre une entière injustice.
Quoi qu'il en fasse enfin, feignez d'y consentir;
Louez son jugement, et laissez-le partir.
Après, quand nous verrons le temps propre aux vengeances,
Nous aurons et la force et les intelligences.
Jusque-là, réprimez ces transports violents
Qu'excitent d'une sœur les mépris insolents :
Les bravades enfin sont des discours frivoles;
Et qui songe aux effets néglige les paroles.

PTOLOMÉE.

Ah! tu me rends la vie et le sceptre à-la-fois :
Un sage conseiller est le bonheur des rois.
Cher appui de mon trône, allons, sans plus attendre,
Offrir tout à César afin de tout reprendre;
Avec toute ma flotte allons le recevoir,
Et par ces vains honneurs séduire son pouvoir.

FIN DU SECOND ACTE.

ACTE TROISIÈME.

SCÈNE I.

CHARMION, ACHORÉE.

CHARMION.

Oui, tandis que le roi va lui-même en personne
Jusqu'aux pieds de César prosterner sa couronne,
Cléopatre s'enferme en son appartement,
Et sans s'en émouvoir attend son compliment.
Comment nommerez-vous une humeur si hautaine ?

ACHORÉE.

Un orgueil noble et juste, et digne d'une reine
Qui soutient avec cœur et magnanimité
L'honneur de sa naissance et de sa dignité.
Lui pourrai-je parler ?

CHARMION.

Non : mais elle m'envoie
Savoir à cet abord ce qu'on a vu de joie ;
Ce qu'à ce beau présent César a témoigné ;
S'il a paru content, ou s'il l'a dédaigné ;
S'il traite avec douceur, s'il traite avec empire ;
Ce qu'à nos assassins enfin il a pu dire.

POMPÉE.

ACHORÉE.

La tête de Pompée a produit des effets
Dont ils n'ont pas sujet d'être fort satisfaits.
Je ne sais si César prendroit plaisir à feindre;
Mais pour eux jusqu'ici je trouve lieu de craindre :
S'ils aimoient Ptolomée, ils l'ont fort mal servi.
Vous l'avez vu partir; et moi, je l'ai suivi.
Ses vaisseaux en bon ordre ont éloigné la ville,
Et pour joindre César n'ont avancé qu'un mille.
Il venoit à plein voile; et si dans les hasards
Il éprouva toujours pleine faveur de Mars,
Sa flotte, qu'à l'envi favorisoit Neptune,
Avoit le vent en poupe ainsi que sa fortune.
Dès le premier abord, notre prince étonné
Ne s'est plus souvenu de son front couronné;
Sa frayeur a paru sous sa fausse allégresse;
Toutes ses actions ont senti la bassesse :
J'en ai rougi moi-même, et me suis plaint à moi
De voir là Ptolomée, et n'y voir point de roi;
Et César, qui lisoit sa peur sur le visage,
Le flattoit par pitié pour lui donner courage.
Lui, d'une voix tombante offrant ce don fatal,
« Seigneur, vous n'avez plus, lui dit-il, de rival;
« Ce que n'ont pu les dieux dans votre Thessalie,
« Je vais mettre en vos mains Pompée et Cornélie :
« En voici déja l'un; et pour l'autre, elle fuit,
« Mais avec six vaisseaux un des miens la poursuit. »
A ces mots Achillas découvre cette tête :

Il semble qu'à parler encore elle s'apprête ;
Qu'à ce nouvel affront un reste de chaleur
En sanglots mal formés exhale sa douleur ;
Sa bouche encore ouverte et sa vue égarée
Rappellent sa grande ame à peine séparée ;
Et son courroux mourant fait un dernier effort
Pour reprocher aux dieux sa défaite et sa mort.
César, à cet aspect, comme frappé du foudre,
Et comme ne sachant que croire ou que résoudre,
Immobile, et les yeux sur l'objet attachés,
Nous tient assez long-temps ses sentiments cachés ;
Et je dirai, si j'ose en faire conjecture,
Que, par un mouvement commun à la nature,
Quelque maligne joie en son cœur s'élevoit,
Dont sa gloire indignée à peine le sauvoit.
L'aise de voir la terre à son pouvoir soumise
Chatouilloit malgré lui son ame avec surprise ;
Et de cette douceur son esprit combattu
Avec un peu d'effort rassuroit sa vertu.
S'il aime sa grandeur, il hait la perfidie ;
Il se juge en autrui, se tâte, s'étudie,
Examine en secret sa joie et ses douleurs,
Les balance, choisit, laisse couler des pleurs ;
Et, forçant sa vertu d'être encor la maîtresse,
Se montre généreux par un trait de foiblesse.
Ensuite il fait ôter ce présent de ses yeux,
Lève les mains ensemble et les regards aux cieux,
Lâche deux ou trois mots contre cette insolence ;

Puis tout triste et pensif il s'obstine au silence,
Et même à ses Romains ne daigne repartir
Que d'un regard farouche et d'un profond soupir.
Enfin, ayant pris terre avec trente cohortes,
Il se saisit du port, il se saisit des portes,
Met des gardes partout et des ordres secrets,
Fait voir sa défiance ainsi que ses regrets,
Parle d'Égypte en maître, et de son adversaire,
Non plus comme ennemi, mais comme son beau-père.
Voilà ce que j'ai vu.

CHARMION.

Voilà ce qu'attendoit,
Ce qu'au juste Osiris la reine demandoit.
Je vais bien la ravir avec cette nouvelle :
Vous, continuez-lui ce service fidèle.

ACHORÉE.

Qu'elle n'en doute point.. Mais César vient. Allez,
Peignez-lui bien nos gens pâles et désolés ;
Et moi, soit que l'issue en soit douce ou funeste,
J'irai l'entretenir quand j'aurai vu le reste.

SCÈNE II.

CÉSAR, PTOLOMÉE, LÉPIDE, PHOTIN, ACHORÉE, soldats romains, soldats égyptiens.

PTOLOMÉE.

Seigneur, montez au trône, et commandez ici.

CÉSAR.

Connoissez-vous César de lui parler ainsi ?
Que m'offriroit de pis la fortune ennemie,
A moi, qui tiens le trône égal à l'infamie !
Certes, Rome à ce coup pourroit bien se vanter
D'avoir eu juste lieu de me persécuter ;
Elle, qui d'un même œil les donne et les dédaigne,
Qui ne voit rien aux rois qu'elle aime ou qu'elle craigne,
Et qui verse en nos cœurs, avec l'ame et le sang,
Et la haine du nom, et le mépris du rang.
C'est ce que de Pompée il vous falloit apprendre ;
S'il en eût aimé l'offre, il eût su s'en défendre :
Et le trône et le roi se seroient ennoblis
A soutenir la main qui les a rétablis.
Vous eussiez pu tomber, mais tout couvert de gloire ;
Votre chute eût valu la plus haute victoire :
Et, si votre destin n'eût pu vous en sauver,
César eût pris plaisir à vous en relever.
Vous n'avez pu former une si noble envie.
Mais quel droit aviez-vous sur cette illustre vie ?
Que vous devoit son sang pour y tremper vos mains,
Vous qui devez respect au moindre des Romains ?
Ai-je vaincu pour vous dans les champs de Pharsale ?
Et, par une victoire aux vaincus trop fatale,
Vous ai-je acquis sur eux, en ce dernier effort,
La puissance absolue et de vie et de mort ?
Moi, qui n'ai jamais pu la souffrir à Pompée,
La souffrirai-je en vous sur lui-même usurpée,

Et que de mon bonheur vous ayez abusé
Jusqu'à plus attenter que je n'aurois osé?
De quel nom, après tout, pensez-vous que je nomme
Ce coup où vous tranchez du souverain de Rome;
Et qui sur un seul chef lui fait bien plus d'affront
Que sur tant de milliers ne fit le roi de Pont?
Pensez-vous que j'ignore ou que je dissimule
Que vous n'auriez pas eu pour moi plus de scrupule,
Et que, s'il m'eût vaincu, votre esprit complaisant,
Lui faisoit de ma tête un semblable présent?
Grâces à ma victoire, on me rend des hommages
Où ma fuite eût reçu toutes sortes d'outrages :
Au vainqueur, non à moi, vous faites tout l'honneur;
Si César en jouit, ce n'est que par bonheur.
Amitié dangereuse, et redoutable zèle,
Que règle la fortune, et qui tourne avec elle!
Mais parlez; c'est trop être interdit et confus.

PTOLOMÉE.

Je le suis, il est vrai, si jamais je le fus;
Et vous-même avoûrez que j'ai sujet de l'être.
Étant né souverain, je vois ici mon maître :
Ici, dis-je, où ma cour tremble en me regardant,
Où je n'ai point encore agi qu'en commandant,
Je vois une autre cour sous une autre puissance,
Et ne puis plus agir qu'avec obéissance.
De votre seul aspect je me suis vu surpris :
Jugez si vos discours rassurent mes esprits;
Jugez par quels moyens je puis sortir d'un trouble

Que forme le respect, que la crainte redouble,
Et ce que vous peut dire un prince épouvanté
De voir tant de colère et tant de majesté.
Dans ces étonnements dont mon ame est frappée
De rencontrer en vous le vengeur de Pompée,
Il me souvient pourtant que, s'il fut notre appui,
Nous vous dûmes dès-lors autant et plus qu'à lui.
Votre faveur pour nous éclata la première ;
Tout ce qu'il fit après fut à votre prière :
Il émut le sénat pour des rois outragés
Que sans cette prière il auroit négligés ;
Mais de ce grand sénat les saintes ordonnances
Eussent peu fait pour nous, seigneur, sans vos finances :
Par là de nos mutins le feu roi vint à bout ;
Et, pour en bien parler, nous vous devons le tout.
Nous avons honoré votre ami, votre gendre,
Jusqu'à ce qu'à vous-même il ait osé se prendre :
Mais voyant son pouvoir, de vos succès jaloux,
Passer en tyrannie, et s'armer contre vous...

CÉSAR.

Tout beau : que votre haine en son sang assouvie
N'aille point à sa gloire ; il suffit de sa vie.
N'avancez rien ici que Rome ose nier ;
Et justifiez-vous sans le calomnier.

PTOLOMÉE.

Je laisse donc aux dieux à juger ses pensées,
Et dirai seulement qu'en vos guerres passées,
Où vous fûtes forcé par tant d'indignités,

Tous nos vœux ont été pour vos prospérités;
Que, comme il vous traitoit en mortel adversaire,
J'ai cru sa mort pour vous un malheur nécessaire;
Et que sa haine injuste, augmentant tous les jours,
Jusque dans les enfers chercheroit du secours;
Ou qu'enfin, s'il tomboit dessous votre puissance,
Il nous falloit, pour vous, craindre votre clémence;
Et que le sentiment d'un cœur trop généreux,
Usant mal de vos droits, vous rendît malheureux.
J'ai donc considéré qu'en ce péril extrême
Nous vous devions, seigneur, servir malgré vous-même;
Et, sans attendre d'ordre en cette occasion,
Mon zèle ardent l'a pris à ma confusion.
Vous m'en désavouez, vous l'imputez à crime;
Mais pour servir César rien n'est illégitime.
J'en ai souillé mes mains pour vous en préserver;
Vous pouvez en jouir, et le désapprouver :
Et j'ai plus fait pour vous, plus l'action est noire,
Puisque c'est d'autant plus vous immoler ma gloire,
Et que ce sacrifice, offert par mon devoir,
Vous assure la vôtre avec votre pouvoir.

CÉSAR.

Vous cherchez, Ptolomée, avecque trop de ruses,
De mauvaises couleurs et de froides excuses.
Votre zèle étoit faux, si seul il redoutoit
Ce que le monde entier à pleins vœux souhaitoit;
Et s'il vous a donné ces craintes trop subtiles,
Qui m'ôtent tout le fruit de nos guerres civiles,

Où l'honneur seul m'engage, et que pour terminer
Je ne veux que celui de vaincre et pardonner;
Où mes plus dangereux et plus grands adversaires,
Sitôt qu'ils sont vaincus, ne sont plus que mes frères;
Et mon ambition ne va qu'à les forcer,
Ayant dompté leur haine, à vivre, et m'embrasser.
O combien d'allégresse une si triste guerre
Auroit-elle laissé dessus toute la terre,
Si Rome avoit pu voir marcher en même char,
Vainqueurs de leur discorde, et Pompée et César!
Voilà ces grands malheurs que craignait votre zèle.
O crainte ridicule autant que criminelle!
Vous craigniez ma clémence! ah! n'ayez plus ce soin;
Souhaitez-la plutôt, vous en avez besoin.
Si je n'avois égard qu'aux lois de la justice,
Je m'apaiserois Rome avec votre supplice,
Sans que, ni vos respects, ni votre repentir,
Ni votre dignité, vous pussent garantir;
Votre trône lui-même en seroit le théâtre.
Mais voulant épargner le sang de Cléopâtre,
J'impute à vos flatteurs toute la trahison,
Et je veux voir comment vous m'en ferez raison :
Suivant les sentiments dont vous serez capable,
Je saurai vous tenir innocent ou coupable.
Cependant à Pompée élevez des autels;
Rendez-lui les honneurs qu'on rend aux immortels;
Par un prompt sacrifice expiez tous vos crimes;
Et surtout pensez bien au choix de vos victimes.

Allez y donner ordre, et me laissez ici
Entretenir les miens sur quelque autre souci.

SCÈNE III.

CÉSAR, ANTOINE, LÉPIDE.

CÉSAR.

Antoine, avez-vous vu cette reine adorable?
ANTOINE.
Oui, seigneur, je l'ai vue : elle est incomparable;
Le ciel n'a point encor, par de si doux accords,
Uni tant de vertus aux graces d'un beau corps,
Une majesté douce épand sur son visage
De quoi s'assujettir le plus noble courage;
Ses yeux savent ravir, son discours sait charmer;
Et, si j'étois César, je la voudrois aimer.
CÉSAR.
Comme a-t-elle reçu les offres de ma flamme?
ANTOINE.
Comme n'osant la croire, et la croyant dans l'ame;
Par un refus modeste et fait pour inviter,
Elle s'en dit indigne, et la croit mériter.
CÉSAR.
En pourrai-je être aimé?
ANTOINE.
Douter qu'elle vous aime,
Elle qui de vous seul attend son diadême,

Qui n'espère qu'en vous! Douter de ses ardeurs,
Vous, qui pouvez la mettre au faîte des grandeurs!
Que votre amour sans crainte à son amour prétende;
Au vainqueur de Pompée il faut que tout se rende;
Et vous l'éprouverez. Elle craint toutefois
L'ordinaire mépris que Rome fait des rois;
Et surtout elle craint l'amour de Calpurnie :
Mais, l'une et l'autre crainte à votre aspect bannie,
Vous ferez succéder un espoir assez doux,
Lorsque vous daignerez lui dire un mot pour vous.

CÉSAR.

Allons donc l'affranchir de ces frivoles craintes,
Lui montrer de mon cœur les sensibles atteintes;
Allons, ne tardons plus.

ANTOINE.

Avant que de la voir,
Sachez que Cornélie est en votre pouvoir.
Septime vous l'amène, orgueilleux de son crime,
Et pense auprès de vous se mettre en haute estime :
Dès qu'ils ont abordé, vos chefs, par vous instruits,
Sans leur rien témoigner, les ont ici conduits.

CÉSAR.

Qu'elle entre. Ah! l'importune et fâcheuse nouvelle!
Qu'à mon impatience elle semble cruelle!
O ciel! et ne pourrai-je enfin à mon amour
Donner en liberté ce qui reste du jour?

SCÈNE VI.

CÉSAR, ANTOINE, LÉPIDE, SEPTIME.

SEPTIME.
Seigneur...

CÉSAR.
Allez, Septime; allez vers votre maître:
César ne peut souffrir la présence d'un traître;
D'un Romain lâche assez pour servir sous un roi,
Après avoir servi sous Pompée et sous moi.

SCÈNE V.

CORNÉLIE, CÉSAR, ANTOINE, LÉPIDE.

CORNÉLIE.
César, car le destin, que dans tes fers je brave,
Me fait ta prisonnière, et non pas ton esclave,
Et tu ne prétends pas qu'il m'abatte le cœur
Jusqu'à te rendre hommage et te nommer seigneur;
De quelque rude trait qu'il m'ose avoir frappée,
Veuve du jeune Crasse, et veuve de Pompée,
Fille de Scipion, et, pour dire encor plus,
Romaine, mon courage est encore au-dessus;
Et de tous les assauts que sa rigueur me livre
Rien ne me fait rougir que la honte de vivre.

J'ai vu mourir Pompée, et ne l'ai pas suivi ;
Et bien que le moyen m'en ait été ravi,
Qu'une pitié cruelle à mes douleurs profondes
M'ait ôté le secours et du fer et des ondes,
Je dois rougir pourtant, après un tel malheur,
De n'avoir pu mourir d'un excès de douleur :
Ma mort étoit ma gloire, et le destin m'en prive,
Pour croître mes malheurs et me voir ta captive.
Je dois bien toutefois rendre graces aux dieux
De ce qu'en arrivant je te trouve en ces lieux,
Que César y commande, et non pas Ptolomée.
Hélas ! et sous quel astre, ô ciel ! m'as-tu formée,
Si je leur dois des vœux de ce qu'ils ont permis
Que je rencontre ici mes plus grands ennemis,
Et tombe entre leurs mains plutôt qu'aux mains d'un prince
Qui doit à mon époux son trône et sa province ?
César, de ta victoire écoute moins le bruit ;
Elle n'est que l'effet du malheur qui me suit :
Je l'ai porté pour dot chez Pompée et chez Crasse.
Deux fois du monde entier j'ai causé la disgrace ;
Deux fois de mon hymen le nœud mal assorti
A chassé tous les dieux du plus juste parti.
Heureuse en mes malheurs, si ce triste hyménée,
Pour le bonheur de Rome, à César m'eût donnée,
Et si j'eusse avec moi porté dans ta maison
D'un astre envenimé l'invincible poison !
Car enfin n'attends pas que j'abaisse ma haine ;
Je te l'ai déja dit, César, je suis Romaine :

Et, quoique ta captive, un cœur comme le mien,
De peur de s'oublier, ne te demande rien.
Ordonne; et, sans vouloir qu'il tremble ou s'humilie,
Souviens-toi seulement que je suis Cornélie.

CÉSAR.

O d'un illustre époux noble et digne moitié,
Dont le courage étonne, et le sort fait pitié!
Certes, vos sentiments font assez reconnaître
Qui vous donna la main, et qui vous donna l'être,
Et l'on juge aisément, au cœur que vous portez,
Où vous êtes entrée et de qui vous sortez.
L'ame du jeune Crasse, et celle de Pompée,
L'une et l'autre vertu par le malheur trompée,
Le sang des Scipions, protecteur de nos dieux,
Parlent par votre bouche, et brillent dans vos yeux;
Et Rome dans ses murs ne voit point de famille
Qui soit plus honorée ou de femme ou de fille.
Plût au grand Jupiter, plût à ces mêmes dieux
Qu'Annibal eût bravés jadis sans vos aïeux,
Que ce héros si cher dont le ciel vous sépare
N'eût pas si mal connu la cour d'un roi barbare,
Ni mieux aimé tenter une incertaine foi,
Que la vieille amitié qu'il eût trouvée en moi;
Qu'il eût voulu souffrir qu'un bonheur de mes armes
Eût vaincu ses soupçons, dissipé ses alarmes;
Et qu'enfin, m'attendant sans plus se défier,
Il m'eût donné moyen de me justifier!
Alors, foulant aux pieds la discorde et l'envie,

Je l'eusse conjuré de se donner la vie,
D'oublier ma victoire, et d'aimer un rival
Heureux d'avoir vaincu pour vivre son égal.
J'eusse alors regagné son ame satisfaite,
Jusqu'à lui faire aux dieux pardonner sa défaite;
Il eût fait à son tour, en me rendant son cœur,
Que Rome eût pardonné la victoire au vainqueur.
Mais puisque par sa perte, à jamais sans seconde,
Le sort a dérobé cette alégresse au monde,
César s'efforcera de s'acquitter vers vous
De ce qu'il voudrait rendre à cet illustre époux.
Prenez donc en ces lieux liberté tout entière :
Seulement pour deux jours soyez ma prisonnière,
Afin d'être témoin comme, après nos débats,
Je chéris sa mémoire et venge son trépas,
Et de pouvoir apprendre à toute l'Italie
De quel orgueil nouveau m'enfle la Thessalie.
Je vous laisse à vous-même, et vous quitte un moment.
Choisissez-lui, Lépide, un digne appartement;
Et qu'on l'honore ici, mais en dame romaine,
C'est-à-dire un peu plus qu'on n'honore la reine.
Commandez, et chacun aura soin d'obéir.

CORNÉLIE.

O ciel! que de vertus vous me faites haïr!

FIN DU TROISIÈME ACTE.

ACTE QUATRIÈME.

SCÈNE I.

PTOLOMÉE, ACHILLAS, PHOTIN.

PTOLOMÉE.

Quoi! de la même main et de la même épée
Dont il vient d'immoler le malheureux Pompée,
Septime, par César indignement chassé,
Dans un tel désespoir à vos yeux a passé?

ACHILLAS.

Oui, seigneur; et sa mort a de quoi vous apprendre
La honte qu'il prévient et qu'il vous faut attendre.
Jugez quel est César à ce courroux si lent:
Un moment pousse et rompt un transport violent;
Mais l'indignation qu'on prend avec étude,
Augmente avec le temps, et porte un coup plus rude.
Ainsi n'espérez pas de le voir modéré :
Par adresse il se fâche après s'être assuré.
Sa puissance établie, il a soin de sa gloire;
Il poursuivoit Pompée, et chérit sa mémoire,
Et veut tirer à soi, par un courroux accort,

ACTE IV, SCENE I.

L'honneur de sa vengeance et le fruit de sa mort.
PTOLOMÉE.
Ah! si je t'avois cru, je n'aurois pas de maître;
Je serois dans le trône où le ciel m'a fait naître :
Mais c'est une imprudence assez commune aux rois
D'écouter trop d'avis et se tromper au choix.
Le destin les aveugle au bord du précipice;
Ou si quelque lumière en leur ame se glisse,
Cette fausse clarté dont il les éblouit
Les plonge dans un gouffre, et puis s'évanouit.
PHOTIN.
J'ai mal connu César : mais, puisqu'en son estime
Un si rare service est un énorme crime,
Il porte dans son flanc de quoi nous en laver :
C'est là qu'est notre grace; il nous l'y faut trouver.
Je ne vous parle plus de souffrir sans murmure,
D'attendre son départ pour venger cette injure;
Je sais mieux conformer les remèdes au mal :
Justifions sur lui la mort de son rival;
Et, notre main alors également trempée
Et du sang de César et du sang de Pompée,
Rome, sans leur donner de titres différents,
Se croira par vous seul libre de deux tyrans.
PTOLOMÉE.
Oui, par là seulement ma perte est évitable;
C'est trop craindre un tyran que j'ai fait redoutable :
Montrons que sa fortune est l'œuvre de nos mains;
Deux fois en même jour disposons des Romains;

12.

Faisons leur liberté comme leur esclavage.
César, que tes exploits n'enflent plus ton courage;
Considère les miens, tes yeux en sont témoins.
Pompée était mortel, et tu ne l'es pas moins :
Il pouvoit plus que toi; tu lui portois envie :
Tu n'as, non plus que lui, qu'une ame et qu'une vie;
Et son sort, que tu plains, te doit faire penser
Que ton cœur est sensible, et qu'on peut le percer.
Tonne, tonne à ton gré; fais peur de ta justice :
C'est à moi d'apaiser Rome par ton supplice;
C'est à moi de punir ta cruelle douceur,
Qui n'épargne en un roi que le sang de sa sœur.
Je n'abandonne plus ma vie et ma puissance
Au hasard de sa haine, ou de ton inconstance;
Ne crois pas que jamais tu puisses à ce prix
Récompenser sa flamme, ou punir ses mépris :
J'emploîrai contre toi de plus nobles maximes.
Tu m'as prescrit tantôt de choisir des victimes,
De bien penser au choix; j'obéis, et je voi
Que je n'en puis choisir de plus digne que toi,
Ni dont le sang offert, la fumée et la cendre,
Puissent mieux satisfaire aux mânes de ton gendre.
Mais ce n'est pas assez, amis, de s'irriter;
Il faut voir quels moyens on a d'exécuter :
Toute cette chaleur est peut-être inutile;
Les soldats du tyran sont maîtres de la ville.
Que pouvons-nous contre eux? et, pour les prévenir,
Quel temps devons-nous prendre, et quel ordre tenir?

ACHILLAS.

Nous pouvons tout, seigneur, en l'état où nous sommes :
A deux milles d'ici vous avez six mille hommes,
Que, depuis quelques jours, craignant des remûments,
Je faisois tenir prêts à tous événements.
Quelques soins qu'ait César, sa prudence est déçue :
Cette ville a sous terre une secrète issue,
Par où, fort aisément, on les peut cette nuit
Jusque dans le palais introduire sans bruit;
Car, contre sa fortune aller à force ouverte,
Ce seroit trop courir vous-même à votre perte :
Il nous le faut surprendre au milieu du festin,
Enivré des douceurs de l'amour et du vin.
Tout le peuple est pour nous. Tantôt à son entrée
J'ai remarqué l'horreur que ce peuple a montrée
Lorsque avec tant de faste il a vu ses faisceaux
Marcher arrogamment et braver nos drapeaux :
Au spectacle insolent de ce pompeux outrage
Ses farouches regards étinceloient de rage;
Je voyois sa fureur à peine se dompter;
Et, pour peu qu'on le pousse, il est près d'éclater.
Mais surtout les Romains, que commandoit Septime,
Pressés de la terreur que sa mort leur imprime,
Ne cherchent qu'à venger, par un coup généreux,
Le mépris qu'en leur chef ce superbe a fait d'eux.

PTOLOMÉE.

Mais qui pourra de nous approcher sa personne,
Si, durant le festin, sa garde l'environne?

PHOTIN.

Les gens de Cornélie, entre qui vos Romains
Ont déja reconnu des frères, des germains,
Dont l'âpre déplaisir leur a laissé paroître
Une soif d'immoler leur tyran à leur maître :
Ils ont donné parole, et peuvent, mieux que nous,
Dans les flancs de César porter les premiers coups.
Son faux art de clémence, ou plutôt sa folie,
Qui pense gagner Rome en flattant Cornélie,
Leur donnera sans doute un assez libre accès
Pour de ce grand dessein assurer le succès.

Mais voici Cléopatre : agissez avec feinte,
Seigneur, et ne montrez que foiblesse et que crainte.
Nous allons vous quitter, comme objets odieux
Dont l'aspect importun offenseroit ses yeux.

PTOLOMÉE.

Allez : je vous rejoins.

SCÈNE II.

PTOLOMÉE, CLÉOPATRE, ACHORÉE, CHARMION.

CLÉOPATRE.

J'ai vu César, mon frère,
Et de tout mon pouvoir combattu sa colère.

PTOLOMÉE.

Vous êtes généreuse; et j'avois attendu
Cet office de sœur que vous m'avez rendu.
Mais cet illustre amant vous a bientôt quittée.

CLÉOPATRE.

Sur quelque brouillerie, en la ville excitée,
Il a voulu lui-même apaiser les débats
Qu'avec nos citoyens ont eus quelques soldats :
Et moi, j'ai bien voulu moi-même vous redire
Que vous ne craigniez rien pour vous ni votre empire;
Et que le grand César blame votre action
Avec moins de courroux que de compassion.
Il vous plaint d'écouter ces lâches politiques
Qui n'inspirent aux rois que des mœurs tyranniques.
Ainsi que la naissance ils ont les esprits bas :
En vain on les élève à régir des états ;
Un cœur né pour servir sait mal comme on commande;
Sa puissance l'accable alors qu'elle est trop grande;
Et sa main, que le crime en vain fait redouter,
Laisse choir le fardeau qu'elle ne peut porter.

PTOLOMÉE.

Vous dites vrai, ma sœur; et ces effets sinistres
Me font bien voir ma faute au choix de mes ministres.
Si j'avois écouté de plus nobles conseils,
Je vivrois dans la gloire où vivent mes pareils;
Je mériterois mieux cette amitié si pure
Que pour un frère ingrat vous donne la nature;
César embrasseroit Pompée en ce palais;

Notre Égypte à la terre auroit rendu la paix,
Et verroit son monarque encore à juste titre
Ami de tous les deux, et peut-être l'arbitre.
Mais, puisque le passé ne peut se révoquer,
Trouvez bon qu'avec vous mon cœur s'ose expliquer.

Je vous ai maltraitée; et vous êtes si bonne,
Que vous me conservez la vie et la couronne:
Vainquez-vous tout-à-fait; et, par un digne effort,
Arrachez Achillas et Photin à la mort:
Elle leur est bien due, ils vous ont offensée;
Mais ma gloire en leur perte est trop intéressée:
Si César les punit des crimes de leur roi,
Toute l'ignominie en rejaillit sur moi;
Il me punit en eux; leur supplice est ma peine.
Forcez en ma faveur une trop juste haine:
De quoi peut satisfaire un cœur si généreux
Le sang abject et vil de ces deux malheureux?
Que je vous doive tout: César cherche à vous plaire;
Et vous pouvez d'un mot désarmer sa colère.

CLÉOPATRE.

Si j'avois en mes mains leur vie et leur trépas,
Je les méprise assez pour ne m'en venger pas;
Mais sur le grand César je puis fort peu de chose,
Quand le sang de Pompée à mes desirs s'oppose.
Je ne me vante pas de pouvoir le fléchir:
J'en ai déja parlé, mais il a su gauchir;
Et, tournant le discours sur une autre matière,
Il n'a ni refusé ni souffert ma prière.

Je veux bien toutefois encor m'y hazarder :
Mes efforts redoublés pourront mieux succéder;
Et j'ose croire...

PTOLOMÉE.

Il vient; souffrez que je l'évite :
Je crains que ma présence à vos yeux ne l'irrite,
Que son courroux ému ne s'aigrisse à me voir;
Et vous agirez seule avec plus de pouvoir.

SCÈNE III.

CÉSAR, CLÉOPATRE, ANTOINE, LÉPIDE, CHARMION, ACHORÉE, ROMAINS.

CÉSAR.

Reine, tout est paisible; et la ville calmée,
Qu'un trouble assez léger avoit trop alarmée,
N'a plus à redouter le divorce intestin
Du soldat insolent et du peuple mutin.
Mais, ô dieux! ce moment que je vous ai quittée
D'un trouble bien plus grand a mon ame agitée;
Et ces soins importuns qui m'arrachoient de vous
Contre ma grandeur même allumoient mon courroux :
Je lui voulois du mal de m'être si contraire,
De rendre ma présence ailleurs si nécessaire;
Mais je lui pardonnois, au simple souvenir
Du bonheur qu'à ma flamme elle fait obtenir.

C'est elle dont je tiens cette haute espérance
Qui flatte mes desirs d'un illustre apparence,
Et fait croire à César qu'il peut former des vœux,
Qu'il n'est pas tout-à-fait indigne de vos feux,
Et qu'il peut en prétendre une juste conquête,
N'ayant plus que les dieux au-dessus de sa tête.
Oui, reine, si quelqu'un dans ce vaste univers
Pouvoit porter plus haut la gloire de vos fers;
S'il étoit quelque trône où vous pussiez paroître
Plus dignement assise en captivant son maître,
J'irois, j'irois à lui, moins pour le lui ravir
Que pour lui disputer le droit de vous servir;
Et je n'aspirerois au bonheur de vous plaire
Qu'après avoir mis bas un si grand adversaire.
C'étoit pour acquérir un droit si précieux
Que combattoit partout mon bras ambitieux;
Et dans Pharsale même il a tiré l'épée
Plus pour le conserver que pour vaincre Pompée.
Je l'ai vaincu, princesse; et le dieu des combats
M'y favorisoit moins que vos divins appas;
Ils conduisoient ma main, ils enfloient mon courage;
Cette pleine victoire est leur dernier ouvrage :
C'est l'effet des ardeurs qu'ils daignoient m'inspirer;
Et vos beaux yeux enfin m'ayant fait soupirer,
Pour faire que votre ame avec gloire y réponde,
M'ont rendu le premier et de Rome et du monde.
C'est ce glorieux titre, à présent effectif,
Que je viens ennoblir par celui de captif:

Heureux, si mon esprit gagne tant sur le vôtre
Qu'il en estime l'un et me permette l'autre!
CLÉOPATRE.
Je sais ce que je dois au souverain bonheur
Dont me comble et m'accable un tel excès d'honneur.
Je ne vous tiendrai plus mes passions secrètes;
Je sais ce que je suis, je sais ce que vous êtes.
Vous daignâtes m'aimer dès mes plus jeunes ans;
Le sceptre que je porte est un de vos présents;
Vous m'avez, par deux fois, rendu le diadême :
J'avoue après cela, seigneur, que je vous aime,
Et que mon cœur n'est point à l'épreuve des traits,
Ni de tant de vertus, ni de tant de bienfaits.
Mais, hélas! ce haut rang, cette illustre naissance,
Cet état de nouveau rangé sous ma puissance,
Ce sceptre par vos mains dans les miennes remis,
A mes vœux innocents sont autant d'ennemis :
Ils allument contre eux une implacable haine;
Ils me font méprisable alors qu'ils me font reine;
Et, si Rome est encor telle qu'auparavant,
Le trône où je me sieds m'abaisse en m'élevant;
Et ces marques d'honneur, comme titres infames,
Me rendent à jamais indigne de vos flammes.
J'ose encor toutefois, voyant votre pouvoir,
Permettre à mes desirs un généreux espoir.
Après tant de combats, je sais qu'un si grand homme
A droit de triompher des caprices de Rome,
Et que l'injuste horreur qu'elle eut toujours des rois

Peut céder, par votre ordre, à de plus justes lois.
Je sais que vous pouvez forcer d'autres obstacles :
Vous me l'avez promis, et j'attends ces miracles;
Votre bras dans Pharsale a fait de plus beaux coups,
Et je ne les demande à d'autres dieux qu'à vous.

CÉSAR.

Tout miracle est facile où mon amour s'applique.
Je n'ai plus qu'à courir les côtes de l'Afrique,
Qu'à montrer mes drapeaux au reste épouvanté
Du parti malheureux qui m'a persécuté :
Rome, n'ayant plus lors d'ennemis à me faire,
Par impuissance enfin prendra soin de me plaire;
Et vos yeux la verront, par un superbe accueil,
Immoler à vos pieds sa haine et son orgueil.
Encore une défaite, et dans Alexandrie
Je veux que cette ingrate en ma faveur vous prie;
Et qu'un juste respect conduisant ses regards
A votre chaste amour demande des Césars.
C'est l'unique bonheur où mes desirs prétendent;
C'est le fruit que j'attends des lauriers qui m'attendent.
Heureux, si mon destin, encore un peu plus doux,
Me les faisoit cueillir sans m'éloigner de vous!
Mais, las! contre mon feu mon feu me sollicite;
Si je veux être à vous, il faut que je vous quitte :
En quelques lieux qu'on fuie, il me faut y courir,
Pour achever de vaincre et de vous conquérir.
Permettez cependant qu'à ces douces amorces
Je prenne un nouveau cœur et de nouvelles forces,

ACTE IV, SCENE III.

Pour faire dire encore aux peuples pleins d'effroi
Que venir, voir, et vaincre, est même chose en moi.

CLÉOPATRE.

C'est trop, c'est trop, seigneur; souffrez que j'en abuse :
Votre amour fait ma faute; il fera mon excuse.
Vous me rendez le sceptre, et peut-être le jour;
Mais, si j'ose abuser de cet excès d'amour,
Je vous conjure encor, par ses plus puissants charmes,
Par ce juste bonheur qui suit toujours vos armes,
Par tout ce que j'espère et que vous attendez,
De n'ensanglanter pas ce que vous me rendez.
Faites grace, seigneur; ou souffrez que j'en fasse,
Et montre à tous par là que j'ai repris ma place.
Achillas et Photin sont gens à dédaigner;
Ils sont assez punis en me voyant régner;
Et leur crime...

CÉSAR.

Ah! prenez d'autres marques de reine :
Dessus mes volontés vous êtes souveraine;
Mais, si mes sentiments peuvent être écoutés,
Choisissez des sujets dignes de vos bontés;
Ne vous donnez sur moi qu'un pouvoir légitime,
Et ne me rendez point complice de leur crime.
C'est beaucoup que pour vous j'ose épargner le roi;
Et si mes feux n'étoient...

SCÈNE IV.

CÉSAR, CORNÉLIE, CLÉOPATRE, ACHORÉE, ANTOINE, LÉPIDE, CHARMION, ROMAINS.

CORNÉLIE.

César, prends garde à toi :
Ta mort est résolue, on la jure, on l'apprête ;
A celle de Pompée on veut joindre ta tête.
Prends-y garde, César ; ou ton sang répandu
Bientôt parmi le sien se verra confondu.
Mes esclaves en sont : apprends de leurs indices
L'auteur de l'attentat, et l'ordre, et les complices
Je te les abandonne.

CÉSAR.

O cœur vraiment romain,
Et digne du héros qui vous donna la main !
Ses mânes, qui du ciel ont vu de quel courage
Je préparois la mienne à venger son outrage,
Mettant leur haine bas, me sauvent aujourd'hui
Par la moitié qu'en terre il nous laisse de lui.
Il vit, il vit encore en l'objet de sa flamme,
Il parle par sa bouche, il agit dans son ame,
Il la pousse et l'oppose à cette indignité,
Pour me vaincre par elle en générosité.

CORNÉLIE.

Tu te flattes, César, de mettre en ta croyance

Que la haine ait fait place à la reconnoissance.
Ne le présume plus; le sang de mon époux
A rompu pour jamais tout commerce entre nous :
J'attends la liberté qu'ici tu m'as offerte,
Afin de l'employer tout entière à ta perte;
Et je te chercherai partout des ennemis,
Si tu m'oses tenir ce que tu m'as promis.
Mais, avec cette soif que j'ai de ta ruine,
Je me jette au-devant du coup qui t'assassine,
Et forme des desirs avec trop de raison
Pour en aimer l'effet par une trahison :
Qui la sait et la souffre a part à l'infamie.
Si je veux ton trépas, c'est en juste ennemie.
Mon époux a des fils, il aura des neveux :
Quand ils te combattront, c'est là que je le veux;
Et qu'une digne main, par moi-même animée,
Dans ton champ de bataille, aux yeux de ton armée,
T'immole noblement, et par un digne effort,
Aux mânes du héros dont tu venges la mort.
Tous mes soins, tous mes vœux hâtent cette vengeance;
Ta perte la recule, et ton salut l'avance.
Quelque espoir qui d'ailleurs me l'ose ou puisse offrir,
Ma juste impatience auroit trop à souffrir :
La vengeance éloignée est à demi perdue;
Et, quand il faut l'attendre, elle est trop cher vendue.
Je n'irai point chercher sur les bords africains
Le foudre souhaité que je vois en tes mains;
La tête qu'il menace en doit être frappée.

J'ai pu donner la tienne au lieu d'elle à Pompée :
Ma haine avoit le choix ; mais cette haine enfin
Sépare son vainqueur d'avec son assassin,
Et ne croit avoir droit de punir ta victoire
Qu'après le châtiment d'une action si noire.
Rome le veut ainsi : son adorable front
Auroit de quoi rougir d'un trop honteux affront,
De voir en même jour, après tant de conquêtes,
Sous un indigne fer ses deux plus nobles têtes.
Son grand cœur, qu'à tes lois en vain tu crois soumis,
En veut aux criminels plus qu'à ses ennemis,
Et tiendroit à malheur le bien de se voir libre,
Si l'attentat du Nil affranchissoit le Tibre.
Comme autre qu'un Romain n'a pu l'assujettir,
Autre aussi qu'un Romain ne l'en doit garantir
Tu tomberois ici sans être sa victime ;
Au lieu d'un châtiment ta mort seroit un crime ;
Et, sans que tes pareils en conçussent d'effroi,
L'exemple que tu dois périroit avec toi.
Venge-la de l'Égypte à son appui fatale ;
Et je la vengerai, si je puis, de Pharsale.
Va, ne perds point de temps, il presse. Adieu : tu peux
Te vanter qu'une fois j'ai fait pour toi des vœux.

SCÈNE V.

CÉSAR, CLÉOPATRE, ANTOINE, LÉPIDE,
ACHORÉE, CHARMION.

CÉSAR.

Son courage m'étonne autant que leur audace.
Reine, voyez pour qui vous me demandiez grace !
CLÉOPATRE.
Je n'ai rien à vous dire : allez, seigneur, allez
Venger sur ces méchants tant de droits violés.
On m'en veut plus qu'à vous : c'est ma mort qu'ils respirent,
C'est contre mon pouvoir que les traîtres conspirent ;
Leur rage, pour l'abattre, attaque mon soutien,
Et par votre trépas cherche un passage au mien.
Mais, parmi ces transports d'une juste colère,
Je ne puis oublier que leur chef est mon frère.
Le saurez-vous, seigneur ? et pourrai-je obtenir
Que ce cœur irrité daigne s'en souvenir ?
CÉSAR.
Oui, je me souviendrai que ce cœur magnanime
Au bonheur de son sang veut pardonner son crime.
Adieu, ne craignez rien ; Achillas et Photin
Ne sont pas gens à vaincre un si puissant destin :
Pour les mettre en déroute, eux et tous leurs complices,
Je n'ai qu'à déployer l'appareil des supplices,
Et, pour soldats choisis, envoyer des bourreaux,

Qui portent hautement mes haches pour drapeaux.
(César rentre avec les Romains.)

CLÉOPATRE.

Ne quittez pas César; allez, cher Achorée,
Repousser avec lui ma mort qu'on a jurée;
Et quand il punira nos lâches ennemis,
Faites-le souvenir de ce qu'il m'a promis.
Ayez l'œil sur le roi dans la chaleur des armes,
Et conservez son sang pour épargner mes larmes.

ACHORÉE.

Madame, assurez-vous qu'il ne peut y périr,
Si mon zèle et mes soins peuvent le secourir.

FIN DU QUATRIÈME ACTE.

ACTE CINQUIÈME.

SCÈNE I.

CORNÉLIE, tenant une petite urne en sa main; PHILIPPE.

CORNÉLIE.

Mes yeux, puis-je vous croire? et n'est-ce point un songe
Qui sur mes tristes vœux a formé ce mensonge?
Te revois-je, Philippe? et cet époux si cher
A-t-il reçu de toi les honneurs du bûcher?
Cette urne que je tiens contient-elle sa cendre?
O vous, à ma douleur objet terrible et tendre,
Éternel entretien de haine et de pitié,
Restes du grand Pompée, écoutez sa moitié.
N'attendez point de moi de regrets ni de larmes;
Un grand cœur à ses maux applique d'autres charmes.
Les faibles déplaisirs s'amusent à parler,
Et quiconque se plaint cherche à se consoler.
Moi, je jure des dieux la puissance suprême,
Et, pour dire encor plus, je jure par vous-même;
Car vous pouvez bien plus sur ce cœur affligé
Que le respect des dieux qui l'ont mal protégé :

Je jure donc par vous, ô pitoyable reste,
Ma divinité seule après ce coup funeste,
Par vous, qui seul ici pouvez me soulager,
De n'éteindre jamais l'ardeur de le venger.
Ptolomée à César, par un lâche artifice,
Rome, de ton Pompée a fait un sacrifice;
Et je n'entrerai point dans tes murs désolés
Que le prêtre et le dieu ne lui soient immolés.
Faites-m'en souvenir, et soutenez ma haine,
O cendres, mon espoir aussi bien que ma peine;
Et pour m'aider un jour à perdre son vainqueur,
Versez dans tous les cœurs ce que ressent mon cœur.
   Toi qui l'as honoré sur cette infame rive,
D'une flamme pieuse autant comme chétive,
Dis-moi, quel bon démon a mis en ton pouvoir
De rendre à ce héros ce funèbre devoir?

PHILIPPE.

Tout couvert de son sang, et plus mort que lui-même,
Après avoir cent fois maudit le diadême,
Madame, j'ai porté mes pas et mes sanglots
Du côté que le vent poussoit encor les flots.
Je cours long-temps en vain : mais enfin d'une roche
J'en découvre le tronc vers un sable assez proche,
Où la vague en courroux sembloit prendre plaisir
A feindre de le rendre et puis s'en ressaisir.
Je m'y jette, et l'embrasse, et le pousse au rivage;
Et, ramassant sous lui le débris d'un naufrage,
Je lui dresse un bûcher à la hâte et sans art,

Tel que je pus sur l'heure, et qu'il plut au hasard.
A peine brûloit-il, que le ciel plus propice
M'envoie un compagnon en ce pieux office :
Cordus, un vieux Romain qui demeure en ces lieux,
Retournant de la ville, y détourne les yeux ;
Et n'y voyant qu'un tronc dont la tête est coupée,
A cette triste marque il reconnoît Pompée.
Soudain, la larme à l'œil, « O toi, qui que tu sois,
A qui le ciel permet de si dignes emplois,
Ton sort est bien, dit-il, autre que tu ne penses :
Tu crains des châtiments, attends des récompenses ;
César est en Égypte, et venge hautement
Celui pour qui ton zèle a tant de sentiment.
Tu peux faire éclater les soins qu'on t'en voit prendre,
Tu peux même à sa veuve en rapporter la cendre.
Son vainqueur l'a reçue avec tout le respect
Qu'un dieu pourroit ici trouver à son aspect.
Achève, je reviens. » Il part et m'abandonne,
Et rapporte aussitôt ce vase qu'il me donne,
Où sa main et la mienne enfin ont renfermé
Ces restes d'un héros par le feu consumé.

CORNÉLIE.

O que sa piété mérite de louanges !

PHILIPPE.

En entrant j'ai trouvé des désordres étranges :
J'ai vu fuir tout un peuple en foule vers le port,
Où le roi, disoit-on, s'étoit fait le plus fort.
Les Romains poursuivoient ; et César, dans la place

Ruisselante du sang de cette populace,
Montroit de sa justice un exemple assez beau,
Faisant passer Photin par les mains d'un bourreau.
Aussitôt qu'il me voit, il daigne me connoître;
Et prenant de ma main les cendres de mon maître,
« Restes d'un demi-dieu, dont à peine je puis
Égaler le grand nom, tout vainqueur que j'en suis,
De vos traîtres, dit-il, voyez punir les crimes :
Attendant des autels, recevez ces victimes;
Bien d'autres vont les suivre. Et toi, cours au palais
Porter à sa moitié ce don que je lui fais;
Porte à ses déplaisirs cette foible allégeance,
Et dis-lui que je cours achever sa vengeance. »
Ce grand homme, à ces mots, me quitte en soupirant,
Et baise avec respect ce vase qu'il me rend.

CORNÉLIE.

O soupirs! ô respect! ô qu'il est doux de plaindre
Le sort d'un ennemi, quand il n'est plus à craindre!
Qu'avec chaleur, Philippe, on court à le venger,
Lorsqu'on s'y voit forcé par son propre danger,
Et quand cet intérêt qu'on prend pour sa mémoire
Fait notre sûreté comme il croît notre gloire!
César est généreux, j'en veux être d'accord;
Mais le roi le veut perdre, et son rival est mort.
Sa vertu laisse lieu de douter à l'envie
De ce qu'elle feroit s'il le voyoit en vie :
Pour grand qu'en soit le prix, son péril en rabat;
Cette ombre qui la couvre en affoiblit l'éclat :

L'amour même s'y mêle, et le force à combattre;
Quand il venge Pompée, il défend Cléopatre.
Tant d'intérêts sont joints à ceux de mon époux,
Que je ne devrois rien à ce qu'il fait pour nous,
Si, comme par soi-même un grand cœur juge un autre,
Je n'aimois mieux juger sa vertu par la nôtre,
Et croire que nous seuls armons ce combattant,
Parce qu'au point qu'il est j'en voudrois faire autant.

SCÈNE II.

CLÉOPATRE, CORNÉLIE, PHILIPPE, CHARMION.

CLÉOPATRE.

Je ne viens pas ici pour troubler une plainte
Trop juste à la douleur dont vous êtes atteinte;
Je viens pour rendre hommage aux cendres d'un héros
Qu'un fidèle affranchi vient d'arracher aux flots,
Pour le plaindre avec vous, et vous jurer, madame,
Que j'aurois conservé ce maître de votre ame,
Si le ciel, qui vous traite avec trop de rigueur,
M'en eût donné la force aussi bien que le cœur.
Si pourtant, à l'aspect de ce qu'il vous renvoie,
Vos douleurs laissoient place à quelque peu de joie;
Si la vengeance avoit de quoi vous soulager,
Je vous dirois aussi qu'on vient de vous venger;
Que le traître Photin... Vous le savez peut-être?

CORNÉLIE.
Oui, princesse, je sais qu'on a puni ce traître.
CLÉOPATRE.
Un si prompt châtiment vous doit être bien doux.
CORNÉLIE.
S'il a quelque douceur, elle n'est que pour vous.
CLÉOPATRE.
Tous les cœurs trouvent doux le succès qu'ils espèrent.
CORNÉLIE.
Comme nos intérêts, nos sentiments diffèrent :
Si César à sa mort joint celle d'Achillas,
Vous êtes satisfaite, et je ne le suis pas.
Aux mânes de Pompée il faut une autre offrande :
La victime est trop basse, et l'injure trop grande ;
Et ce n'est pas un sang que, pour la réparer,
Son ombre et ma douleur daignent considérer.
L'ardeur de le venger, dans mon ame allumée,
En attendant César, demande Ptolomée.
Tout indigne qu'il est de vivre et de régner,
Je sais bien que César se force à l'épargner :
Mais quoi que son amour ait osé vous promettre,
Le ciel, plus juste enfin, n'osera le permettre ;
Et, s'il peut une fois écouter tous mes vœux,
Par la main l'un de l'autre ils périront tous deux.
Mon ame à ce bonheur, si le ciel me l'envoie,
Oubliera ses douleurs pour s'ouvrir à la joie.
Mais si ce grand souhait demande trop pour moi,
Si vous n'en perdez qu'un, ô ciel ! perdez le roi.

CLÉOPATRE.
Le ciel sur nos souhaits ne règle pas les choses.
CORNÉLIE.
Le ciel règle souvent les effets sur les causes,
Et rend aux criminels ce qu'ils ont mérité.
CLÉOPATRE.
Comme de la justice il a de la bonté.
CORNÉLIE.
Oui ; mais il fait juger, à voir comme il commence,
Que sa justice agit, et non pas sa clémence.
CLÉOPATRE.
Souvent de la justice il passe à la douceur.
CORNÉLIE.
Reine, je parle en veuve, et vous parlez en sœur.
Chacun a son sujet d'aigreur ou de tendresse,
Qui dans le sort du roi justement l'intéresse.
Apprenons, par le sang qu'on aura répandu,
A quels souhaits le ciel a le mieux répondu.
Voici votre Achorée.

SCÈNE III.

CORNÉLIE, CLÉOPATRE, ACHORÉE, PHILIPPE, CHARMION.

CLÉOPATRE.
Hélas ! sur son visage
Rien ne s'offre à mes yeux que de mauvais présage.

Ne nous déguisez rien, parlez sans me flatter;
Qu'ai-je à craindre, Achorée, ou qu'ai-je à regretter?

ACHORÉE.

Aussitôt que César eut su la perfidie...

CLÉOPATRE.

Ce ne sont pas ces soins que je veux qu'on me die.
Je sais qu'il fit trancher et clore ce conduit
Par où ce grand secours devoit être introduit;
Qu'il manda tous les siens pour s'assurer la place
Où Photin a reçu le prix de son audace;
Que d'un si prompt supplice Achillas étonné
S'est aisément saisi du port abandonné;
Que le roi l'a suivi; qu'Antoine a mis à terre
Ce qui dans ses vaisseaux restoit de gens de guerre;
Que César l'a rejoint; et je ne doute pas
Qu'il n'ait su vaincre encore et punir Achillas.

ACHORÉE.

Oui, madame, on a vu son bonheur ordinaire...

CLÉOPATRE.

Dites-moi seulement s'il a sauvé mon frère,
S'il m'a tenu promesse.

ACHORÉE.

    Oui, de tout son pouvoir.

CLÉOPATRE.

C'est là l'unique point que je voulois savoir.
Madame, vous voyez, les dieux m'ont écoutée.

CORNÉLIE.

Ils n'ont que différé la peine méritée.

ACTE V, SCENE III.

CLÉOPATRE.

Vous la vouliez sur l'heure, ils l'en ont garanti.

ACHORÉE.

Il faudroit qu'à nos vœux il eût mieux consenti.

CLÉOPATRE.

Que disiez-vous naguère? et que viens-je d'entendre?
Accordez ces discours que j'ai peine à comprendre.

ACHORÉE.

Aucuns ordres ni soins n'ont pu le secourir;
Malgré César et nous il a voulu périr :
Mais il est mort, madame, avec toutes les marques
Que puissent laisser d'eux les plus dignes monarques;
Sa vertu rappelée a soutenu son rang,
Et sa perte aux Romains a coûté bien du sang.

   Il combattoit Antoine avec tant de courage,
Qu'il emportoit déja sur lui quelque avantage;
Mais l'abord de César a changé le destin :
Aussitôt Achillas suit le sort de Photin;
Il meurt, mais d'une mort trop belle pour un traître,
Les armes à la main, en défendant son maître.
Le vainqueur crie en vain qu'on épargne le roi;
Ces mots au lieu d'espoir lui donnent de l'effroi.
Son esprit alarmé les croit un artifice
Pour réserver sa tête à l'affront d'un supplice.
Il pousse dans nos rangs, il les perce, et fait voir
Ce que peut la vertu qu'arme le désespoir;
Et son cœur, emporté par l'erreur qui l'abuse,
Cherche partout la mort, que chacun lui refuse.

Enfin perdant haleine après ces grands efforts,
Près d'être environné, ses meilleurs soldats morts,
Il voit quelques fuyards sauter dans une barque;
Il s'y jette; et les siens, qui suivent leur monarque,
D'un si grand nombre en foule accablent ce vaisseau,
Que la mer l'engloutit avec tout son fardeau.

C'est ainsi que sa mort lui rend toute sa gloire;
A vous toute l'Égypte, à César la victoire.
Il vous proclame reine; et bien qu'aucun Romain
Du sang que vous pleurez n'ait vu rougir sa main,
Il nous fait voir à tous un déplaisir extrême,
Il soupire, il gémit. Mais le voici lui-même,
Qui pourra mieux que moi vous montrer la douleur
Que lui donne du roi l'invincible malheur.

SCÈNE IV.

CÉSAR, CORNÉLIE, CLÉOPATRE, ANTOINE, LÉPIDE, ACHORÉE, CHARMION, PHILIPPE.

CORNÉLIE.

César, tiens-moi parole, et me rends mes galères;
Achillas et Photin ont reçu leurs salaires;
Leur roi n'a pu jouir de ton cœur adouci,
Et Pompée est vengé ce qu'il peut l'être ici.
Je n'y saurois plus voir qu'un funeste rivage,
Qui de leur attentat m'offre l'horrible image,
Ta nouvelle victoire, et le bruit éclatant

ACTE V, SCENE IV.

Qu'aux changements de roi pousse un peuple inconstant :
Et parmi ces objets ce qui le plus m'afflige,
C'est d'y revoir toujours l'ennemi qui m'oblige.
Laisse-moi m'affranchir de cette indignité,
Et souffre que ma haine agisse en liberté.
A cet empressement j'ajoute une requête :
Vois l'urne de Pompée ; il y manque sa tête ;
Ne me la retiens plus ; c'est l'unique faveur
Dont je te puis encor prier avec honneur.

CÉSAR.

Il est juste ; et César est tout prêt de vous rendre
Ce reste, où vous avez tant de droit de prétendre :
Mais il est juste aussi qu'après tant de sanglots
A ses mânes errants nous rendions le repos ;
Qu'un bûcher allumé par ma main et la vôtre
Le venge pleinement de la honte de l'autre ;
Que son ombre s'apaise en voyant notre ennui,
Et qu'une urne plus digne et de vous et de lui,
Après la flamme éteinte et les pompes finies,
Renferme avec éclat ses cendres réunies.
De cette même main dont il fut combattu
Il verra des autels dressés à sa vertu ;
Il recevra des vœux, de l'encens, des victimes,
Sans recevoir par là d'honneurs que légitimes.
Pour ces justes devoirs je ne veux que demain ;
Ne me refusez pas ce bonheur souverain.
Faites un peu de force à votre impatience ;
Vous êtes libre après ; partez en diligence ;

Portez à notre Rome un si digne trésor,
Portez...

CORNÉLIE.

Non pas, César, non pas à Rome encor:
Il faut que ta défaite et que tes funérailles
A cette cendre aimée en ouvrent les murailles;
Et quoiqu'elle la tienne aussi chère que moi,
Elle n'y doit rentrer qu'en triomphant de toi.
Je la porte en Afrique; et c'est là que j'espère
Que les fils de Pompée, et Caton, et mon père,
Secondés par l'effort d'un roi plus généreux,
Ainsi que la justice auront le sort pour eux.
C'est là que tu verras sur la terre et sur l'onde
Le débris de Pharsale armer un autre monde;
Et c'est là que j'irai, pour hâter tes malheurs,
Porter de rang en rang ces cendres et mes pleurs.
Je veux que de ma haine ils reçoivent des règles,
Qu'ils suivent au combat des urnes au lieu d'aigles;
Et que ce triste objet porte en leur souvenir
Les soins de le venger, et ceux de te punir.
Tu veux à ce héros rendre un devoir suprême;
L'honneur que tu lui rends rejaillit sur toi-même:
Tu m'en veux pour témoin; j'obéis au vainqueur:
Mais ne présume pas toucher par là mon cœur:
La perte que j'ai faite est trop irréparable;
La source de ma haine est trop inépuisable;
A l'égal de mes jours je la ferai durer;
Je veux vivre avec elle, avec elle expirer.

Je t'avouerai pourtant, comme vraiment Romaine,
Que pour toi mon estime est égale à ma haine;
Que l'une et l'autre est juste, et montre le pouvoir,
L'une de ta vertu, l'autre de mon devoir;
Que l'une est genéreuse, et l'autre intéressée;
Et que dans mon esprit l'une et l'autre est forcée :
Tu vois que ta vertu, qu'en vain on veut trahir,
Me force de priser ce que je dois haïr :
Juge ainsi de la haine où mon devoir me lie;
La veuve de Pompée y force Cornélie.
J'irai, n'en doute point, au sortir de ces lieux,
Soulever contre toi les hommes et les dieux;
Ces dieux qui t'ont flatté, ces dieux qui m'ont trompée
Ces dieux qui dans Pharsale ont mal servi Pompée,
Qui, la foudre à la main, l'ont pu voir égorger;
Ils connoîtront leur faute, et le voudront venger.
Mon zèle, à leur refus, aidé de sa mémoire,
Te saura bien sans eux arracher la victoire;
Et quand tout mon effort se trouvera rompu,
Cléopatre fera ce que je n'aurai pu.
Je sais quelle est ta flamme et quelles sont ses forces,
Que tu n'ignores pas comme on fait les divorces,
Que ton amour t'aveugle, et que pour l'épouser
Rome n'a point de lois que tu n'oses briser :
Mais sache aussi qu'alors la jeunesse romaine
Se croira tout permis sur l'époux d'une reine,
Et que de cet hymen tes amis indignés
Vengeront sur ton sang leurs avis dédaignés.

J'empêche ta ruine, empêchant tes caresses.
Adieu : j'attends demain l'effet de tes promesses.

SCÈNE V.

CÉSAR, CLÉOPATRE, ANTOINE, LÉPIDE, CHARMION.

CLÉOPATRE.

Plutôt qu'à ces périls je vous puisse exposer,
Seigneur, perdez en moi ce qui les peut causer;
Sacrifiez ma vie au bonheur de la vôtre;
Le mien sera trop grand, et je n'en veux point d'autre,
Indigne que je suis d'un César pour époux,
Que de vivre en votre ame, étant morte pour vous.

CÉSAR.

Reine, ces vains projets sont le seul avantage
Qu'un grand cœur impuissant a du ciel en partage;
Comme il a peu de force, il a beaucoup de soins;
Et s'il pouvoit plus faire, il souhaiteroit moins.
Les dieux empêcheront l'effet de ces augures,
Et mes félicités n'en seront pas moins pures,
Pourvu que votre amour gagne sur vos douleurs
Qu'en faveur de César vous tarissiez vos pleurs,
Et que votre bonté, sensible à ma prière,
Pour un fidèle amant oublie un mauvais frère.
On aura pu vous dire avec quel déplaisir
J'ai vu le désespoir qu'il a voulu choisir;

ACTE V, SCENE V.

Avec combien d'efforts j'ai voulu le défendre
Des paniques terreurs qui l'avoient pu surprendre.
Il s'est de mes bontés jusqu'au bout défendu,
Et de peur de se perdre, il s'est enfin perdu.
O honte pour César, qu'avec tant de puissance,
Tant de soins de vous rendre entière obéissance,
Il n'ait pu toutefois, en ces événements,
Obéir au premier de vos commandements!
Prenez-vous-en au ciel, dont les ordres sublimes
Malgré tous nos efforts savent punir les crimes;
Sa rigueur envers lui vous offre un sort plus doux,
Puisque par cette mort l'Égypte est toute à vous.

CLÉOPATRE.

Je sais que j'en reçois un nouveau diadême,
Qu'on n'en peut accuser que les dieux, et lui-même :
Mais comme il est, seigneur, de la fatalité
Que l'aigreur soit mêlée à la félicité,
Ne vous offensez pas si cet heur de vos armes,
Qui me rend tant de biens, me coûte un peu de larmes,
Et si, voyant sa mort due à sa trahison,
Je donne à la nature ainsi qu'à la raison.
Je n'ouvre point les yeux sur ma grandeur si proche,
Qu'aussitôt à mon cœur mon sang ne le reproche :
J'en ressens dans mon ame un murmure secret,
Et ne puis remonter au trône sans regret.

SCÈNE VI.

CÉSAR, CLÉOPATRE, ANTOINE, LÉPIDE, ACHORÉE.

ACHORÉE.
Un grand peuple, seigneur, dont cette cour est pleine,
Par des cris redoublés demande à voir la reine,
Et tout impatient déja se plaint aux cieux
Qu'on lui donne trop tard un bien si précieux.

CÉSAR.
Ne lui refusons plus le bonheur qu'il désire;
Princesse, allons par là commencer votre empire.
 Fasse le juste ciel, propice à mes desirs,
Que ces longs cris de joie étouffent vos soupirs,
Et puissent ne laisser dedans votre pensée
Que l'image des traits dont mon ame est blessée!
Cependant, qu'à l'envi ma suite et votre cour
Préparent pour demain la pompe d'un beau jour,
Où, dans un digne emploi l'une et l'autre occupée,
Couronne Cléopatre et m'apaise Pompée,
Élève à l'une un trône, à l'autre des autels,
Et jure à tous les deux des respects immortels.

FIN DE POMPÉE.

EXAMEN DE POMPÉE.

A bien considérer cette pièce, je ne crois pas qu'il y en ait sur le théâtre où l'histoire soit plus conservée et plus falsifiée tout ensemble. Elle est si connue, que je n'ai osé en changer les événements ; mais il s'y en trouvera peu qui soient arrivés comme je les fais arriver. Je n'y ai ajouté que ce qui regarde Cornélie, qui semble s'y offrir d'elle-même, puisque, dans la vérité historique, elle étoit dans le même vaisseau que son mari lorsqu'il aborda en Égypte, qu'elle le vit descendre dans la barque où il fut assassiné à ses yeux par Septime, et qu'elle fut poursuivie sur mer par les ordres de Ptolomée. C'est ce qui m'a donné occasion de feindre qu'on l'atteignit, et qu'elle fut ramenée devant César, bien que l'histoire n'en parle point.

La diversité des lieux où les choses se sont passées, et la longueur du temps qu'elles ont consumé dans la vérité historique, m'ont réduit à cette falsification, pour les ramener dans l'unité de jour et de lieu. Pompée fut massacré devant les murs de Pélusium, qu'on appelle aujourd'hui Damiette ; et César prit terre à Alexandrie. Je n'ai nommé ni l'une ni l'autre ville, de peur que le nom de l'une n'arrêtât l'imagination de l'auditeur, et ne lui fît remarquer malgré lui la fausseté de ce qui s'est passé ailleurs.

Le lieu particulier est, comme dans Polyeucte, un grand vestibule commun à tous les appartements du palais royal; et cette unité n'a rien que de vraisemblable, pourvu qu'on se détache de la vérité historique. Le premier, le troisième et le quatrième acte y ont leur justesse manifeste; il peut y avoir quelque difficulté pour le second et le cinquième, dont Cléopatre ouvre l'un, et Cornélie l'autre. Elles sembleroient toutes deux avoir plus de raison de parler dans leur appartement; mais l'impatience de la curiosité féminine les en peut faire sortir, l'une pour apprendre plus tôt des nouvelles de la mort de Pompée, ou par Achorée, qu'elle a envoyé en être témoin, ou par le premier qui entrera dans ce vestibule; et l'autre pour en savoir du combat de César et des Romains contre Ptolomée et les Égyptiens, pour empêcher que ce héros n'en aille donner à Cléopatre avant qu'à elle, et pour obtenir de lui d'autant plus tôt la permission de partir. En quoi on peut remarquer que, comme elle sait qu'il est amoureux de cette reine, et qu'elle peut douter qu'au retour de son combat, les trouvant ensemble, il ne lui fasse le premier compliment, le soin qu'elle a de conserver la dignité romaine lui fait prendre la parole la première, et obliger par là César à lui répondre avant qu'il puisse dire rien à l'autre.

Pour le temps, il m'a fallu réduire en soulèvement

tumultuaire une guerre qui n'a pu durer guère moins d'un an, puisque Plutarque rapporte qu'incontinent après que César fut parti d'Alexandrie, Cléopatre accoucha de Césarion. Quand Pompée se présenta pour entrer en Égypte, cette princesse et le roi son frère avoient chacun leur armée prête à en venir aux mains l'une contre l'autre, et n'avoient garde ainsi de loger dans le même palais. César, dans ses Commentaires, ne parle point de ses amours avec elle, ni que la tête de Pompée lui fut présentée quand il arriva. C'est Plutarque et Lucain qui nous apprennent l'un et l'autre; mais ils ne lui font présenter cette tête que par un des ministres du roi, nommé Théodote, et non pas par le roi même, comme je l'ai fait.

Il y a quelque chose d'extraordinaire dans le titre de ce poëme, qui porte le nom d'un héros qui n'y parle point; mais il ne laisse pas d'en être en quelque sorte le principal acteur, puisque sa mort est la cause unique de tout ce qui s'y passe. J'ai justifié ailleurs l'unité d'action qui s'y rencontre, par cette raison que les événements y ont une telle dépendance l'un de l'autre, que la tragédie n'auroit pas été complète, si je ne l'eusse poussée jusqu'au terme où je la fais finir. C'est à ce dessein que, dès le premier acte, je fais connoître la venue de César, à qui la cour d'Égypte immole Pompée pour gagner les bonnes graces du victorieux; et ainsi il m'a fallu nécessairement faire voir quelle réception il feroit à leur lâche et cruelle politique. J'ai avancé l'âge de Ptolomée, afin qu'il pût agir, et que, portant le titre de roi, il tâchât d'en soutenir le caractère. Bien que les historiens et le poëte Lucain l'appellent communément *rex puer, le roi enfant*, il ne l'étoit pas à un tel point qu'il ne fût en état d'épouser sa sœur Cléopatre, comme l'avoit ordonné son père. Hirtius dit qu'il étoit *puer adultâ jam ætate;* et Lucain appelle Cléopatre incestueuse, dans ce vers qu'il adresse à ce roi par apostrophe,

Incestæ sceptris cessure sororis,

soit qu'elle eût déja contracté ce mariage incestueux, soit à cause qu'après la guerre d'Alexandrie et la mort de Ptolomée, César la fit épouser à son jeune frère qu'il rétablit dans le trône; d'où l'on peut tirer une conséquence infaillible, que, si le plus jeune des deux frères étoit en âge de se marier quand César partit d'Égypte, l'aîné en étoit capable quand il y arriva, puisqu'il n'y tarda pas plus d'un an.

Le caractère de Cléopatre garde une ressemblance ennoblie par ce qu'on peut imaginer de plus illustre. Je ne la fais amoureuse que par ambition, et en sorte qu'elle semble n'avoir point d'amour qu'en tant qu'il peut servir à sa grandeur. Quoique la réputation qu'elle a laissée la fasse passer pour une femme lascive et abandonnée à ses plaisirs, et que Lucain, peut-être en haine de César, la nomme en quelque endroit *meretrix regina*, et fasse dire ailleurs à l'eunuque Photin, qui gouvernoit sous le nom de son frère Ptolomée,

Quem non e nobis credit Cleopatra nocentem,
A quo casta fuit ?

je trouve qu'à bien examiner l'histoire, elle n'avoit que de l'ambition sans amour, et que par politique elle se servoit des avantages de sa beauté pour affermir sa fortune. Cela paroît visible en ce que les historiens ne marquent point qu'elle se soit donnée, qu'aux deux premiers hommes du monde, César et Antoine; et qu'après la déroute de ce dernier, elle n'épargna aucun artifice pour engager Auguste dans la même passion qu'ils avoient eue pour elle, et fit voir par là qu'elle ne s'étoit attachée qu'à la haute puissance d'Antoine, et non pas à sa personne.

Pour le style, il est plus élevé en ce poëme qu'en aucun des miens; et ce sont sans contredit les vers les plus pompeux que j'aie faits. La gloire n'en est pas toute à moi. J'ai traduit de Lucain tout ce que j'y ai trouvé de propre à mon sujet ; et, comme je n'ai point fait de scrupule d'enrichir notre langue du pillage que j'ai pu faire chez lui, j'ai tâché, pour le reste, à entrer si bien dans sa manière de former ses pensées et de s'expliquer, que ce qu'il m'a fallu y joindre du mien sentît son génie, et ne fût pas indigne d'être pris pour un larcin que je lui eusse fait.

J'ai parlé, en l'examen de Polyeucte, de ce que je trouve à dire en la confidence que fait Cléopatre à Charmion, au second acte.

Il ne me reste qu'un mot touchant les narrations d'Achorée, qui ont toujours passé pour fort belles; en quoi je ne veux pas aller contre le jugement du public, mais seulement faire remarquer de nouveau que celui qui les fait, et les personnes qui les écoutent, ont l'esprit assez tranquille pour avoir toute la patience qu'il faut y donner. Celle du troisième acte, qui est à mon gré la plus magnifique, a été accusée de n'être pas reçue par une personne digne de la recevoir; mais, bien que Charmion qui l'écoute ne soit qu'une domestique de Cléopatre, qu'on peut toutefois prendre pour sa dame d'honneur, étant envoyée exprès par cette reine pour l'écouter, elle tient lieu de cette reine même, qui cependant montre un orgueil digne d'elle, d'attendre la visite de César dans sa chambre, sans aller au-devant de lui. D'ailleurs Cléopatre eût rompu tout le reste de ce troisième acte, si elle s'y fût montrée; et il m'a fallu la cacher par adresse de théâtre, et trouver pour cela dans l'action un prétexte qui fût glorieux pour elle, et qui ne laissât point paroître le secret de l'art, qui m'obligeoit à l'empêcher de se produire.

FIN DE L'EXAMEN DE POMPÉE.

LE MENTEUR,

COMÉDIE.

1642.

PRÉFACE DE VOLTAIRE.

Il faut avouer que nous devons à l'Espagne la première tragédie touchante et la première comédie de caractère qui aient illustré la France. Ne rougissons point d'être venus tard dans tous les genres. C'est beaucoup que, dans un temps où l'on ne connaissait que des aventures romanesques et des turlupinades, Corneille mît la morale sur le théâtre. Ce n'est qu'une traduction; mais c'est probablement à cette traduction que nous devons Molière. Il est impossible, en effet, que l'inimitable Molière ait vu cette pièce sans voir tout d'un coup la prodigieuse supériorité que ce genre a sur tous les autres, et sans s'y livrer entièrement. Il y a autant de distance de *Mélite* au *Menteur* que de toutes les comédies de ce temps-là à *Mélite :* ainsi Corneille a réformé la scène tragique et la scène comique par d'heureuses imitations.

ÉPITRE.

Monsieur,

Je vous présente une pièce de théâtre d'un style si éloigné de ma dernière, qu'on aura de la peine à croire qu'elles soient parties toutes deux de la même main, dans le même hiver. Aussi les raisons qui m'ont obligé à y travailler ont été bien différentes. J'ai fait *Pompée* pour satisfaire à ceux qui ne trouvoient pas les vers de *Polyeucte* si puissants que ceux de *Cinna*, et leur montrer que j'en saurois bien retrouver la pompe, quand le sujet le pourroit souffrir : j'ai fait *le Menteur* pour contenter les souhaits de beaucoup d'autres qui, suivant l'humeur des François, aiment le changement, et après tant de poëmes graves, dont nos meilleures plumes ont enrichi la scène, m'ont demandé quelque chose de plus enjoué, qui ne servît qu'à les divertir. Dans le premier, j'ai voulu faire un essai de ce que pouvoient la majesté du raisonnement et la force des vers dénués de l'agrément du sujet; dans celui-ci, j'ai voulu tenter ce que pourroit l'agrément du sujet dénué de la force des vers. Et d'ailleurs, étant obligé au genre comique de ma première réputation, je ne pouvois l'abandonner tout-à-fait sans quelque espèce d'ingratitude. Il est vrai que comme, alors que je me hasardai à le quitter, je n'osai me fier à mes seules forces, et que, pour m'élever à la dignité du tragique, je pris l'appui du grand Sénèque, à qui j'empruntai tout ce qu'il avoit donné de rare à sa *Médée*; ainsi, quand je me suis résolu de repasser du héroïque au naïf, je n'ai osé descendre de si haut sans m'assurer d'un guide, et me suis laissé conduire au fameux Lope de Vega, de peur de m'égarer dans les détours de tant d'intrigues que fait notre Menteur. En un mot, ce n'est ici qu'une copie d'un excellent original qu'il a mis au jour sous le titre de la *Sospechosa verdad*; et, me fiant sur notre Horace, qui donne liberté de tout oser aux poëtes, ainsi qu'aux peintres, j'ai cru que, nonobstant la guerre des deux couronnes, il m'étoit permis de trafiquer en Espagne. Si cette sorte de commerce étoit un crime, il y a long-temps que je serois coupable, je ne dis pas seulement pour *le Cid*, où je me suis aidé de don Guillem de Castro, mais aussi pour *Médée*, dont je viens de parler, et pour *Pompée* même, où, pensant me fortifier du secours de deux Latins, j'ai pris celui de deux Espagnols, Sénèque et Lucain étant tous deux de Cordoue. Ceux qui ne voudront pas me pardonner cette intelligence avec nos ennemis approuveront du moins que je pille chez eux; et, soit qu'on fasse passer ceci pour un larcin ou pour un emprunt, je m'en suis trouvé si bien, que je n'ai pas envie que ce soit le dernier que je ferai chez eux. Je crois que vous en serez d'avis, et ne m'en estimerez pas moins. Je suis,

Monsieur,

Votre très-humble serviteur,
P. Corneille.

PRÉFACE
DE CORNEILLE.

AU LECTEUR.

Bien que cette comédie et celle qui la suit soi[ent]
toutes deux de l'invention de Lope de Vega, je
ne vous les donne point dans le même ordre que
vous ai donné *le Cid* et *Pompée*, dont en l'un v[ous]
avez vu les vers espagnols, et en l'autre les lati[ns]
que j'ai traduits ou imités de Guillem de Castro
de Lucain. Ce n'est pas que je n'aie ici empru[nté]
beaucoup de choses de cet admirable original; m[ais]
comme j'ai entièrement dépaysé les sujets pour
habiller à la françoise, vous trouveriez si peu [de]
rapport entre l'Espagnol et le François, qu'au li[eu]
de satisfaction vous n'en recevriez que de l'imp[or]tunité.

Par exemple, tout ce que je fais conter à no[tre]
Menteur des guerres d'Allemagne, où il se va[nte]
d'avoir été, l'Espagnol le lui fait dire du Pérou [et]
des Indes, dont il fait le nouveau revenu; et au [lieu]
de la plupart des autres incidents, qui, bien qu'[ils]
soient imités de l'original, n'ont presque point

PRÉFACE DE CORNEILLE.

ressemblance avec lui pour les pensées, ni pour les termes qui les expriment. Je me contenterai donc de vous avouer que les sujets sont entièrement de lui, comme vous les trouverez dans la vingt et deuxième partie de ses comédies: Pour le reste, j'en ai pris tout ce qui s'est pu accommoder à notre usage; et s'il m'est permis de dire mon sentiment touchant une chose où j'ai si peu de part, je vous avouerai en même temps que l'invention de celle-ci me charme tellement, que je ne trouve rien à mon gré qui lui soit comparable en ce genre, ni parmi les anciens, ni parmi les modernes. Elle est toute spirituelle depuis le commencement jusqu'à la fin, et les incidents si justes et si gracieux, qu'il faut être, à mon avis, de bien mauvaise humeur pour n'en pas approuver la conduite, et n'en aimer pas la représentation.

Je me défierois peut-être de l'estime extraordinaire que j'ai pour ce poëme, si je n'y étois confirmé par celle qu'en a faite un des premiers hommes de ce siècle, et qui non-seulement est le protecteur des savantes muses dans la Hollande, mais fait voir encore par son propre exemple que les graces de la poésie ne sont pas incompatibles avec les plus hauts emplois de la politique et les plus nobles fonctions d'un homme d'état. Je parle de M. de Zuylichem, secrétaire des commandements de monseigneur le prince d'Orange. C'est lui que

MM. Heinsius et Balzac ont pris comme pour arbitre de leur fameuse querelle, puisqu'ils lui ont adressé l'un et l'autre leurs doctes dissertations, et qui n'a pas dédaigné de montrer au public l'état qu'il fait de cette comédie par deux épigrammes, l'un françois et l'autre latin, qu'il a mis au-devant de l'impression qu'en ont faite les Elzeviers, à Leyden. Je vous les donne ici d'autant plus volontiers, que, n'ayant pas l'honneur d'être connu de lui, son témoignage ne peut être suspect, et qu'on n'aura pas lieu de m'accuser de beaucoup de vanité pour en avoir fait parade, puisque toute la gloire qu'il m'y donne doit être attribuée au grand Lope de Vega, que peut-être il ne connoissoit pas pour le premier auteur de cette merveille de théâtre.

IN PRÆSTANTISSIMI POETÆ GALLICI
CORNELII
COMOEDIAM QUÆ INSCRIBITUR MENDAX.

Gravi cothurno torvus, orchestrâ truci,
Dudum cruentus, Galliæ justus stupor,
Audivit et vatum decus Cornelius.
Laudem poetæ num mereret comici
Pari nitore et elegantiâ, fuit
Qui disputaret, et negârunt inscii;
Et mos gerendus insciis semel fuit.
Et, ecce, gessit, mentiendi gratiâ
Facetiisque, quas Terentius, pater
Amœnitatum, quas Menander, quas merum
Nectar deorum Plautus et mortalium,
Si sæculo reddantur, agnoscant suas,
Et quas negare non graventur non suas.
Tandem poeta est: fraude, fuco, fabulâ,
Mendace scenâ vindicavit se sibi.
Cui Stagitæ venit in mentem, putas,
Quis quâ præivit supputator algebrâ,
Quis cogitavit illud Euclides prior,
Probare rem verissimam mendacio?

CONSTANTER. 1645.

A M. CORNEILLE,

SUR SA COMÉDIE, *LE MENTEUR*.

Eh bien, ce beau *Menteur*, cette pièce fameuse,
Qui étonne le Rhin, et fait rougir la Meuse,
Et le Tage et le Pô, et le Tibre romain,
De n'avoir rien produit d'égal à cette main,
A ce Plaute réné, à ce nouveau Térence,
La trouve-t-on si loin, ou de l'indifférence,
Ou du juste mépris des savants d'aujourd'hui?
Je tiens, tout au rebours, qu'elle a besoin d'appui,
De grace, de pitié, de faveur affétée,
D'extrême charité, de louange empruntée.
Elle est plate, elle est fade, elle manque de sel,
De pointe et de vigueur; et n'y a carrousel
Où la rage et le vin n'enfantent des Corneilles
Capables de fournir de plus fortes merveilles.

Qu'ai-je dit? ah! Corneille, aime mon repentir;
Ton excellent *Menteur* m'a porté à mentir.
Il m'a rendu le faux si doux et si aimable,
Que, sans m'en aviser, j'ai vu le véritable
Ruiné de crédit, et ai cru constamment
N'y avoir plus d'honneur qu'à mentir vaillamment.

Après tout, le moyen de s'en pouvoir dédire?
A moins que d'en mentir, je n'en pouvois rien dire.
La plus haute pensée au bas de sa valeur

VERS A M. CORNEILLE.

Devenoit injustice et injure à l'auteur.
Qu'importe donc qu'on mente, ou que d'un foible éloge
A toi et ton *Menteur* faussement on déroge ?
Qu'importe que les dieux se trouvent irrités
De mensonges ou bien de fausses vérités ?

Constanter.

PERSONNAGES.

GÉRONTE, père de Dorante.
DORANTE, fils de Géronte.
ALCIPPE, ami de Dorante et amant de Clarice.
PHILISTE, ami de Dorante et d'Alcippe.
CLARICE, maîtresse d'Alcippe.
LUCRÈCE, amie de Clarice.
ISABELLE, suivante de Clarice.
SABINE, femme-de-chambre de Lucrèce.
CLITON, valet de Dorante.
LYCAS, valet d'Alcippe.

La scène est à Paris.

LE MENTEUR.

ACTE PREMIER.

SCÈNE I.

DORANTE, CLITON.

DORANTE.

A la fin j'ai quitté la robe pour l'épée :
L'attente où j'ai vécu n'a point été trompée ;
Mon père a consenti que je suive mon choix,
Et je fais banqueroute à ce fatras de lois.
Mais, puisque nous voici dedans les Tuileries,
Le pays du beau monde et des galanteries,
Dis-moi, me trouves-tu bien fait en cavalier ?
Ne vois-tu rien en moi qui sente l'écolier ?
Comme il est malaisé qu'au royaume du code
On apprenne à se faire un visage à la mode,
J'ai lieu d'appréhender...

CLITON.
    Ne craignez rien pour vous :
Vous ferez en une heure ici mille jaloux.

Ce visage et ce port n'ont point l'air de l'école;
Et jamais comme vous on ne peignit Barthole :
Je prévois du malheur pour beaucoup de maris.
Mais que vous semble encor maintenant de Paris?

DORANTE.

J'en trouve l'air bien doux, et cette loi bien rude
Qui m'en avoit banni sous prétexte d'étude.
Toi, qui sais les moyens de s'y bien divertir,
Ayant eu le bonheur de n'en jamais sortir,
Dis-moi comme en ce lieu l'on gouverne les dames.

CLITON.

C'est là le plus beau soin qui vienne aux belles ames,
Disent les beaux esprits. Mais, sans faire le fin,
Vous avez l'appétit ouvert de bon matin !
D'hier au soir seulement vous êtes dans la ville,
Et vous vous ennuyez déja d'être inutile !
Votre humeur sans emploi ne peut passer un jour !
Et déja vous cherchez à pratiquer l'amour !
Je suis auprès de vous en fort bonne posture
De passer pour un homme à donner tablature;
J'ai la taille d'un maître en ce noble métier,
Et je suis, tout au moins, l'intendant du quartier.

DORANTE.

Ne t'effarouche point : je ne cherche, à vrai dire,
Que quelque connoissance où l'on se plaise à rire,
Qu'on puisse visiter par divertissement,
Où l'on puisse en douceur couler quelque moment.
Pour me connoître mal, tu prends mon sens à gauche.

ACTE I, SCENE I.

CLITON.

J'entends; vous n'êtes pas un homme de débauche,
Et tenez celles-là trop indignes de vous,
Que le son d'un écu rend traitables à tous :
Aussi que vous cherchiez de ces sages coquettes
Où peuvent tous venants débiter leurs fleurettes,
Mais qui ne font l'amour que de babil et d'yeux,
Vous êtes d'encolure à vouloir un peu mieux.
Loin de passer son temps, chacun le perd chez elles;
Et le jeu, comme on dit, n'en vaut pas les chandelles.
Mais ce seroit pour vous un bonheur sans égal
Que ces femmes de bien qui se gouvernent mal,
Et de qui la vertu, quand on leur fait service,
N'est pas incompatible avec un peu de vice.
Vous en verrez ici de toutes les façons.
Ne me demandez point cependant de leçons;
Ou je me connois mal à voir votre visage,
Ou vous n'en êtes pas à votre apprentissage :
Vos lois ne régloient pas si bien tous vos desseins,
Que vous eussiez toujours un porte-feuille aux mains.

DORANTE.

A ne rien déguiser, Cliton, je te confesse
Qu'à Poitiers j'ai vécu comme vit la jeunesse;
J'étois en ces lieux-là de beaucoup de métiers :
Mais Paris, après tout, est bien loin de Poitiers.
Le climat différent veut une autre méthode :
Ce qu'on admire ailleurs est ici hors de mode;
La diverse façon de parler et d'agir

Donne aux nouveau-venus souvent de quoi rougir.
Chez les provinciaux on prend ce qu'on rencontre;
Et là, faute de mieux, un sot passe à la montre :
Mais il faut à Paris bien d'autres qualités;
On ne s'éblouit point de ces fausses clartés;
Et tant d'honnêtes gens que l'on y voit ensemble,
Font qu'on est mal reçu, si l'on ne leur ressemble.

CLITON.

Connoissez mieux Paris, puisque vous en parlez.
Paris est un grand lieu plein de marchands mêlés :
L'effet n'y répond pas toujours à l'apparence;
On s'y laisse duper autant qu'en lieu de France;
Et, parmi tant d'esprits plus polis et meilleurs,
Il y croît des badauds, autant et plus qu'ailleurs.
Dans la confusion que ce grand monde apporte,
Il y vient de tous lieux des gens de toute sorte;
Et dans toute la France il est fort peu d'endroits
Dont il n'ait le rebut aussi bien que le choix.
Comme on s'y connoît mal, chacun s'y fait de mise,
Et vaut communément autant comme il se prise :
De bien pires que vous s'y font assez valoir.
Mais, pour venir au point que vous voulez savoir,
Êtes-vous libéral ?

DORANTE.

Je ne suis point avare.

CLITON.

C'est un secret d'amour et bien grand et bien rare :
Mais il faut de l'adresse à le bien débiter;

Autrement on s'y perd au lieu d'en profiter.
Tel donne à pleines mains qui n'oblige personne :
La façon de donner vaut mieux que ce qu'on donne.
L'un perd exprès au jeu son présent déguisé;
L'autre oublie un bijou qu'on aurait refusé.
Un lourdaud libéral, auprès d'une maîtresse,
Semble donner l'aumône alors qu'il fait largesse;
Et d'un tel contre-temps il fait tout ce qu'il fait,
Que, quand il tâche à plaire, il offense en effet.

DORANTE.

Laissons là ces lourdauds contre qui tu déclames,
Et me dis seulement si tu connois ces dames.

CLITON.

Non : cette marchandise est de trop bon aloi;
Ce n'est point là gibier à des gens comme moi.
Il est aisé pourtant d'en savoir des nouvelles,
Et bientôt leur cocher m'en dira des plus belles.

DORANTE.

Penses-tu qu'il t'en die?

CLITON.

    Assez pour en mourir :
Puisque c'est un cocher, il aime à discourir.

SCÈNE II.

DORANTE, CLARICE, LUCRÈCE, ISABELLE.

CLARICE, *faisant un faux pas, et comme se laissant choir.*

Hai!

DORANTE, *lui donnant la main.*

Ce malheur me rend un favorable office,
Puisqu'il me donne lieu de ce petit service;
Et c'est pour moi, madame, un bonheur souverain
Que cette occasion de vous donner la main.

CLARICE.

L'occasion ici fort peu vous favorise,
Et ce foible bonheur ne vaut pas qu'on le prise.

DORANTE.

Il est vrai, je le dois tout entier au hasard;
Mes soins ni vos desirs n'y prennent point de part;
Et sa douceur, mêlée avec cette amertume,
Ne me rend pas le sort plus doux que de coutume,
Puisque enfin ce bonheur, que j'ai si fort prisé,
A mon peu de mérite eût été refusé.

CLARICE.

S'il a perdu sitôt ce qui pouvait vous plaire,
Je veux être à mon tour d'un sentiment contraire,
Et crois qu'on doit trouver plus de félicité
A posséder un bien sans l'avoir mérité.

J'estime plus un don qu'une reconnoissance :
Qui nous donne fait plus que qui nous récompense;
Et le plus grand bonheur au mérite rendu
Ne fait que nous payer de ce qui nous est dû.
La faveur qu'on mérite est toujours achetée;
L'heur en croît d'autant plus, moins elle est méritée;
Et le bien où sans peine elle fait parvenir
Par le mérite à peine auroit pu s'obtenir.

DORANTE.

Aussi ne croyez pas que jamais je prétende
Obtenir par mérite une faveur si grande :
J'en sais mieux le haut prix; et mon cœur amoureux,
Moins il s'en connoît digne, et plus s'en tient heureux.
On me l'a pu toujours dénier sans injure;
Et si, la recevant, ce cœur même en murmure,
Il se plaint du malheur de ses félicités,
Que le hasard lui donne, et non vos volontés.
Un amant a fort peu de quoi se satisfaire
Des faveurs qu'on lui fait sans dessein de les faire :
Comme l'intention seule en forme le prix,
Assez souvent sans elle on les joint au mépris.
Jugez par là quel bien peut recevoir ma flamme
D'une main qu'on me donne en me refusant l'ame.
Je la tiens, je la touche, et je la touche en vain,
Si je ne puis toucher le cœur avec la main.

CLARICE.

Cette flamme, monsieur, est pour moi fort nouvelle,
Puisque j'en viens de voir la première étincelle.

Si votre cœur ainsi s'embrase en un moment;
Le mien ne sut jamais brûler si promptement :
Mais peut-être à présent que j'en suis avertie,
Le temps donnera place à plus de sympathie.
Confessez cependant qu'à tort vous murmurez
Du mépris de vos feux que j'avois ignorés.

SCÈNE III.

DORANTE, CLARICE, LUCRÈCE, ISABELLE, CLITON.

DORANTE.

C'est l'effet du malheur qui partout m'accompagne.
Depuis que j'ai quitté les guerres d'Allemagne,
C'est-à-dire du moins depuis un an entier,
Je suis et jour et nuit dedans votre quartier;
Je vous cherche en tous lieux, au bal, aux promenades;
Vous n'avez que de moi reçu des sérénades;
Et je n'ai pu trouver que cette occasion
A vous entretenir de mon affection.

CLARICE.

Quoi! vous avez donc vu l'Allemagne et la guerre?

DORANTE.

Je m'y suis fait, quatre ans, craindre comme un tonnerre.

CLITON.

Que lui va-t-il conter?

DORANTE.

Et durant ces quatre ans

Il ne s'est fait combats ni siéges importants,
Nos armes n'ont jamais remporté de victoire,
Où cette main n'ait eu bonne part à la gloire.
Mes faits par la gazette en tous lieux divulgués...

CLITON, le tirant.

Savez-vous bien, monsieur, que vous extravaguez?

DORANTE.

Tais-toi.

CLITON.

Vous rêvez, dis-je, ou...

DORANTE.

Tais-toi, misérable.

CLITON.

Vous venez de Poitiers, ou je me donne au diable;
Vous en revîntes hier.

DORANTE, à Cliton.

Te tairas-tu, maraud?

(à Clarice.)

Mon nom dans nos succès s'étoit mis assez haut
Pour faire quelque bruit, sans beaucoup d'injustice;
Et je suivrois encore un si noble exercice,
N'étoit que l'autre hiver, faisant ici ma cour,
Je vous vis, et je fus retenu par l'amour.
Attaqué par vos yeux je leur rendis les armes;
Je me fis prisonnier de tant d'aimables charmes,
Je leur livrai mon ame; et ce cœur généreux
Dès ce premier moment oublia tout pour eux.
Vaincre dans les combats, commander dans l'armée,

De mille exploits fameux enfler ma renommée,
Et tous ces nobles soins qui m'avoient su ravir,
Cédèrent aussitôt à ceux de vous servir.

ISABELLE, à Clarice, tout bas.

Madame, Alcippe vient; il aura de l'ombrage.

CLARICE.

Nous en saurons, monsieur, quelque jour davantage:
Adieu.

DORANTE.

Quoi! me priver sitôt de tout mon bien!

CLARICE.

Nous n'avons pas loisir d'un plus long entretien;
Et, malgré la douceur de me voir cajolée,
Il faut que nous fassions seules deux tours d'allée.

DORANTE.

Cependant accordez à mes vœux innocents
La licence d'aimer des charmes si puissants.

CLARICE.

Un cœur qui veut aimer, et qui sait comme on aime,
N'en demande jamais licence qu'à soi-même.

SCÈNE IV.

DORANTE, CLITON.

DORANTE.

Suis-les, Cliton.

CLITON.

J'en sais ce qu'on en peut savoir:

La langue du cocher a bien fait son devoir.
« La plus belle des deux, dit-il, est ma maîtresse;
Elle loge à la place, et son nom est Lucrèce. »

DORANTE.

Quelle place?

CLITON.

Royale; et l'autre y loge aussi :
Il n'en sait pas le nom, mais j'en prendrai souci.

DORANTE.

Ne te mets point, Cliton, en peine de l'apprendre.
Celle qui m'a parlé, celle qui m'a su prendre,
C'est Lucrèce, ce l'est sans aucun contredit;
Sa beauté m'en assure, et mon cœur me le dit.

CLITON.

Quoique mon sentiment doive respect au vôtre,
La plus belle des deux, je crois que ce soit l'autre.

DORANTE.

Quoi! celle qui s'est tue, et qui dans nos propos
N'a jamais eu l'esprit de mêler quatre mots?

CLITON.

Monsieur, quand une femme a le don de se taire,
Elle a des qualités au-dessus du vulgaire.
C'est un effort du ciel qu'on a peine à trouver;
Sans un petit miracle il ne peut l'achever;
Et la nature souffre extrême violence
Lorsqu'il en fait d'humeur à garder le silence.
Pour moi, jamais l'amour n'inquiète mes nuits;
Et quand le cœur m'en dit, j'en prends par où je puis:

Mais, naturellememt, femme qui se peut taire
A sur moi tel pouvoir et tel droit de me plaire;
Qu'eût-elle en vrai magot tout le corps fagoté,
Je lui voudrois donner le prix de la beauté.
C'est elle assurément qui s'appelle Lucrèce :
Cherchez un autre nom pour l'objet qui vous blesse;
Ce n'est point là le sien. Celle qui n'a dit mot,
Monsieur, c'est la plus belle, ou je ne suis qu'un sot.

DORANTE.

Je t'en crois sans jurer avec tes incartades.
Mais voici les plus chers de mes vieux camarades :
Ils semblent étonnés, à voir leur action.

SCÈNE V.

DORANTE, ALCIPPE, PHILISTE, CLITON.

PHILISTE, à Alcippe.

Quoi! sur l'eau la musique et la collation?

ALCIPPE, à Philiste.

Oui, la collation, avecque la musique.

PHILISTE, à Alcippe.

Hier au soir?

ALCIPPE, à Philiste.

Hier au soir.

PHILISTE, à Alcippe.

Et belle?

ALCIPPE, à Philiste.
>Magnifique.

PHILISTE, à Alcippe.

Et par qui?

ALCIPPE, à Philiste.
C'est de quoi je suis mal éclairci.

DORANTE, les saluant.

Que mon bonheur est grand de vous revoir ici!

ALCIPPE.

Le mien est sans pareil, puisque je vous embrasse.

DORANTE.

J'ai rompu vos discours d'assez mauvaise grace;
Vous le pardonnerez à l'aise de vous voir.

PHILISTE.

Avec nous, de tout temps, vous avez tout pouvoir.

DORANTE.

Mais de quoi parliez-vous?

ALCIPPE.
>D'une galanterie.

DORANTE.

D'amour?

ALCIPPE.

Je le présume.

DORANTE.
>Achevez, je vous prie,

Et souffrez qu'à ce mot ma curiosité
Vous demande sa part de cette nouveauté.

ALCIPPE.

On dit qu'on a donné musique à quelque dame.

DORANTE.

Sur l'eau?

ALCIPPE.

Sur l'eau.

DORANTE.

Souvent l'onde irrite la flamme.

PHILISTE.

Quelquefois.

DORANTE.

Et ce fut hier au soir?

ALCIPPE.

Hier au soir.

DORANTE.

Dans l'ombre de la nuit le feu se fait mieux voir.
Le temps étoit bien pris. Cette dame, elle est belle?

ALCIPPE.

Aux yeux de bien du monde elle passe pour telle.

DORANTE.

Et la musique?

ALCIPPE.

Assez pour n'en rien dédaigner.

DORANTE.

Quelque collation a pu l'accompagner?

ALCIPPE.

On le dit.

ACTE I, SCENE V.

DORANTE.

Fort superbe?

ALCIPPE.

Et fort bien ordonnée.

DORANTE.

Et vous ne savez point celui qui l'a donnée?

ALCIPPE.

Vous en riez!

DORANTE.

Je ris de vous voir étonné,
D'un divertissement que je me suis donné.

ALCIPPE.

Vous?

DORANTE.

Moi-même.

ALCIPPE.

Et déja vous avez fait maîtresse?

DORANTE.

Si je n'en avois fait, j'aurois bien peu d'adresse,
Moi qui depuis un mois suis ici de retour.
Il est vrai que je sors fort peu souvent de jour;
De nuit INCOGNITO je rends quelques visites.
Ainsi...

CLITON, à Dorante, à l'oreille.

Vous ne savez, monsieur, ce que vous dites.

DORANTE.

Tais-toi : si jamais plus tu me viens avertir...

CLITON, à part.

J'enrage de me taire et d'entendre mentir.

PHILISTE, à Alcippe, tout bas.

Voyez qu'heureusement, dedans cette rencontre,
Votre rival lui-même à vous-même se montre.

DORANTE, revenant à eux.

Comme à mes chers amis, je vous veux tout conter.
J'avois pris cinq bateaux pour mieux tout ajuster;
Les quatre contenaient quatre chœurs de musique
Capables de charmer le plus mélancolique.
Au premier, violons; en l'autre, luths et voix;
Des flûtes, au troisième; au dernier, des hautbois;
Qui tour-à-tour dans l'air poussoient des harmonies
Dont on pouvoit nommer les douceurs infinies.
Le cinquième étoit grand, tapissé tout exprès
De rameaux enlacés pour conserver le frais,
Dont chaque extrémité portoit un doux mélange
De bouquets de jasmin, de grenade et d'orange.
Je fis de ce bateau la salle du festin :
Là, je menai l'objet qui fait seul mon destin;
De cinq autres beautés la sienne fut suivie,
Et la collation fut aussitôt servie.
Je ne vous dirai point les différents apprêts,
Le nom de chaque plat, le rang de chaque mets;
Vous saurez seulement qu'en ce lieu de délices
On servit douze plats, et qu'on fit six services,
Cependant que les eaux, les rochers, et les airs,
Répondoient aux accents de nos quatre concerts.

Après qu'on eut mangé, mille et mille fusées,
S'élançant vers les cieux, ou droites, ou croisées,
Firent un nouveau jour, d'où tant de serpenteaux
D'un déluge de flamme attaquèrent les eaux,
Qu'on crut que, pour leur faire une plus rude guerre,
Tout l'élément du feu tomboit du ciel en terre.
Après ce passe-temps on dansa jusqu'au jour,
Dont le soleil jaloux avança le retour.
S'il eût pris notre avis, sa lumière importune
N'eût pas troublé sitôt ma petite fortune;
Mais, n'étant pas d'humeur à suivre nos desirs,
Il sépara la troupe, et finit nos plaisirs.

ALCIPPE.

Certes, vous avez grace à conter ces merveilles :
Paris, tout grand qu'il est, en voit peu de pareilles.

DORANTE.

J'avois été surpris; et l'objet de mes vœux
Ne m'avoit, tout au plus, donné qu'une heure ou deux.

PHILISTE.

Cependant l'ordre est rare, et la dépense belle.

DORANTE.

Il s'est fallu passer à cette bagatelle :
Alors que le temps presse, on n'a pas à choisir.

ALCIPPE.

Adieu : nous nous verrons avec plus de loisir.

DORANTE.

Faites état de moi.

ALCIPPE, à Philiste, en s'en allant.

Je meurs de jalousie!

PHILISTE, à Alcippe.

Sans raison toutefois votre ame en est saisie;
Les signes du festin ne s'accordent pas bien.

ALCIPPE, à Philiste.

Le lieu s'accorde, et l'heure, et le reste n'est rien.

SCÈNE VI.

DORANTE, CLITON.

CLITON.

Monsieur, puis-je à présent parler sans vous déplaire?

DORANTE.

Je remets à ton choix de parler ou te taire;
Mais, quand tu vois quelqu'un, ne fais plus l'insolent.

CLITON.

Votre ordinaire est-il de rêver en parlant?

DORANTE.

Où me vois-tu rêver?

CLITON.

J'appelle rêveries
Ce qu'en d'autres qu'un maître on nomme menteries :
Je parle avec respect.

DORANTE.

Pauvre esprit!

CLITON.

Je le perds

ACTE I, SCENE VI.

Quand je vous ois parler de guerre et de concerts.
Vous voyez sans péril nos batailles dernières,
Et faites des festins qui ne vous coûtent guères.
Pourquoi depuis un an vous feindre de retour?

DORANTE.

J'en montre plus de flamme, et j'en fais mieux ma cour.

CLITON.

Qu'a de propre la guerre à montrer votre flamme?

DORANTE.

O le beau compliment à charmer une dame,
De lui dire d'abord : « J'apporte à vos beautés
Un cœur nouveau venu des universités :
Si vous avez besoin de lois et de rubriques,
Je sais le code entier avec les authentiques,
Le digeste nouveau, le vieux, l'infortiat,
Ce qu'en a dit Jason, Balde, Accurse, Alciat! »
Qu'un si riche discours nous rend considérables!
Qu'on amollit par là de cœurs inexorables!
Qu'un homme à paragraphe est un joli galant!
 On s'introduit bien mieux à titre de vaillant:
Tout le secret ne gît qu'en un peu de grimace;
A mentir à propos, jurer de bonne grace,
Étaler force mots qu'elles n'entendent pas,
Faire sonner Lamboy, Jean de Vert et Galas;
Nommer quelques châteaux de qui les noms barbares,
Plus ils blessent l'oreille, et plus ils semblent rares;
Avoir toujours en bouche angles, lignes, fossés,
Vedette, contrescarpe, et travaux-avancés.

Sans ordre et sans raison, n'importe, on les étonne;
On leur fait admirer les baies qu'on leur donne :
Et tel, à la faveur d'un semblable débit,
Passe pour homme illustre, et se met en crédit.

CLITON.

A qui vous veut ouïr, vous en faites bien croire :
Mais celle-ci bientôt peut savoir votre histoire.

DORANTE.

J'aurai déja gagné chez elle quelque accès;
Et, loin d'en redouter un malheureux succès,
Si jamais un fâcheux nous nuit par sa présence,
Nous pourrons sous ces mots être d'intelligence.
Voilà traiter l'amour, Cliton, et comme il faut.

CLITON.

A vous dire le vrai, je tombe de bien haut.
Mais parlons du festin. Urgande et Mélusine
N'ont jamais sur-le-champ mieux fourni leur cuisine;
Vous allez au-delà de leurs enchantements;
Vous seriez un grand maître à faire des romans :
Ayant si bien en main le festin et la guerre,
Vos gens en moins de rien courroient toute la terre;
Et ce seroit pour vous des travaux fort légers
Que d'y mêler partout la pompe et les dangers.
Ces hautes fictions vous sont bien naturelles.

DORANTE.

J'aime à braver ainsi les conteurs de nouvelles;
Et, sitôt que j'en vois quelqu'un s'imaginer
Que ce qu'il veut m'apprendre a de quoi m'étonner,

Je le sers aussitôt d'un conte imaginaire
Qui l'étonne lui-même, et le force à se taire.
Si tu pouvois savoir quel plaisir on a lors
De leur faire rentrer leurs nouvelles au corps...

CLITON.

Je le juge assez grand : mais enfin ces pratiques
Vous couvriront de honte en devenant publiques.

DORANTE.

N'en prends point de souci. Mais tous ces vains discours
M'empêchent de chercher l'objet de mes amours;
Tâchons de le rejoindre, et sache qu'à me suivre
Je t'apprendrai bientôt d'autres façons de vivre.

FIN DU PREMIER ACTE.

ACTE SECOND.

SCÈNE I.

GÉRONTE, CLARICE, ISABELLE.

CLARICE.

Je sais qu'il vaut beaucoup étant sorti de vous.
Mais, monsieur, sans le voir, accepter un époux,
Par quelque haut récit qu'on en soit conviée,
C'est grande avidité de se voir mariée.
D'ailleurs, en recevoir visite et compliment,
Et lui permettre accès en qualité d'amant,
A moins qu'à vos projets un plein effet réponde,
Ce seroit trop donner à discourir au monde.
Trouvez donc un moyen de me le faire voir
Sans m'exposer au blâme, et manquer au devoir.

GÉRONTE.

Oui, vous avez raison, belle et sage Clarice;
Ce que vous m'ordonnez est la même justice;
Et, comme c'est à nous à subir votre loi,
Je reviens tout-à-l'heure, et Dorante avec moi.
Je le tiendrai long-temps dessous votre fenêtre,
Afin qu'avec loisir vous puissiez le connoître,

ACTE II, SCENE II.

Examiner sa taille, et sa mine, et son air,
Et voir quel est l'époux, que je vous veux donner.
Il vint hier de Poitiers, mais il sent peu l'école ;
Et, si l'on pouvoit croire un père à sa parole,
Quelque écolier qu'il soit, je dirois qu'aujourd'hui
Peu de nos gens de cour sont mieux taillés que lui.
Mais vous en jugerez après la voix publique.
Je cherche à l'arrêter, parce qu'il m'est unique,
Et je brûle surtout de le voir sous vos lois.

CLARICE.

Vous m'honorez beaucoup d'un si glorieux choix.
Je l'attendrai, monsieur, avec impatience,
Et je l'aime déja sur cette confiance.

SCÈNE II.

ISABELLE, CLARICE.

ISABELLE.

Ainsi vous le verrez, et sans vous engager.

CLARICE.

Mais, pour le voir ainsi, qu'en pourrai-je juger ?
J'en verrai le dehors, la mine, l'apparence ;
Mais du reste, Isabelle, où prendre l'assurance ?
Le dedans paroît mal en ces miroirs flatteurs ;
Les visages souvent sont de doux imposteurs.
Que de défauts d'esprit se couvrent de leurs graces !
Et que de beaux semblants cachent des ames basses !

Les yeux en ce grand choix ont la première part;
Mais leur déférer tout, c'est tout mettre au hasard.
Qui veut vivre en repos ne doit pas leur déplaire;
Mais sans leur obéir il doit les satisfaire,
En croire leur refus, et non pas leur aveu,
Et sur d'autres conseils laisser naître son feu.
  Cette chaîne qui dure autant que notre vie,
Et qui devroit donner plus de peur que d'envie,
Si l'on n'y prend bien garde, attache assez souvent
Le contraire au contraire, et le mort au vivant.
Et pour moi, puisqu'il faut qu'elle me donne un maître,
Avant que l'accepter je voudrois le connoître,
Mais connoître dans l'ame...

ISABELLE.

Eh bien! qu'il parle à vous.

CLARICE.

Alcippe, le sachant, en deviendroit jaloux.

ISABELLE.

Qu'importe qu'il le soit, si vous avez Dorante?

CLARICE.

Sa perte ne m'est pas encore indifférente;
Et l'accord de l'hymen entre nous concerté,
Si son père venoit, seroit exécuté.
Depuis plus de deux ans il promet et diffère:
Tantôt c'est maladie, et tantôt quelque affaire;
Le chemin est mal sûr, ou les jours sont trop courts;
Et le bonhomme enfin ne peut sortir de Tours.
Je prends tous ces délais pour une résistance,

Et ne suis point d'humeur à mourir de constance.
Chaque moment d'attente ôte de notre prix;
Et fille qui vieillit tombe dans le mépris.
C'est un nom glorieux qui se garde avec honte;
Sa défaite est fâcheuse, à moins que d'être prompte :
Le Temps n'est pas un Dieu qu'elle puisse braver,
Et son honneur se perd à le trop conserver.

ISABELLE.

Ainsi vous quitteriez Alcippe pour un autre,
De qui l'humeur auroit de quoi plaire à la vôtre?

CLARICE.

Oui, je le quitterois : mais pour ce changement
Il me faudroit en main avoir un autre amant,
Savoir qu'il me fût propre, et que son hyménée
Dût bientôt à la sienne unir ma destinée.
Mon humeur sans cela ne s'y résout pas bien;
Car Alcippe, après tout, vaut toujours mieux que rien :
Son père peut venir, quelque long-temps qu'il tarde.

ISABELLE.

Pour en venir à bout sans que rien s'y hasarde,
Lucrèce est votre amie, et peut beaucoup pour vous;
Elle n'a point d'amant qui devienne jaloux :
Qu'elle écrive à Dorante, et lui fasse paroître
Qu'elle veut cette nuit le voir par sa fenêtre.
Comme il est encor jeune, on l'y verra voler;
Et là, sous ce faux nom, vous pourrez lui parler
Sans qu'Alcippe jamais en découvre l'adresse,
Ni que lui-même pense à d'autres qu'à Lucrèce.

CLARICE.

L'invention est belle; et Lucrèce aisément
Se résoudra pour moi d'écrire un compliment :
J'admire ton adresse à trouver cette ruse.

ISABELLE.

Puis-je vous dire encor que, si je ne m'abuse,
Tantôt cet inconnu ne vous déplaisoit pas?

CLARICE.

Ah! bon Dieu! si Dorante avoit autant d'appas,
Que d'Alcippe aisément il obtiendroit la place!

ISABELLE.

Ne parlez point d'Alcippe; il vient.

CLARICE.

Qu'il m'embarrasse!
Va pour moi chez Lucrèce, et lui dis mon projet,
Et tout ce qu'on peut dire en un pareil sujet.

SCÈNE III.

CLARICE, ALCIPPE.

ALCIPPE.

Ah, Clarice! ah, Clarice! inconstante! volage!

CLARICE, à part le premier vers.

Auroit-il deviné déja ce mariage?
Alcippe, qu'avez-vous, qui vous fait soupirer?

ALCIPPE.

Ce que j'ai, déloyale! eh! peux-tu l'ignorer?

ACTE II, SCENE III.

Parle à ta conscience ; elle devroit t'apprendre...

CLARICE.

Parlez un peu plus bas, mon père va descendre.

ALCIPPE.

Ton père va descendre, ame double et sans foi !
Confesse que tu n'as un père que pour moi.
La nuit, sur la rivière...

CLARICE.

　　　　　　Eh bien ! sur la rivière ?
La nuit ? quoi ? qu'est-ce enfin ?

ALCIPPE.

　　　　　　　　Oui, la nuit tout entière.

CLARICE.

Après ?

ALCIPPE.

Quoi ! sans rougir ?

CLARICE.

　　　　　　Rougir ! à quel propos ?

ALCIPPE.

Tu ne meurs pas de honte entendant ces deux mots !

CLARICE.

Mourir pour les entendre ! Et qu'ont-ils de funeste ?

ALCIPPE.

Tu peux donc les ouïr, et demander le reste !
Ne saurois-tu rougir, si je ne te dis tout ?

CLARICE.

Quoi, tout ?

ALCIPPE.

Tes passe-temps, de l'un à l'autre bout.

CLARICE.

Je meure, en vos discours si je puis rien comprendre!

ALCIPPE.

Quand je te veux parler, ton père va descendre :
Il t'en souvient alors; le tour est excellent!
Mais pour passer la nuit auprès de ton galant...

CLARICE.

Alcippe, êtes-vous fou?

ALCIPPE.

Je n'ai plus lieu de l'être,
A présent que le ciel me fait te mieux connoître.
Oui, pour passer la nuit en danses et festin,
Être avec ton galant du soir jusqu'au matin,
Je ne parle que d'hier, tu n'as point lors de père.

CLARICE.

Rêvez-vous? raillez-vous? et quel est ce mystère?

ALCIPPE.

Ce mystère est nouveau, mais non pas fort secret.
Choisis une autre fois un amant plus discret;
Lui-même il m'a tout dit.

CLARICE.

Qui, lui-même?

ALCIPPE.

Dorante.

CLARICE.

Dorante!

ALCIPPE.

Continue, et fais bien l'ignorante.

CLARICE.

Si je le vis jamais, et si je le connoi...!

ALCIPPE.

Ne viens-je pas de voir son père avecque toi?
Tu passes, infidèle, ame ingrate et légère,
La nuit avec le fils, le jour avec le père!

CLARICE.

Son père de vieux temps est grand ami du mien.

ALCIPPE.

Cette vieille amitié faisoit votre entretien?
Tu te sens convaincue, et tu m'oses répondre!
Te faut-il quelque chose encor pour te confondre?

CLARICE.

Alcippe, si je sais quel visage a le fils...

ALCIPPE.

La nuit étoit fort noire alors que tu le vis.
Il ne t'a pas donné quatre chœurs de musique,
Une collation superbe et magnifique,
Six services de rang, douze plats à chacun?
Son entretien alors t'étoit fort importun?
Quand ses feux d'artifice éclairoient le rivage,
Tu n'eus pas le loisir de le voir au visage?
Tu n'as pas avec lui dansé jusques au jour,
Et tu ne l'as pas vu pour le moins au retour?
T'en ai-je dit assez? Rougis, et meurs de honte.

CLARICE.

Je ne rougirai point pour le récit d'un conte.

ALCIPPE.

Quoi! je suis donc un fourbe, un bizarre, un jaloux!

CLARICE.

Quelqu'un a pris plaisir à se jouer de vous,
Acippe, croyez-moi.

ALCIPPE.

Ne cherche point d'excuses;
Je connois tes détours, et devine tes ruses.
Adieu : suis ton Dorante, et l'aime désormais;
Laisse en repos Alcippe, et n'y pense jamais.

CLARICE.

Écoutez quatre mots.

ALCIPPE.

Ton père va descendre.

CLARICE.

Non, il ne descend point, et ne peut nous entendre;
Et j'aurai tout loisir de vous désabuser.

ALCIPPE.

Je ne t'écoute point, à moins que m'épouser,
A moins qu'en attendant le jour du mariage
M'en donner ta parole et deux baisers pour gage.

CLARICE.

Pour me justifier vous demandez de moi,
Alcippe...?

ALCIPPE.

Deux baisers, et ta main, et ta foi.

CLARICE.

Que cela?

ALCIPPE.

Résous-toi, sans plus me faire attendre.

CLARICE.

Je n'ai pas le loisir, mon père va descendre.

SCÈNE IV.

ALCIPPE.

Va, ris de ma douleur alors que je te perds;
Par ces indignités romps toi-même mes fers;
Aide mes feux trompés à se tourner en glace;
Aide un juste courroux à se mettre en leur place :
Je cours à la vengeance, et porte à ton amant
Le vif et prompt effet de mon ressentiment.
S'il est homme de cœur, ce jour même, nos armes
Règleront par leur sort tes plaisirs ou tes larmes;
Et, plutôt que le voir possesseur de mon bien,
Puissé-je dans son sang voir couler tout le mien !
Le voici ce rival que son père t'amène;
Ma vieille amitié cède à ma nouvelle haine;
Sa vue accroît l'ardeur dont je me sens brûler :
Mais ce n'est pas ici qu'il faut le quereller.

SCÈNE V.

GÉRONTE, DORANTE, CLITON.

GÉRONTE.

Dorante, arrêtons-nous; le trop de promenade
Me mettroit hors d'haleine, et me feroit malade.
Que l'ordre est rare et beau de ces grands bâtiments!

DORANTE.

Paris semble à mes yeux un pays de romans :
J'y croyois, ce matin, voir une île enchantée;
Je la laissai déserte, et la trouve habitée;
Quelque Amphion nouveau, sans l'aide des maçons,
En superbes palais a changé ses buissons.

GÉRONTE.

Paris voit tous les jours de ces métamorphoses.
Dans tout le Pré-aux-Clercs tu verras mêmes choses;
Et l'univers entier ne peut rien voir d'égal
Aux superbes dehors du palais Cardinal.
Toute une ville entière avec pompe bâtie
Semble d'un vieux fossé par miracle sortie,
Et nous fait présumer, à ses superbes toits,
Que tous ses habitants sont des dieux ou des rois.
Mais changeons de discours. Tu sais combien je t'aime!

DORANTE.

Je chéris cet honneur bien plus que le jour même.

GÉRONTE.

Comme de mon hymen il n'est sorti que toi,

ACTE II, SCENE V.

Et que je te vois prendre un périlleux emploi,
Où l'ardeur pour la gloire à tout oser convie,
Et force à tout moment de négliger la vie,
Avant qu'aucun malheur te puisse être avenu,
Pour te faire marcher un peu plus retenu
Je te veux marier.

DORANTE, à part.
O ma chère Lucrèce!

GÉRONTE.
Je t'ai voulu choisir moi-même une maîtresse,
Honnête, belle, riche.

DORANTE.
Ah! pour la bien choisir,
Mon père, donnez-vous un peu plus de loisir.

GÉRONTE.
Je la connois assez. Clarice est belle et sage
Autant que dans Paris il en soit de son âge :
Son père de tout temps est mon plus grand ami,
Et l'affaire est conclue.

DORANTE.
Ah! monsieur! je frémi :
D'un fardeau si pesant accabler ma jeunesse!

GÉRONTE.
Fais ce que je t'ordonne.

DORANTE, à part les premiers mots.
Il faut jouer d'adresse.
Quoi! monsieur, à présent qu'il faut dans les combats
Acquérir quelque nom, et signaler mon bras...

GÉRONTE.

Avant qu'être au hasard qu'un autre bras t'immole,
Je veux dans ma maison avoir qui m'en console;
Je veux qu'un petit-fils puisse y tenir ton rang,
Soutenir ma vieillesse, et réparer mon sang.
En un mot, je le veux.

DORANTE.
   Vous êtes inflexible?

GÉRONTE.
Fais ce que je te dis.

DORANTE.
   Mais s'il m'est impossible?

GÉRONTE.
Impossible! et comment?

DORANTE.
   Souffrez qu'aux yeux de tous,
Pour obtenir pardon, j'embrasse vos genoux.
Je suis...

GÉRONTE.
   Quoi?

DORANTE.
Dans Poitiers...

GÉRONTE.
   Parle donc, et te lève.

DORANTE.
Je suis donc marié, puisqu'il faut que j'achève.

GÉRONTE.
Sans mon consentement!

DORANTE.
On m'a violenté.
Vous ferez tout casser par votre autorité :
Mais nous fûmes tous deux forcés à l'hyménée
Par la fatalité la plus inopinée...
Ah ! si vous la saviez !

GÉRONTE.
Dis, ne me cache rien.

DORANTE.
Elle est de fort bon lieu, mon père ; et pour son bien,
S'il n'est du tout si grand que votre humeur souhaite...

GÉRONTE.
Sachons, à cela près, puisque c'est chose faite.
Elle se nomme ?

DORANTE.
Orphise ; et son père, Armédon.

GÉRONTE.
Je n'ai jamais ouï ni l'un ni l'autre nom :
Mais poursuis.

DORANTE.
Je la vis presque à mon arrivée.
Une ame de rocher ne s'en fût pas sauvée,
Tant elle avoit d'appas, et tant son œil vainqueur
Par une douce force assujettit mon cœur !
Je cherchai donc chez elle à faire connoissance ;
Et les soins obligeants de ma persévérance
Surent plaire de sorte à cet objet charmant,
Que j'en fus en six mois autant aimé qu'amant.

J'en reçus des faveurs secrètes, mais honnêtes ;
Et j'étendis si loin mes petites conquêtes,
Qu'en son quartier souvent je me coulois sans bruit,
Pour causer avec elle une part de la nuit.

Un soir que je venois de monter dans sa chambre,
Ce fut, s'il m'en souvient, le second de septembre ;
Oui, ce fut ce jour-là que je fus attrapé :
Ce soir même son père en ville avoit soupé ;
Il monte, à son retour ; il frappe à la porte : elle
Transit, pâlit, rougit, me cache en sa ruelle,
Ouvre enfin ; et d'abord (qu'elle eut d'esprit et d'art!)
Elle se jette au cou de ce pauvre vieillard,
Dérobe en l'embrassant son désordre à sa vue.
Il se sied ; il lui dit qu'il veut la voir pourvue ;
Lui propose un parti qu'on lui venoit d'offrir.
Jugez combien mon cœur avoit lors à souffrir !
Par sa réponse adroite elle sut si bien faire,
Que, sans m'inquiéter, elle plut à son père.
Ce discours ennuyeux enfin se termina ;
Le bonhomme partoit quand ma montre sonna :
Et lui se retournant vers sa fille étonnée,
« Depuis quand cette montre ? et qui vous l'a donnée ? »
Acaste, mon cousin, me la vient d'envoyer,
Dit-elle, et veut ici la faire nettoyer,
N'ayant point d'horlogers au lieu de sa demeure :
Elle a déjà sonné deux fois en un quart d'heure.
« Donnez-la-moi, dit-il, j'en prendrai mieux le soin. »
Alors pour me la prendre elle vient en mon coin ;

Je la lui donne en main : mais voyez ma disgrace,
Avec mon pistolet le cordon s'embarrasse,
Fait marcher le déclin; le feu prend, le coup part.
Jugez de notre trouble à ce triste hasard :
Elle tombe par terre; et moi, je la crus morte.
Le père épouvanté gagne aussitôt la porte;
Il appelle au secours, il crie à l'assassin.
Son fils et deux valets me coupent le chemin.
Furieux de ma perte, et combattant de rage,
Au milieu de tous trois je me faisois passage,
Quand un autre malheur de nouveau me perdit;
Mon épée en ma main en trois morceaux rompit.
Désarmé, je recule, et rentre; alors Orphise,
De sa frayeur première aucunement remise,
Sait prendre un temps si juste en son reste d'effroi,
Qu'elle pousse la porte et s'enferme avec moi.
Soudain nous entassons, pour défenses nouvelles,
Bancs, tables, coffres, lits, et jusqu'aux escabelles,
Nous nous barricadons, et dans ce premier feu
Nous croyons gagner tout à différer un peu.
Mais comme à ce rempart l'un et l'autre travaille,
D'une chambre voisine on perce la muraille :
Alors me voyant pris, il fallut composer.

(Ici Clarice les voit de sa fenêtre; et Lucrèce, avec Isabelle, les voit
aussi de la sienne.)

GÉRONTE.

C'est-à-dire, en françois, qu'il fallut l'épouser?

DORANTE.

Les siens m'avoient trouvé de nuit seul avec elle,
Ils étoient les plus forts, elle me sembloit belle,
Le scandale étoit grand, son honneur se perdoit;
A ne le faire pas ma tête en répondoit;
Ses grands efforts pour moi, son péril et ses larmes,
A mon cœur amoureux étoient de nouveaux charmes :
Donc pour sauver ma vie ainsi que son honneur,
Et me mettre avec elle au comble du bonheur,
Je changeai d'un seul mot la tempête en bonace,
Et fis ce que tout autre auroit fait en ma place.
Choisissez maintenant de me voir, ou mourir,
Ou posséder un bien qu'on ne peut trop chérir.

GÉRONTE.

Non, non, je ne suis pas si mauvais que tu penses,
Et trouve en ton malheur de telles circonstances,
Que mon amour t'excuse; et mon esprit touché
Te blâme seulement de l'avoir trop caché.

DORANTE.

Le peu de bien qu'elle a me faisoit vous le taire.

GÉRONTE.

Je prends peu garde au bien, afin d'être bon père.
Elle est belle, elle est sage, elle sort de bon lieu;
Tu l'aimes, elle t'aime; il me suffit. Adieu.
Je vais me dégager du père de Clarice.

SCÈNE VI.

DORANTE, CLITON.

DORANTE.
Que dis-tu de l'histoire et de mon artifice ?
Le bonhomme en tient-il ? m'en suis-je bien tiré ?
Quelque sot en ma place y seroit demeuré ;
Il eût perdu le temps à gémir, à se plaindre,
Et malgré son amour se fût laissé contraindre.
O l'utile secret que mentir à propos !

CLITON.
Quoi ! ce que vous disiez n'est pas vrai ?

DORANTE.
                              Pas deux mots ;
Et tu ne viens d'ouïr qu'un trait de gentillesse
Pour conserver mon ame et mon cœur à Lucrèce.

CLITON.
Quoi ! la montre, l'épée, avec le pistolet...

DORANTE.
Industrie !

CLITON.
       Obligez, monsieur, votre valet :
Quand vous voudrez jouer de ces grands coups de maître,
Donnez-lui quelque signe à les pouvoir connoître.
Quoique bien averti, j'étois dans le panneau.

DORANTE.
Va, n'appréhende pas d'y tomber de nouveau :

Tu seras de mon cœur l'unique secrétaire,
Et de tous mes secrets le seul dépositaire.

CLITON.

Avec ces qualités j'ose bien espérer
Qu'assez malaisément je pourrai m'en parer.
Mais parlons de vos feux. Certes cette maîtresse...

SCÈNE VII.

DORANTE, CLITON, SABINE.

SABINE, lui donnant un billet.

Lisez ceci, monsieur.

DORANTE.
D'où vient-il ?

SABINE.

De Lucrèce.

DORANTE, après avoir lu.

Dis-lui que j'y viendrai.

SCÈNE VIII.

DORANTE, CLITON.

DORANTE.

Doute encore, Cliton,
A laquelle des deux appartient ce beau nom !
Lucrèce sent sa part des feux qu'elle fait naître,

Et me veut cette nuit parler par sa fenêtre.
Dis encor que c'est l'autre, ou que tu n'es qu'un sot.
Qu'auroit l'autre à m'écrire, à qui je n'ai dit mot ?
CLITON.
Monsieur, pour ce sujet n'ayons point de querelle ;
Cette nuit, à la voix, vous saurez si c'est elle.
DORANTE.
Coule-toi là dedans ; et de quelqu'un des siens
Sache subtilement sa famille et ses biens.

SCÈNE IX.

DORANTE, LYCAS.

LYCAS, *lui présentant un billet.*

Monsieur.

DORANTE.

Autre billet.

(il continue après avoir lu tout bas le billet.)

J'ignore quelle offense
Peut d'Alcippe avec moi rompre l'intelligence.
Mais n'importe, dis-lui que j'irai volontiers ;
Je te suis.

SCÈNE X.

DORANTE.

Je revins hier au soir de Poitiers,

D'aujourd'hui seulement je produis mon visage,
Et j'ai déjà querelle, amour et mariage.
Pour un commencement ce n'est point mal trouvé
Vienne encore un procès, et je suis achevé.
Se charge qui voudra d'affaires plus pressantes,
Plus en nombre à la fois et plus embarrassantes;
Je pardonne à qui mieux s'en pourra démêler.
Mais allons voir celui qui m'ose quereller.

FIN DU SECOND ACTE.

ACTE TROISIÈME.

SCÈNE I.

DORANTE, ALCIPPE, PHILISTE.

PHILISTE.

Oui, vous faisiez tous deux en hommes de courage,
Et n'aviez l'un ni l'autre aucun désavantage.
Je rends graces au ciel de ce qu'il a permis
Que je sois survenu pour vous refaire amis,
Et que, la chose égale, ainsi je vous sépare.
Mon heur en est extrême, et l'aventure rare.

DORANTE.

L'aventure est encor bien plus rare pour moi,
Qui lui faisois raison sans avoir su de quoi.
Mais, Alcippe, à présent tirez-moi hors de peine.
Quel sujet aviez-vous de colère ou de haine?
Quelque mauvais rapport m'auroit-il pu noircir?
Dites; que devant lui je vous puisse éclaircir.

ALCIPPE.

Vous le savez assez.

DORANTE.

Plus je me considère,
Moins je découvre en moi ce qui peut vous déplaire.

ALCIPPE.

Hé bien! puisqu'il vous faut parler plus clairement,
Depuis plus de deux ans j'aime secrètement;
Mon affaire est d'accord, et la chose vaut faite :
Mais pour quelque raison nous la tenons secrète.
Cependant à l'objet qui me tient sous sa loi,
Et qui sans me trahir ne peut être qu'à moi,
Vous avez donné bal, collation, musique;
Et vous n'ignorez pas combien cela me pique,
Puisque, pour me jouer un si sensible tour,
Vous m'avez à dessein caché votre retour,
Et n'avez aujourd'hui quitté votre embuscade
Qu'afin de m'en conter l'histoire par bravade.
Ce procédé m'étonne, et j'ai lieu de penser
Que vous n'avez rien fait qu'afin de m'offenser.

DORANTE.

Si vous pouviez encor douter de mon courage,
Je ne vous guérirois ni d'erreur ni d'ombrage,
Et nous nous reverrions si nous étions rivaux :
Mais comme vous savez tous deux ce que je vaux,
Écoutez en deux mots l'histoire démêlée.
 Celle que cette nuit sur l'eau j'ai régalée
N'a pu vous donner lieu de devenir jaloux,
Car elle est mariée, et ne peut être à vous.
Depuis peu pour affaire elle est ici venue,
Et je ne pense pas qu'elle vous soit connue.

ALCIPPE.

Je suis ravi, Dorante, en cette occasion,

De voir sitôt finir notre division.
DORANTE.
Alcippe, une autre fois, donnez moins de croyance
Aux premiers mouvements de votre défiance;
Jusqu'à mieux savoir tout sachez vous retenir,
Et ne commencez plus par où l'on doit finir.
Adieu, je suis à vous.

SCÈNE II.

ALCIPPE, PHILISTE.

PHILISTE.
   Ce cœur encor soupire!
ALCIPPE.
Hélas! je sors d'un mal pour tomber dans un pire.
Cette collation, qui l'aura pu donner?
A qui puis-je m'en prendre? et que m'imaginer?
PHILISTE.
Que l'ardeur de Clarice est égale à vos flammes.
Cette galanterie étoit pour d'autres dames.
L'erreur de votre page a causé votre ennui;
S'étant trompé lui-même, il vous trompe après lui.
J'ai tout su de lui-même et des gens de Lucrèce.
Il avoit vu chez elle entrer votre maîtresse,
Mais il n'avoit pas su qu'Hippolyte et Daphné
Ce jour-là par hasard chez elle avoient dîné.

Il les en voit sortir, mais à coiffe abattue,
Et sans les approcher il suit de rue en rue;
Aux couleurs, au carrosse, il ne doute de rien;
Tout étoit à Lucrèce, et le dupe si bien,
Que, prenant ces beautés pour Lucrèce et Clarice,
Il rend à votre amour un très-mauvais service.
Il les voit donc aller jusques au bord de l'eau,
Descendre de carrosse, entrer dans un bateau;
Il voit porter des plats, entend quelque musique,
A ce que l'on m'a dit, assez mélancolique.
Mais cessez d'en avoir l'esprit inquiété,
Car enfin le carrosse avoit été prêté :
L'avis se trouve faux; et ces deux autres belles
Avoient en plein repos passé la nuit chez elles.

ALCIPPE.

Quel malheur est le mien! Ainsi donc sans sujet
J'ai fait ce grand vacarme à ce charmant objet!

PHILISTE.

Je ferai votre paix. Mais sachez autre chose.
Celui qui de ce trouble est la seconde cause,
Dorante, qui tantôt nous en a tant conté
De son festin superbe et sur l'heure apprêté,
Lui qui, depuis un mois nous cachant sa venue,
La nuit, *incognito*, visite une inconnue,
Il vint hier de Poitiers, et sans faire aucun bruit,
Chez lui paisiblement a dormi toute nuit.

ALCIPPE.

Quoi! sa collation...?

PHILISTE.
N'est rien qu'un pur mensonge;
Ou bien, s'il l'a donnée, il l'a donnée en songe.

ALCIPPE.
Dorante en ce combat si peu prémédité
M'a fait voir trop de cœur pour tant de lâcheté.
La valeur n'apprend point la fourbe en son école;
Tout homme de courage est homme de parole :
A des vices si bas il ne peut consentir,
Et fuit plus que la mort la honte de mentir.
Cela n'est point.

PHILISTE.
Dorante, à ce que je présume,
Est vaillant par nature, et menteur par coutume.
Ayez sur ce sujet moins d'incrédulité,
Et vous même admirez notre simplicité.
A nous laisser duper nous sommes bien novices :
Une collation servie à six services,
Quatre concerts entiers, tant de plats, tant de feux;
Tout cela cependant prêt en une heure ou deux,
Comme si l'appareil d'une telle cuisine
Fût descendu du ciel dedans quelque machine!
Quiconque le peut croire ainsi que vous et moi,
S'il a manqué de sens, n'a pas manqué de foi.
Pour moi je voyois bien que tout ce badinage
Répondoit assez mal aux remarques du page.
Mais vous ?

ALCIPPE.

La jalousie aveugle un cœur atteint,
Et sans examiner croit tout ce qu'elle craint.
Mais laissons là Dorante avecque son audace;
Allons trouver Clarice et lui demander grace :
Elle pouvoit tantôt m'entendre sans rougir.

PHILISTE.

Attendez à demain, et me laissez agir;
Je veux par ce récit vous préparer la voie,
Dissiper sa colère, et lui rendre sa joie.
Ne vous exposez point, pour gagner un moment,
Aux premières chaleurs de son ressentiment.

ALCIPPE.

Si du jour qui s'enfuit la lumière est fidèle
Je pense l'entrevoir avec son Isabelle.
Je suivrai tes conseils, et fuirai son courroux
Jusqu'à ce qu'elle ait ri de m'avoir vu jaloux.

SCÈNE III.

CLARICE, ISABELLE.

CLARICE.

Isabelle, il est temps, allons trouver Lucrèce.

ISABELLE.

Il n'est pas encor tard, et rien ne vous en presse.
Vous avez un pouvoir bien grand sur son esprit;
A peine ai-je parlé qu'elle a sur l'heure écrit.

ACTE III, SCENE III.

CLARICE.

Clarice à la servir ne seroit pas moins prompte.
Mais dis : par sa fenêtre as-tu bien vu Géronte ?
Et sais-tu que ce fils qu'il m'avoit tant vanté
Est ce même inconnu qui m'en a tant conté ?

ISABELLE.

A Lucrèce avec moi je l'ai fait reconnoître;
Et sitôt que Géronte a voulu disparoître,
Le voyant resté seul avec un vieux valet,
Sabine à nos yeux même a rendu le billet.
Vous parlerez à lui.

CLARICE.

Qu'il est fourbe, Isabelle!

ISABELLE.

Hé bien! cette pratique est-elle si nouvelle?
Dorante est-il le seul qui, de jeune écolier,
Pour être mieux reçu s'érige en cavalier?
Que j'en sais comme lui qui parlent d'Allemagne,
Et, si l'on veut les croire, ont vu chaque campagne,
Sur chaque occasion tranchent des entendus,
Content quelque défaite et des chevaux perdus,
Qui, dans une gazette apprenant ce langage,
S'ils sortent de Paris, ne vont qu'à leur village,
Et se donnent ici pour témoins approuvés
De tous ces grands combats qu'ils ont lus ou rêvés !
Il aura cru sans doute, ou je suis fort trompée,
Que les filles de cœur aiment les gens d'épée;
Et, vous prenant pour telle, il a jugé soudain

Qu'une plume au chapeau vous plaît mieux qu'à la main.
Ainsi donc pour vous plaire il a voulu paroître,
Non pas pour ce qu'il est, mais pour ce qu'il veut être,
Et s'est osé promettre un traitement plus doux
Dans la condition qu'il veut prendre pour vous.

CLARICE.

En matière de fourbe, il est maître, il y pipe;
Après m'avoir dupée il dupe encore Alcippe.
Ce malheureux jaloux s'est blessé le cerveau
D'un festin qu'hier au soir il m'a donné sur l'eau.
Juge un peu si la pièce a la moindre apparence.
Alcippe cependant m'accuse d'inconstance,
Me fait une querelle où je ne comprends rien.
J'ai, dit-il, toute nuit souffert son entretien;
Il me parle de bal, de danse, de musique,
D'une collation superbe et magnifique,
Servie à tant de plats tant de fois redoublés,
Que j'en ai la cervelle et les esprits troublés.

ISABELLE.

Reconnoissez par là que Dorante vous aime,
Et que dans son amour son adresse est extrême;
Il aura su qu'Alcippe étoit bien avec vous,
Et pour l'en éloigner il l'a rendu jaloux.
Soudain à cet effort il en a joint un autre,
Il a fait que son père est venu voir le vôtre.
Un amant peut-il mieux agir en un moment
Que de gagner un père et brouiller l'autre amant?
Votre père l'agrée, et le sien vous souhaite;

ACTE III, SCENE III.

Il vous aime, il vous plaît, c'est une affaire faite.

CLARICE.

Elle est faite, de vrai, ce qu'elle se fera.

ISABELLE.

Quoi! votre cœur se change, et désobéira!

CLARICE.

Tu vas sortir de garde et perdre tes mesures;
Explique, si tu peux, encor ses impostures.
Il étoit marié sans que l'on en sût rien;
Et son père a repris sa parole du mien,
Fort triste de visage, et fort confus dans l'ame.

ISABELLE.

Ah! je dis à mon tour : Qu'il est fourbe, madame!
C'est bien aimer la fourbe, et l'avoir bien en main,
Que de prendre plaisir à fourber sans dessein.
Car pour moi, plus j'y songe, et moins je puis comprendre
Quel fruit auprès de vous il en ose prétendre.
Mais qu'allez-vous donc faire? et pourquoi lui parler?
Est-ce à dessein d'en rire, ou de le quereller?

CLARICE.

Je prendrai du plaisir du moins à le confondre.

ISABELLE.

J'en prendrois davantage à le laisser morfondre.

CLARICE.

Je veux l'entretenir par curiosité.

Mais j'entrevois quelqu'un dans cette obscurité;
Et si c'étoit lui-même, il pourroit me connoître.
Entrons donc chez Lucrèce, allons à sa fenêtre,

Puisque c'est sous son nom que je lui dois parler :
Mon jaloux, après tout, sera mon pis aller.
Si sa mauvaise humeur déja n'est apaisée,
Sachant ce que je sais, la chose est fort aisée.

SCÈNE IV.

DORANTE, CLITON.

DORANTE.
Voici l'heure et le lieu que marque le billet.
CLITON.
J'ai su tout ce détail d'un ancien valet.
Son père est de la robe, et n'a qu'elle de fille;
Je vous ai dit son bien, son âge, et sa famille.
Mais, monsieur, ce seroit pour me bien divertir,
Si, comme vous, Lucrèce excelloit à mentir.
Le divertissement seroit rare, ou je meure;
Et je voudrois qu'elle eût ce talent pour une heure;
Qu'elle pût un moment vous piper en votre art,
Rendre conte pour conte, et martre pour renard.
D'un et d'autre côté j'en entendrois de bonnes.
DORANTE.
Le ciel fait cette grace à fort peu de personnes :
Il y faut promptitude, esprit, mémoire, soins,
Ne se brouiller jamais, et rougir encor moins.
Mais la fenêtre s'ouvre, approchons.

SCÈNE V.

CLARICE, LUCRÈCE; ISABELLE, à la fenêtre; DORANTE, CLITON, en bas.

CLARICE, à Isabelle.
                    Isabelle,
Durant notre entretien demeure en sentinelle.
ISABELLE.
Lorsque votre vieillard sera prêt à sortir,
Je ne manquerai pas de vous en avertir.
(Isabelle descend de la fenêtre, et ne se montre plus.)
LUCRÈCE, à Clarice.
Il conte assez au long ton histoire à mon père.
Mais parle sous mon nom, c'est à moi de me taire.
CLARICE.
Êtes-vous là, Dorante?
DORANTE.
                    Oui, madame, c'est moi,
Qui veux vivre et mourir sous votre seule loi.
LUCRÈCE, à Clarice.
Sa fleurette pour toi prend encor même style.
CLARICE, à Lucrèce.
Il devroit s'épargner cette gêne inutile.
Mais m'auroit-il déja reconnue à la voix?
CLITON, à Dorante.
C'est elle; et je me rends, monsieur, à cette fois.

DORANTE, à Clarice.

Oui, c'est moi qui voudrois effacer de ma vie
Les jours que j'ai vécu sans vous avoir servie.
Que vivre sans vous voir est un sort rigoureux!
C'est, ou ne vivre point, ou vivre malheureux;
C'est une longue mort; et, pour moi, je confesse
Que, pour vivre, il faut être esclave de Lucrèce.

CLARICE, à Lucrèce.

Chère amie, il en conte à chacune à son tour.

LUCRÈCE, à Clarice.

Il aime à promener sa fourbe et son amour.

DORANTE.

A vos commandements j'apporte donc ma vie,
Trop heureux si pour vous elle m'étoit ravie!
Disposez-en, madame, et me dites en quoi
Vous avez résolu de vous servir de moi.

CLARICE.

Je vous voulois tantôt proposer quelque chose;
Mais il n'est plus besoin que je vous la propose,
Car elle est impossible.

DORANTE.

           Impossible! ah! pour vous
Je pourrois tout, madame, en tous lieux, contre tous.

CLARICE.

Jusqu'à vous marier, quand je sais que vous l'êtes?

DORANTE.

Moi, marié! ce sont pièces qu'on vous a faites;
Quiconque vous l'a dit s'est voulu divertir.

CLARICE, à Lucrèce.

Est-il un plus grand fourbe?

LUCRÈCE, à Clarice.

Il ne sait que mentir.

DORANTE.

Je ne le fus jamais ; et si par cette voie
On pense....

CLARICE.

Et vous pensez encor que je vous croie?

DORANTE.

Que le foudre à vos yeux m'écrase si je mens!

CLARICE.

Un menteur est toujours prodigue de serments.

DORANTE.

Non : si vous avez eu pour moi quelque pensée
Qui sur ce faux rapport puisse être balancée,
Cessez d'être en balance, et de vous défier
De ce qu'il m'est aisé de vous justifier.

CLARICE, à Lucrèce.

On diroit qu'il dit vrai, tant son effronterie
Avec naïveté pousse une menterie!

DORANTE.

Pour vous ôter de doute, agréez que demain
En qualité d'époux je vous donne la main.

CLARICE.

Hé! vous la donneriez en un jour à deux mille.

DORANTE.

Certes, vous m'allez mettre en crédit par la ville,

Mais en crédit si grand que j'en crains les jaloux.
CLARICE.
C'est tout ce que mérite un homme tel que vous,
Un homme qui se dit un grand foudre de guerre,
Et n'en a vu qu'à coups d'écritoire, ou de verre;
Qui vint hier de Poitiers, et conte, à son retour,
Que depuis une année il fait ici sa cour;
Qui donne toute nuit festin, musique et danse,
Bien qu'il l'ait dans son lit passée en tout silence;
Qui se dit marié, puis soudain s'en dédit :
Sa méthode est jolie à se mettre en crédit!
Vous même apprenez-moi comme il faut qu'on le nomme.
CLITON, à Dorante.
Si vous vous en tirez, je vous tiens habile homme.
DORANTE, à Cliton.
Ne t'épouvante point, tout vient en sa saison.
(à Clarice.)
De ces inventions chacune a sa raison :
Sur toutes quelque jour je vous rendrai contente;
Mais à présent je passe à la plus importante.
J'ai donc feint cet hymen; pourquoi désavouer
Ce qui vous forcera vous-même à me louer?
Je l'ai feint; et ma feinte à vos mépris m'expose :
Mais si de ces détours vous seule étiez la cause?
CLARICE.
Moi?
DORANTE.
Vous. Écoutez-moi. Ne pouvant consentir....

ACTE III, SCENE V.

CLITON, à Dorante.

De grace, dites-moi si vous allez mentir.

DORANTE, à Cliton.

Ah! je t'arracherai cette langue importune.
(à Clarice.)
Donc, comme à vous servir j'attache ma fortune,
L'amour que j'ai pour vous ne pouvant consentir
Qu'un père à d'autres lois voulût m'assujettir....

CLARICE, à Lucrèce.

Il fait pièce nouvelle; écoutons.

DORANTE.

Cette adresse
A conservé mon ame à la belle Lucrèce;
Et, par ce mariage au besoin inventé,
J'ai su rompre celui qu'on m'avoit apprêté.
Blâmez-moi de tomber en des fautes si lourdes,
Appelez-moi grand fourbe et grand donneur de bourdes;
Mais louez-moi du moins d'aimer si puissamment,
Et joignez à ces noms celui de votre amant.
Je fais par cet hymen banqueroute à tous autres;
J'évite tous leurs fers pour mourir dans les vôtres;
Et, libre pour entrer en des liens si doux,
Je me fais marié pour toute autre que vous.

CLARICE.

Votre flamme en naissant a trop de violence,
Et me laisse toujours en juste défiance.
Le moyen que mes yeux eussent de tels appas
Pour qui m'a si peu vue et ne me connoît pas?

DORANTE.

Je ne vous connois pas! vous n'avez plus de mère;
Périandre est le nom de monsieur votre père;
Il est homme de robe, adroit, et retenu;
Dix mille écus de rente en font le revenu;
Vous perdîtes un frère aux guerres d'Italie;
Vous aviez une sœur qui s'appeloit Julie.
Vous connois-je à présent? dites encor que non.

CLARICE, à Lucrèce.

Cousine, il te connoît, et t'en veut tout de bon.

LUCRÈCE, à part.

Plût à Dieu!

CLARICE, à Lucrèce.

Découvrons le fond de l'artifice.

(à Dorante.)

J'avois voulu tantôt vous parler de Clarice,
Quelqu'un de vos amis m'en est venu prier.
Dites-moi, seriez-vous pour elle à marier?

DORANTE.

Par cette question n'éprouvez plus ma flamme.
Je vous ai trop fait voir jusqu'au fond de mon ame;
Et vous ne pouvez plus désormais ignorer
Que j'ai feint cet hymen afin de m'en parer.
Je n'ai ni feux ni vœux que pour votre service,
Et ne puis plus avoir que mépris pour Clarice.

CLARICE.

Vous êtes, à vrai dire, un peu bien dégoûté;
Clarice est de maison, et n'est pas sans beauté :

Si Lucrèce à vos yeux paroît un peu plus belle,
De bien mieux faits que vous se contenteroient d'elle.
DORANTE.
Oui ; mais un grand défaut ternit tous ses appas.
CLARICE.
Quel est-il, ce défaut ?
DORANTE.
Elle ne me plaît pas :
Et, plutôt que l'hymen avec elle me lie,
Je serai marié, si l'on veut, en Turquie.
CLARICE.
Aujourd'hui cependant on m'a dit qu'en plein jour
Vous lui serriez la main, et lui parliez d'amour.
DORANTE.
Quelqu'un auprès de vous m'a fait cette imposture.
CLARICE, à Lucrèce.
Écoutez l'imposteur ; c'est hasard s'il n'en jure.
DORANTE.
Que du ciel....
CLARICE, à Lucrèce.
L'ai-je dit ?
DORANTE.
J'éprouve le courroux,
Si j'ai parlé, Lucrèce, à personne qu'à vous !
CLARICE.
Je ne puis plus souffrir une telle impudence,
Après ce que j'ai vu moi-même en ma présence :
Vous couchez d'imposture, et vous osez jurer,

Comme si je pouvois vous croire, et l'endurer !
Adieu : retirez-vous ; et croyez, je vous prie,
Que souvent je m'égaie ainsi par raillerie,
Et que, pour me donner des passe-temps si doux,
J'ai donné cette baie à bien d'autres qu'à vous.

SCÈNE VI.

DORANTE, CLITON.

CLITON.

Eh bien ! vous le voyez ; l'histoire est découverte.

DORANTE.

Ah ! Cliton ! je me trouve à deux doigts de ma perte.

CLITON.

Vous en aurez sans doute un plus heureux succès,
Et vous avez gagné chez elle un grand accès.
Mais je suis ce fâcheux qui nuis par ma présence,
Et vous fais sous ces mots être d'intelligence.

DORANTE.

Peut-être : qu'en crois-tu ?

CLITON.

              Le peut-être est gaillard.

DORANTE.

Penses-tu qu'après tout j'en quitte encor ma part,
Et tienne tout perdu pour un peu de traverse ?

CLITON.

Si jamais cette part tomboit dans le commerce,

Et qu'il vous vînt marchand pour ce trésor caché,
Je vous conseillerois d'en faire bon marché.

DORANTE.

Mais pourquoi si peu croire un feu si véritable?

CLITON.

A chaque bout de champ vous mentez comme un diable.

DORANTE.

Je disois vérité.

CLITON.

    Quand un menteur la dit,
En passant par sa bouche elle perd son crédit.

DORANTE.

Il faut donc essayer si par quelque autre bouche
Elle pourra trouver un accueil moins farouche.
Allons sur le chevet rêver quelque moyen
D'avoir de l'incrédule un plus doux entretien.
Souvent leur belle humeur suit le cours de la lune :
Telle rend des mépris, qui veut qu'on l'importune.
Mais de quelques effets que les siens soient suivis,
Il sera demain jour, et la nuit porte avis.

FIN DU TROISIÈME ACTE.

ACTE QUATRIÈME.

SCÈNE I.

DORANTE, CLITON.

CLITON.

Mais, monsieur, pensez-vous qu'il soit jour chez Lucrèce?
Pour sortir si matin elle a trop de paresse.

DORANTE.

On trouve bien souvent plus qu'on ne croit trouver,
Et ce lieu pour ma flamme est plus propre à rêver;
J'en puis voir sa fenêtre, et de sa chère idée
Mon ame à cet aspect sera mieux possédée.

CLITON.

A propos de rêver, n'avez-vous rien trouvé
Pour servir de remède au désordre arrivé?

DORANTE.

Je me suis souvenu d'un secret que toi-même
Me donnois hier pour grand, pour rare, pour suprême:
Un amant obtient tout quand il est libéral.

CLITON.

Le secret est fort beau; mais vous l'appliquez mal:
Il ne fait réussir qu'auprès d'une coquette.

ACTE IV, SCÈNE I.
DORANTE.
Je sais ce qu'est Lucrèce, elle est sage et discrète;
A lui faire présent mes efforts seroient vains;
Elle a le cœur trop bon : mais ses gens ont des mains;
Et bien que sur ce point elle les désavoue,
Avec un tel secret leur langue se dénoue;
Ils parlent; et souvent on les daigne écouter.
A tel prix que ce soit, il m'en faut acheter.
Si celle-ci venoit qui m'a rendu sa lettre,
Après ce qu'elle a fait j'ose tout m'en promettre;
Et ce sera hasard si sans beaucoup d'effort
Je ne trouve moyen de lui payer le port.
CLITON.
Certes, vous dites vrai; j'en juge par moi-même :
Ce n'est point mon humeur de refuser qui m'aime;
Et comme c'est m'aimer que me faire présent,
Je suis toujours alors d'un esprit complaisant.
DORANTE.
Il est beaucoup d'humeurs pareilles à la tienne.
CLITON.
Mais, monsieur, attendant que Sabine survienne,
Et que sur son esprit vos dons fassent vertu,
Il court quelque bruit sourd qu'Alcippe s'est battu.
DORANTE.
Contre qui?
CLITON.
L'on ne sait; mais ce confus murmure
D'un air pareil au vôtre à peu près le figure;

Et si de tout le jour je vous avois quitté,
Je vous soupçonnerois de cette nouveauté.

DORANTE.

Tu ne me quittas point pour entrer chez Lucrèce?

CLITON.

Ah, monsieur! m'auriez-vous joué ce tour d'adresse?

DORANTE.

Nous nous battîmes hier, et j'avois fait serment
De ne parler jamais de cet événement;
Mais à toi, de mon cœur l'unique secrétaire,
A toi, de mes secrets le grand dépositaire,
Je ne cèlerai rien, puisque je l'ai promis.
Depuis cinq ou six mois nous étions ennemis:
Il passa par Poitiers, où nous prîmes querelle;
Et comme on nous fit lors une paix telle quelle,
Nous sûmes l'un à l'autre en secret protester
Qu'à la première vue il en faudrait tâter.
Hier nous nous rencontrons ; cette ardeur se réveille,
Fait de notre embrassade un appel à l'oreille;
Je me défais de toi, j'y cours, je le rejoins,
Nous vidons sur le pré l'affaire sans témoins;
Et, le perçant à jour de deux coups d'estocade,
Je le mets hors d'état d'être jamais malade;
Il tombe dans son sang.

CLITON.

A ce compte, il est mort?

DORANTE.

Je le laissai pour tel.

CLITON.
Certes, je plains son sort;
Il étoit honnête homme; et le ciel ne déploie...

SCÈNE II.

DORANTE, ACIPPE, CLITON.

ALCIPPE.
Je te veux, cher ami, faire part de ma joie.
Je suis heureux; mon père...
DORANTE.
Eh bien?
ALCIPPE.
Vient d'arriver.
CLITON, à Dorante.
Cette place pour vous est commode à rêver.
DORANTE.
Ta joie est peu commune; et pour revoir un père
Un homme tel que nous ne se réjouit guère.
ALCIPPE.
Un esprit que la joie entièrement saisit
Présume qu'on l'entend au moindre mot qu'il dit.
Sache donc que je touche à l'heureuse journée
Qui doit avec Clarice unir ma destinée:
On attendoit mon père afin de tout signer.
DORANTE.
C'est ce que mon esprit ne pouvoit deviner;

Mais je m'en réjouis. Tu vas entrer chez elle?

ALCIPPE.

Oui, je lui vais porter cette heureuse nouvelle,
Et je t'en ai voulu faire part en passant.

DORANTE.

Tu t'acquiers d'autant plus un cœur reconnoissant.
Enfin donc ton amour ne craint plus de disgrace?

ALCIPPE.

Cependant qu'au logis mon père se délasse,
J'ai voulu par devoir prendre l'heure du sien.

CLITON, à Dorante.

Les gens que vous tuez se portent assez bien.

ALCIPPE.

Je n'ai de part ni d'autre aucune défiance.
Excuse d'un amant la juste impatience :
Adieu.

DORANTE.

Le ciel te donne un hymen sans souci!

SCÈNE III.

DORANTE, CLITON.

CLITON.

Il est mort! Quoi! monsieur, vous m'en donnez aussi!
A moi, de votre cœur l'unique secrétaire!
A moi, de vos secrets le grand dépositaire!
Avec ces qualités j'avois lieu d'espérer
Qu'assez malaisément je pourrois m'en parer.

ACTE IV, SCENE III.

DORANTE.

Quoi ! mon combat te semble un conte imaginaire ?

CLITON.

Je croirai tout, monsieur, pour ne vous pas déplaire ;
Mais vous en contez tant, à toute heure, en tous lieux,
Qu'il faut bien de l'esprit avec vous, et bons yeux :
Maure, Juif, ou Chrétien, vous n'épargnez personne.

DORANTE.

Alcippe te surprend, sa guérison t'étonne !
L'état où je le mis étoit fort périlleux ;
Mais il est à présent des secrets merveilleux.
Ne t'a-t-on point parlé d'une source de vie,
Que nomment nos guerriers poudre de sympathie ?
On en voit tous les jours des effets étonnants.

CLITON.

Encor ne sont-ils pas du tout si surprenants ;
Et je n'ai point appris qu'elle eût tant d'efficace,
Qu'un homme que pour mort on laisse sur la place,
Qu'on a de deux grands coups percé de part en part,
Soit dès le lendemain si frais et si gaillard.

DORANTE.

La poudre que tu dis n'est que de la commune ;
On n'en fait plus de cas : mais, Cliton, j'en sais une
Qui rappelle sitôt des portes du trépas,
Qu'en moins d'une heure ou deux on ne s'en souvient pas.
Quiconque la sait faire a de grands avantages.

CLITON.

Donnez-m'en le secret, et je vous sers sans gages.

DORANTE.

Je te le donnerois, et tu serois heureux ;
Mais le secret consiste en quelques mots hébreux,
Qui tous à prononcer sont si fort difficiles,
Que ce seroit pour toi des trésors inutiles.

CLITON.

Vous savez donc l'hébreu ?

DORANTE.

L'hébreu ? parfaitement.
J'ai dix langues, Cliton, à mon commandement.

CLITON.

Vous auriez bien besoin de dix des mieux nourries,
Pour fournir tour-à-tour à tant de menteries :
Vous le hachez menu comme chair à pâtés ;
Vous avez tout le corps bien plein de vérités,
Il n'en sort jamais une.

DORANTE.

Ah ! cervelle ignorante !
Mais mon père survient.

SCÈNE IV.

GÉRONTE, DORANTE, CLITON.

GÉRONTE.

Je vous cherchois, Dorante.

DORANTE, bas.

Je ne vous cherchois pas, moi. Que mal-à-propos

Son abord importun vient troubler mon repos!
Et qu'un père incommode un homme de mon âge!
GÉRONTE.
Vu l'étroite union que fait le mariage,
J'estime qu'en effet c'est n'y consentir point
Que laisser désunis ceux que le ciel a joint.
La raison le défend; et je sens dans mon ame
Un violent desir de voir ici ta femme.
J'écris donc à son père: écris-lui comme moi.
Je lui mande qu'après ce que j'ai su de toi
Je me tiens trop heureux qu'une si belle fille,
Si sage et si bien née, entre dans ma famille.
J'ajoute à ce discours que je brûle de voir
Celle qui de mes ans devient l'unique espoir;
Que pour me l'amener tu t'en vas en personne:
Car enfin il le faut, et le devoir l'ordonne;
N'envoyer qu'un valet sentiroit son mépris.
DORANTE.
De vos civilités il sera bien surpris;
Et pour moi, je suis prêt: mais je perdrai ma peine;
Il ne souffrira pas encor qu'on vous l'amène;
Elle est grosse.
GÉRONTE.
Elle est grosse!
DORANTE.
Et de plus de six mois.
GÉRONTE.
Que de ravissements je sens à cette fois!

DORANTE.

Vous ne voudriez pas hasarder sa grossesse ?
GÉRONTE.

Non, j'aurai patience autant que d'alégresse ;
Pour hasarder ce gage il m'est trop précieux.
A ce coup ma prière a pénétré les cieux.
Je pense en le voyant que je mourrai de joie.
Adieu : je vais changer la lettre que j'envoie,
En écrire à son père un nouveau compliment,
Le prier d'avoir soin de son accouchement,
Comme le seul espoir où mon bonheur se fonde.

DORANTE, à Cliton.

Le bonhomme s'en va le plus content du monde.
GÉRONTE, se retournant.

Écris-lui comme moi.
DORANTE.

Je n'y manquerai pas.

(à Cliton.)

Qu'il est bon !
CLITON.

Taisez-vous, il revient sur ses pas.
GÉRONTE.

Il ne me souvient plus du nom de ton beau-père.
Comment s'appelle-t-il ?
DORANTE.

Il n'est pas nécessaire.
Sans que vous vous donniez ces soucis superflus,
En fermant le paquet j'écrirai le dessus.

ACTE IV, SCENE IV.

GÉRONTE.

Étant tout d'une main, il sera plus honnête.

DORANTE, à part le premier vers.

Ne lui pourrai-je ôter ce souci de la tête?
Votre main, ou la mienne, il n'importe des deux.

GÉRONTE.

Ces nobles de province y sont un peu fâcheux.

DORANTE.

Son père sait la cour.

GÉRONTE.

Ne me fais plus attendre:
Dis-moi.

DORANTE, à part.

Que lui dirai-je?

GÉRONTE.

Il s'appelle?

DORANTE.

Pyrandre.

GÉRONTE.

Pyrandre! tu m'as dit tantôt un autre nom;
C'étoit, je m'en souviens, oui, c'étoit Armédon.

DORANTE.

Oui, c'est là son nom propre, et l'autre d'une terre;
Il portoit ce dernier quand il fut à la guerre,
Et se sert si souvent de l'un et l'autre nom,
Que tantôt c'est Pyrandre, et tantôt Armédon.

GÉRONTE.

C'est un abus commun qu'autorise l'usage,

Et j'en usois ainsi du temps de mon jeune âge.
Adieu : je vais écrire.

SCÈNE V.

DORANTE, CLITON.

DORANTE.
Enfin, j'en suis sorti.
CLITON.
Il faut bonne mémoire après qu'on a menti.
DORANTE.
L'esprit a secouru le défaut de mémoire.
CLITON.
Mais on éclaircira bientôt toute l'histoire.
Après ce mauvais pas où vous avez bronché,
Le reste encor long-temps ne peut être caché :
On le sait chez Lucrèce, et chez cette Clarice
Qui, d'un mépris si grand piquée avec justice,
Dans son ressentiment prendra l'occasion
De vous couvrir de honte et de confusion.
DORANTE.
Ta crainte est bien fondée ; et puisque le temps presse,
Il faut tâcher en hâte à m'engager Lucrèce.
Voici tout-à-propos ce que j'ai souhaité.

SCÈNE VI.

DORANTE, CLITON, SABINE.

DORANTE.
Chère amie, hier au soir j'étois si transporté,
Qu'en ce ravissement je ne pus me permettre
De bien penser à toi quand j'eus lu cette lettre :
Mais tu n'y perdras rien, et voici pour le port.

SABINE.
Ne croyez pas, monsieur...

DORANTE.
Tiens.

SABINE.
Vous me faites tort.
Je ne suis pas de...

DORANTE.
Prends !

SABINE.
Hé ! monsieur !

DORANTE.
Prends, te dis-je ;
Je ne suis point ingrat alors que l'on m'oblige.
Dépêche, tends la main.

CLITON.
Qu'elle y fait de façons !
Je lui veux par pitié donner quelques leçons.
Chère amie, entre nous, toutes tes révérences

En ces occasions ne sont qu'impertinences :
Si ce n'est assez d'une, ouvre toutes les deux;
Le métier que tu fais ne veut point de honteux.
Sans te piquer d'honneur, crois qu'il n'est que de prendre
Et que tenir vaut mieux mille fois que d'attendre.
Cette pluie est fort douce; et quand j'en vois pleuvoir,
J'ouvrirois jusqu'au cœur pour la mieux recevoir.
On prend à toutes mains dans le siècle où nous sommes,
Et refuser n'est plus le vice des grands hommes.
Retiens bien ma doctrine; et, pour faire amitié,
Si tu veux, avec toi je serai de moitié.

SABINE.

Cet article est de trop.

DORANTE.

Vois-tu? je me propose
De faire avec le temps pour toi tout autre chose.
Mais, comme j'ai reçu cette lettre de toi,
En voudrois-tu donner la réponse pour moi?

SABINE.

Je la donnerai bien; mais je n'ose vous dire
Que ma maîtresse daigne, ou la prendre, ou la lire.
J'y ferai mon effort.

CLITON.

Voyez, elle se rend
Plus douce qu'une épouse, et plus souple qu'un gant.

DORANTE.

(bas, à Cliton.) (haut, à Sabine.)
Le secret a joué. Présente-la, n'importe :

lle n'a pas pour moi d'aversion si forte.
Je reviens dans une heure en apprendre l'effet.

SABINE.

Je vous conterai lors tout ce que j'aurai fait.

SCÈNE VII.
CLITON, SABINE.

CLITON.

Tu vois que les effets préviennent les paroles ;
C'est un homme qui fait litière de pistoles.
Mais comme auprès de lui je puis beaucoup pour toi....

SABINE.

Fais tomber de la pluie, et laisse faire à moi.

CLITON.

Tu viens d'entrer en goût.

SABINE.

Avec mes révérences,
Je ne suis pas encor si dupe que tu penses :
Je sais bien mon métier ; et ma simplicité
Joue aussi bien son jeu que ton avidité.

CLITON.

Si tu sais ton métier, dis-moi quelle espérance
Doit obstiner mon maître à la persévérance.
Sera-t-elle insensible ? en viendrons-nous à bout ?

SABINE.

Puisqu'il est si brave homme, il faut te dire tout.
Pour te désabuser, sache donc que Lucrèce

N'est rien moins qu'insensible à l'ardeur qui le presse:
Durant toute la nuit elle n'a point dormi;
Et, si je ne me trompe, elle l'aime à demi.

CLITON.

Mais sur quel privilége est-ce qu'elle se fonde,
Quand elle aime à demi, de maltraiter le monde?
Il n'en a cette nuit reçu que des mépris.
Chère amie, après tout mon maître vaut son prix:
Ces amours à demi sont d'une étrange espèce;
Et, s'il vouloit me croire, il quitteroit Lucrèce.

SABINE.

Qu'il ne se hâte point; on l'aime assurément.

CLITON.

Mais on le lui témoigne un peu bien rudement,
Et je ne vis jamais de méthodes pareilles.

SABINE.

Elle tient, comme on dit, le loup par les oreilles.
Elle l'aime, et son cœur n'y sauroit consentir,
Parce que d'ordinaire il ne fait que mentir.
Hier même elle le vit dedans les Tuileries,
Où tout ce qu'il conta n'étoit que menteries.
Il en a fait autant depuis à deux ou trois.

CLITON.

Les menteurs les plus grands disent vrai quelquefois.

SABINE.

Elle a lieu de douter, et d'être en défiance.

CLITON.

Qu'elle donne à ses feux un peu plus de croyance;

Il n'a fait toute nuit que soupirer d'ennui.
SABINE.
Peut-être que tu mens aussi-bien comme lui.
CLITON.
Je suis homme d'honneur; tu me fais injustice.
SABINE.
Mais, dis-moi, sais-tu bien qu'il n'aime plus Clarice?
CLITON.
Il ne l'aima jamais.
SABINE.
Pour certain?
CLITON.
Pour certain.
SABINE.
Qu'il ne craigne donc plus de soupirer en vain.
Aussitôt que Lucrèce a pu le reconnoître,
Elle a voulu qu'exprès je me sois fait paroître,
Pour voir si par hasard il ne me diroit rien :
Et, s'il l'aime en effet, tout le reste ira bien.
Va-t'en; et, sans te mettre en peine de m'instruire,
Crois que je lui dirai tout ce qu'il lui faut dire.
CLITON.
Adieu : de ton côté, si tu fais ton devoir,
Tu dois croire, du mien, que je ferai pleuvoir.
SABINE, seule.
Que je vais bientôt voir une fille contente!
Mais la voici déja. Qu'elle est impatiente!
Comme elle a les yeux fins, elle a vu le poulet.

SCÈNE VIII.

LUCRÈCE, SABINE.

LUCRÈCE.

Hé bien! que t'ont conté le maître et le valet?

SABINE.

Le maître et le valet m'ont dit la même chose :
Le maître est tout à vous; et voici de sa prose.

LUCRÈCE, après avoir lu.

Dorante avec chaleur fait le passionné :
Mais le fourbe qu'il est nous en a trop donné;
Et je ne suis pas fille à croire ses paroles.

SABINE.

Je ne les crois non plus, mais j'en crois ses pistoles.

LUCRÈCE.

Il t'a donc fait présent?

SABINE.

Voyez.

LUCRÈCE.

Et tu l'as pris?

SABINE.

Pour vous ôter du trouble où flottent vos esprits,
Et vous mieux témoigner ses flammes véritables,
J'en ai pris les témoins les plus indubitables;
Et je remets, madame, au jugement de tous
Si qui donne à vos gens est sans amour pour vous,

ACTE IV, SCENE VIII.

Et si ce traitement marque une ame commune.
LUCRÈCE.
Je ne m'oppose pas à ta bonne fortune;
Mais comme en l'acceptant tu sors de ton devoir,
Du moins une autre fois ne m'en fais rien savoir.
SABINE.
Mais à ce libéral que pourrai-je promettre?
LUCRÈCE.
Dis-lui que, sans la voir, j'ai déchiré sa lettre.
SABINE.
O ma bonne fortune, où vous enfuyez-vous?
LUCRÈCE.
Mêles-y de ta part deux ou trois mots plus doux.
Conte-lui dextrement le naturel des femmes;
Dis-lui qu'avec le temps on amollit leurs ames;
Et l'avertis surtout des heures et des lieux
Où par rencontre il peut se montrer à mes yeux.
Parce qu'il est grand fourbe, il faut que je m'assure.
SABINE.
Ah! si vous connoissiez les peines qu'il endure,
Vous ne douteriez plus si son cœur est atteint :
Toute nuit il soupire, il gémit, il se plaint.
LUCRÈCE.
Pour apaiser les maux que cause cette plainte,
Donne-lui de l'espoir avec beaucoup de crainte;
Et sache entre les deux toujours le modérer,
Sans m'engager à lui, ni le désespérer.

SCÈNE IX.

CLARICE, LUCRÈCE, SABINE.

CLARICE.
Il t'en veut tout de bon, et m'en voilà défaite :
Mais je souffre aisément la perte que j'ai faite ;
Alcippe la répare, et son père est ici.

LUCRÈCE.
Te voilà donc bientôt quitte d'un grand souci.

CLARICE.
M'en voilà bientôt quitte ; et toi, te voilà prête
A t'enrichir bientôt d'une étrange conquête.
Tu sais ce qu'il m'a dit.

SABINE.
                S'il vous mentoit alors,
A présent il dit vrai ; j'en réponds corps pour corps.

CLARICE.
Peut-être qu'il le dit ; mais c'est un grand peut-être.

LUCRÈCE.
Dorante est un grand fourbe, et nous l'a fait connoître ;
Mais s'il continuoit encore à m'en conter,
Peut-être avec le temps il me feroit douter.

CLARICE.
Si tu l'aimes, du moins, étant bien avertie,
Prends bien garde à ton fait, et fais bien ta partie.

LUCRÈCE.
C'en est trop ; et tu dois seulement présumer
Que je penche à le croire, et non pas à l'aimer.

ACTE IV, SCENE IX.

CLARICE.

De le croire à l'aimer la distance est petite :
Qui fait croire ses feux fait croire son mérite ;
Ces deux points en amour se suivent de si près,
Que qui se croit aimée aime bientôt après.

LUCRÈCE.

La curiosité souvent dans quelques ames
Produit le même effet que produiroient des flammes.

CLARICE.

Je suis prête à le croire, afin de t'obliger.

SABINE.

Vous me feriez ici toutes deux enrager.
Voyez qu'il est besoin de tout ce badinage !
Faites moins la sucrée, et changez de langage,
Ou vous n'en casserez, ma foi, que d'une dent.

LUCRÈCE.

Laissons là cette folle, et dis-moi cependant,
Quand nous le vîmes hier dedans les Tuileries,
Qu'il te conta d'abord tant de galanteries,
Il fut, ou je me trompe, assez bien écouté :
Étoit-ce amour alors, ou curiosité ?

CLARICE.

Curiosité pure, avec dessein de rire
De tous les compliments qu'il auroit pu me dire.

LUCRÈCE.

Je fais de ce billet même chose à mon tour ;
Je l'ai pris, je l'ai lu, mais le tout sans amour :
Curiosité pure, avec dessein de rire
De tous les compliments qu'il auroit pu m'écrire.

CLARICE.

Ce sont deux que de lire, et d'avoir écouté;
L'un est grande faveur; l'autre, civilité.
Mais trouves-y ton compte, et j'en serai ravie;
En l'état où je suis, j'en parle sans envie.

LUCRÈCE.

Sabine lui dira que je l'ai déchiré.

CLARICE.

Nul avantage ainsi n'en peut être tiré.
Tu n'es que curieuse.

LUCRÈCE.

   Ajoute, à ton-exemple.

CLARICE.

Soit. Mais il est saison que nous allions au temple.

LUCRÈCE, à Clarice.

(à Sabine.)

Allons. Si tu le vois, agis comme tu sais.

SABINE.

Ce n'est pas sur ce coup que je fais mes essais :
Je connois à tous deux où tient la maladie;
Et le mal sera grand si je n'y remédie.
Mais sachez qu'il est homme à prendre sur le vert.

LUCRÈCE.

Je te croirai.

SABINE.

  Mettons cette pluie à couvert.

FIN DU QUATRIÈME ACTE.

ACTE CINQUIÈME.

SCÈNE I.

GÉRONTE, PHILISTE.

GÉRONTE.

Je ne pouvois avoir rencontre plus heureuse
Pour satisfaire ici mon humeur curieuse.
Vous avez feuilleté le digeste à Poitiers,
Et vu, comme mon fils, les gens de ces quartiers :
Ainsi vous me pouvez facilement apprendre
Quelle est et la famille et le bien de Pyrandre?

PHILISTE.
Quel est-il ce Pyrandre?

GÉRONTE.
            Un de leurs citoyens,
Noble, à ce qu'on m'a dit, mais un peu mal en biens.

PHILISTE.
Il n'est dans tout Poitiers bourgeois, ni gentilhomme,
Qui, si je m'en souviens, de la sorte se nomme.

GÉRONTE.
Vous le connoîtrez mieux peut-être à l'autre nom;

Ce Pyrandre s'appelle autrement Armédon.
PHILISTE.
Aussi peu l'un que l'autre.
GÉRONTE.
Et le père d'Orphise,
Cette rare beauté qu'en ces lieux même on prise?
Vous connoissez le nom de cet objet charmant,
Qui fait de ces cantons le plus digne ornement?
PHILISTE.
Croyez que cette Orphise, Armédon et Pyrandre,
Sont gens dont à Poitiers on ne peut rien apprendre.
S'il vous faut sur ce point encor quelque garant..
GÉRONTE.
En faveur de mon fils vous faites l'ignorant :
Mais je ne sais que trop qu'il aime cette Orphise,
Et qu'après les douceurs d'une longue hantise
On l'a seul dans sa chambre avec elle trouvé;
Que par son pistolet un désordre arrivé
L'a forcé sur-le-champ d'épouser cette belle.
Je sais tout; et, de plus, ma bonté paternelle
M'a fait y consentir; et votre esprit discret
N'a plus d'occasion de m'en faire un secret.
PHILISTE.
Quoi! Dorante a donc fait un secret mariage?
GÉRONTE.
Et, comme je suis bon, je pardonne à son âge.
PHILISTE.
Qui vous l'a dit?

ACTE V, SCENE I.

GÉRONTE.
Lui-même.
PHILISTE.
Ah! puisqu'il vous l'a dit,
Il vous fera du reste un fidèle récit;
Il en sait, mieux que moi, toutes les circonstances :
Non qu'il vous faille en prendre aucunes défiances;
Mais il a le talent de bien imaginer;
Et moi, je n'eus jamais celui de deviner.
GÉRONTE.
Vous me feriez par là soupçonner son histoire.
PHILISTE.
Non; sa parole est sûre, et vous pouvez l'en croire :
Mais il nous servit hier d'une collation,
Qui partoit d'un esprit de grande invention;
Et, si ce mariage est de même méthode,
La pièce est fort complète et des plus à la mode.
GÉRONTE.
Prenez-vous du plaisir à me mettre en courroux?
PHILISTE.
Ma foi, vous en tenez aussi-bien comme nous;
Et, pour vous en parler avec plus de franchise,
Si vous n'avez jamais pour bru que cette Orphise,
Vos chers collatéraux s'en trouveront fort bien.
Vous m'entendez : adieu; je ne vous dis plus rien.

SCÈNE II.

GÉRONTE.

O vieillesse facile! ô jeunesse imprudente!
O de mes cheveux gris honte trop évidente!
Est-il dessous le ciel père plus malheureux?
Est-il affront plus grand pour un cœur généreux?
Dorante n'est qu'un fourbe; et cet ingrat, que j'aime,
Après m'avoir fourbé, me fait fourber moi-même;
Et d'un discours en l'air, qu'il forge en imposteur,
Il me fait le trompette et le second auteur!
Comme si c'étoit peu pour mon reste de vie,
De n'avoir à rougir que de son infamie,
L'infame, se jouant de mon trop de bonté,
Me fait encor rougir de ma crédulité!

SCÈNE III.

GÉRONTE, DORANTE, CLITON.

GÉRONTE.
Êtes-vous gentilhomme?

DORANTE, à part les premiers mots.
Ah! rencontre fâcheuse!
Étant sorti de vous la chose est peu douteuse.

GÉRONTE.
Croyez-vous qu'il suffit d'être sorti de moi?

ACTE V, SCENE III.

DORANTE.

Avec toute la France aisément je le croi.

GÉRONTE.

Et ne savez-vous pas, avec toute la France,
D'où ce titre d'honneur a tiré sa naissance,
Et que la vertu seule a mis en ce haut rang
Ceux qui l'ont jusqu'à moi fait passer dans leur sang?

DORANTE.

J'ignorerois un point que n'ignore personne,
Que la vertu l'acquiert, comme le sang le donne.

GÉRONTE.

Où le sang a manqué si la vertu l'acquiert,
Où le sang l'a donné le vice aussi le perd.
Ce qui naît d'un moyen périt par son contraire;
Tout ce que l'un a fait l'autre peut le défaire;
Et, dans la lâcheté du vice où je te voi,
Tu n'es plus gentilhomme, étant sorti de moi.

DORANTE.

Moi?

GÉRONTE.

Laisse-moi parler, toi, de qui l'imposture
Souille honteusement ce don de la nature.
Qui se dit gentilhomme, et ment comme tu fais,
Il ment quand il le dit, et ne le fut jamais.
Est-il vice plus bas? est-il tache plus noire,
Plus indigne d'un homme élevé pour la gloire?
Est-il quelque foiblesse, est-il quelque action
Dont un cœur vraiment noble ait plus d'aversion,

Puisqu'un seul démenti lui porte une infamie
Qu'il ne peut effacer s'il n'expose sa vie
Et si dedans le sang il ne lave l'affront
Qu'un si honteux outrage imprime sur son front?

DORANTE.

Qui vous dit que je mens?

GÉRONTE.

Qui me le dit, infame?
Dis-moi, si tu le peux, dis le nom de ta femme,
Le conte qu'hier au soir tu m'en fis publier...

CLITON, à Dorante.

Dites que le sommeil vous l'a fait oublier.

GÉRONTE.

Ajoute, ajoute encore avec effronterie
Le nom de ton beau-père et de sa seigneurie;
Invente à m'éblouir quelques nouveaux détours.

CLITON, à Dorante.

Appelez la mémoire ou l'esprit au secours.

GÉRONTE.

De quel front cependant faut-il que je confesse
Que ton effronterie a surpris ma vieillesse;
Qu'un homme de mon âge a cru légèrement
Ce qu'un homme du tien débite impudemment?
Tu me fais donc servir de fable et de risée,
Passer pour esprit foible et pour cervelle usée!
Mais, dis-moi, te portois-je à la gorge un poignard?
Voyois-tu violence ou courroux de ma part?
Si quelque aversion t'éloignoit de Clarice,

Quel besoin avois-tu d'un si lâche artifice ?
Et pouvois-tu douter que mon consentement
Ne dût tout accorder à ton contentement,
Puisque mon indulgence, au dernier point venue,
Approuvoit à tes yeux l'hymen d'une inconnue ?
Ce grand excès d'amour que je t'ai témoigné
N'a point touché ton cœur et ne l'a point gagné ;
Ingrat, tu m'as payé d'une impudente feinte,
Et tu n'as eu pour moi respect, amour, ni crainte.
Va, je te désavoue.

DORANTE.

Hé ! mon père, écoutez...

GÉRONTE.

Quoi ! des contes en l'air et sur l'heure inventés ?

DORANTE.

Non, la vérité pure.

GÉRONTE.

En est-il dans ta bouche ?

CLITON, à Dorante.

Voici pour votre adresse une assez rude touche.

DORANTE.

Épris d'une beauté qu'à peine jai pu voir,
Qu'elle a pris sur mon ame un absolu pouvoir,
De Lucrèce, en un mot... vous la pouvez connoître...

GÉRONTE.

Dis vrai : je la connois, et ceux qui l'ont fait naître :
Son père est mon ami.

DORANTE.

Mon cœur en un moment
Étant de ses regards charmé si puissamment,
Le choix que vos bontés avoient fait de Clarice,
Sitôt que je le sus me parut un supplice :
Mais comme j'ignorois si Lucrèce et son sort
Pouvoient avec le vôtre avoir quelque rapport,
je n'osai pas encor vous découvrir la flamme
Que venoient ses beautés d'allumer dans mon ame;
Et j'avois ignoré, monsieur, jusqu'à ce jour
Que l'adresse d'esprit fût un crime en amour.
Mais si je vous osois demander quelque grace,
A présent que je sais et son bien et sa race,
Je vous conjurerois, par les nœuds les plus doux
Dont l'amour et le sang puissent m'unir à vous,
De seconder mes vœux auprès de cette belle;
Obtenez-la d'un père, et je l'obtiendrai d'elle.

GÉRONTE.

Tu me fourbes encor.

DORANTE.

Si vous ne m'en croyez,
Croyez-en, pour le moins, Cliton que vous voyez;
Il sait tout mon secret.

GÉRONTE.

Tu ne meurs point de honte
Qu'il faille que de lui je fasse plus de compte,
Et que ton père même, en doute de ta foi,
Donne plus de croyance à ton valet qu'à toi!

Écoute : je suis bon, et, malgré ma colère,
Je veux encore un coup montrer un cœur de père;
Je veux encore un coup pour toi me hasarder.
Je connais ta Lucrèce, et la vais demander;
Mais si de ton côté le moindre obstacle arrive...

DORANTE.
Pour vous mieux assurer, souffrez que je vous suive.

GÉRONTE.
Demeure ici, demeure, et ne suis point mes pas;
Je doute, je hasarde, et je ne te crois pas.
Mais sache que tantôt si pour cette Lucrèce
Tu fais la moindre fourbe ou la moindre finesse,
Tu peux bien fuir mes yeux, et ne me voir jamais;
Autrement, souviens-toi du serment que je fais :
Je jure les rayons du jour qui nous éclaire
Que tu ne mourras point que de la main d'un père,
Et que ton sang indigne, à mes pieds répandu,
Rendra prompte justice à mon honneur perdu.

SCÈNE IV.

DORANTE, CLITON.

DORANTE.
Je crains peu les effets d'une telle menace.
CLITON.
Vous vous rendez trop tôt, et de mauvaise grace;

Et cet esprit adroit, qui l'a dupé deux fois,
Devoit en galant homme aller jusques à trois :
Toutes tierces, dit-on, sont bonnes ou mauvaises.

DORANTE.

Cliton, ne raille point, que tu ne me déplaises;
D'un trouble tout nouveau j'ai l'esprit agité.

CLITON.

N'est-ce point du remords d'avoir dit vérité?
Si pourtant ce n'est point quelque nouvelle adresse;
Car je doute à présent si vous aimez Lucrèce;
Et vous vois si fertile en semblables détours,
Que, quoi que vous disiez, je l'entends au rebours.

DORANTE.

Je l'aime; et, sur ce point, ta défiance est vaine :
Mais je hasarde trop, et c'est ce qui me gêne.
Si son père et le mien ne tombent point d'accord,
Tout commerce est rompu, je fais naufrage au port;
Et d'ailleurs, quand l'affaire entre eux seroit conclue,
Suis-je sûr que la fille y soit bien résolue?
J'ai tantôt vu passer cet objet si charmant;
Sa compagne, ou je meure, a beaucoup d'agrément.
Aujourd'hui que mes yeux l'ont mieux examinée,
De mon premier amour j'ai l'ame un peu gênée :
Mon cœur entre les deux est presque partagé;
Et celle-ci l'auroit, s'il n'étoit engagé.

CLITON.

Mais pourquoi donc montrer une flamme si grande,
Et porter votre père à faire une demande?

DORANTE.
Il ne m'auroit pas cru, si je ne l'avois fait.
CLITON.
Quoi! même en disant vrai vous mentiez en effet?
DORANTE.
C'étoit le seul moyen d'apaiser sa colère.
Que maudit soit quiconque a détrompé mon père!
Avec ce faux hymen j'aurois eu le loisir
De consulter mon cœur, et je pourrois choisir.
CLITON.
Mais sa compagne enfin n'est autre que Clarice.
DORANTE.
Je me suis donc rendu moi-même un bon office!
Oh! qu'Alcippe est heureux, et que je suis confus!
Mais Alcippe, après tout, n'aura que mon refus.
N'y pensons plus, Cliton, puisque la place est prise.
CLITON.
Vous en voilà défait aussi bien que d'Orphise.
DORANTE.
Reportons à Lucrèce un esprit ébranlé,
Que l'autre à ses yeux même avoit presque volé.
Mais Sabine survient.

SCÈNE V.

DORANTE, SABINE, CLITON.

DORANTE.
Qu'as-tu fait de ma lettre?

En de si belles mains as-tu su la remettre?
SABINE.
Oui, monsieur; mais...
DORANTE.
Quoi, mais?
SABINE.
Elle a tout déchiré.
DORANTE.
Sans lire?
SABINE.
Sans rien lire.
DORANTE.
Et tu l'as enduré?
SABINE.
Ah! si vous aviez vu comme elle m'a grondée!
Elle me va chasser, l'affaire en est vidée.
DORANTE.
Elle s'apaisera: mais, pour t'en consoler,
Tends la main.
SABINE.
Hé! monsieur!
DORANTE.
Ose encor lui parler:
Je ne perds pas sitôt toutes mes espérances.
CLITON.
Voyez la bonne pièce avec ses révérences!
Comme ses déplaisirs sont déja consolés!
Elle vous en dira plus que vous n'en voulez.

DORANTE.
Elle a donc déchiré mon billet sans le lire?
SABINE.
Elle m'avoit donné charge de vous le dire;
Mais, à parler sans fard...
CLITON.
    Sait-elle son métier!
SABINE.
Elle n'en a rien fait, et l'a lu tout entier :
Je ne puis si long-temps abuser un brave homme.
CLITON.
Si quelqu'un l'entend mieux, je l'irai dire à Rome.
DORANTE.
Elle ne me hait pas, à ce compte?
SABINE.
      Elle? non.
DORANTE.
M'aime-t-elle?
SABINE.
  Non plus.
DORANTE.
    Tout de bon?
SABINE.
      Tout de bon.
DORANTE.
Aime-t-elle quelque autre?
SABINE.
    Encor moins.

DORANTE.

                    Qu'obtiendrai-je?

SABINE.

Je ne sais.

DORANTE.

Mais enfin, dis-moi.

SABINE.

                Que vous dirai-je?

DORANTE.

Vérité.

SABINE.

Je la dis.

DORANTE.

Mais elle m'aimera?

SABINE.

Peut-être.

DORANTE.

Et quand encor?

SABINE.

              Quand elle vous croira.

DORANTE.

Quand elle me croira! Que ma joie est extrême!

SABINE.

Quand elle vous croira, dites qu'elle vous aime.

DORANTE.

Je le dis déja donc, et m'en ose vanter,
Puisque ce cher objet n'en sauroit plus douter :
Mon père...

SABINE.
La voici qui vient avec Clarice.

SCÈNE VI.

CLARICE, LUCRÈCE, DORANTE, SABINE, CLITON.

CLARICE, à Lucrèce.
Il peut te dire vrai, mais ce n'est pas son vice :
Comme tu le connois, ne précipite rien.

DORANTE, à Clarice.
Beauté qui pouvez seule et mon mal et mon bien...

CLARICE, à Lucrèce.
On diroit qu'il m'en veut, et c'est moi qu'il regarde.

LUCRÈCE, à Clarice.
Quelques regards sur toi sont tombés par mégarde.
Voyons s'il continue.

DORANTE, à Clarice.
　　　　　Ah ! que loin de vos yeux
Les moments à mon cœur deviennent ennuyeux !
Et que je reconnois par mon expérience
Quel supplice aux amants est une heure d'absence !

CLARICE, à Lucrèce.
Il continue encor.

LUCRÈCE, à Clarice.
　　　　Mais vois ce qu'il m'écrit.

CLARICE, à Lucrèce.
Mais écoute.

LUCRÈCE, à Clarice.

Tu prends pour toi ce qu'il me dit.

CLARICE.

Éclaircissons-nous-en. Vous m'aimez donc, Dorante?

DORANTE, à Clarice.

Hélas! que cette amour vous est indifférente!
Depuis que vos regards m'ont mis sous votre loi...

CLARICE, à Lucrèce.

Crois-tu que le discours s'adresse encore à toi?

LUCRÈCE, à Clarice.

Je ne sais où j'en suis.

CLARICE, à Lucrèce.

                Oyons la fourbe entière.

LUCRÈCE, à Clarice.

Vu ce que nous savons, elle est un peu grossière.

CLARICE, à Lucrèce.

C'est ainsi qu'il partage entre nous son amour;
Il te flatte de nuit, et m'en conte de jour.

DORANTE, à Clarice.

Vous consultez ensemble! Ah! quoi qu'elle vous die,
Sur de meilleurs conseils disposez de ma vie:
Le sien auprès de vous me seroit trop fatal;
Elle a quelque sujet de me vouloir du mal.

LUCRÈCE, à part.

Ah! je n'en ai que trop; et si je ne me venge...

CLARICE, à Dorante.

Ce qu'elle me disoit est, de vrai, fort étrange.

ACTE V, SCENE VI.

DORANTE.

C'est quelque invention de son esprit jaloux.

CLARICE.

Je le crois : mais enfin me reconnoissez-vous ?

DORANTE.

Si je vous reconnois ? Quittez ces railleries,
Vous que j'entretins hier dedans les Tuileries,
Que je fis aussitôt maîtresse de mon sort.

CLARICE.

Si je veux toutefois en croire son rapport,
Pour une autre déja votre ame inquiétée...

DORANTE.

Pour une autre déja je vous aurois quittée ?
Que plutôt à vos pieds mon cœur sacrifié...

CLARICE.

Bien plus, si je la crois, vous êtes marié.

DORANTE.

Vous me jouez, madame : et, sans doute pour rire,
Vous prenez du plaisir à m'entendre redire
Qu'à dessein de mourir en des liens si doux
Je me fais marié pour toute autre que vous.

CLARICE.

Mais, avant qu'avec moi le nœud d'hymen vous lie,
Vous serez marié, si l'on veut, en Turquie.

DORANTE.

Avant qu'avec toute autre on me puisse engager,
Je serai marié, si l'on veut, en Alger.

CLARICE.

Mais enfin vous n'avez que mépris pour Clarice.

DORANTE.

Mais enfin vous savez le nœud de l'artifice,
Et que, pour être à vous, je fais ce que je puis.

CLARICE.

Je ne sais plus moi-même à mon tour où j'en suis.
Lucrèce, écoute un mot.

DORANTE, à Cliton.

Lucrèce! Que dit-elle?

CLITON, à Dorante.

Vous en tenez, monsieur: Lucrèce est la plus belle;
Mais laquelle des deux? J'en ai le mieux jugé,
Et vous auriez perdu si vous aviez gagé.

DORANTE, à Cliton.

Cette nuit à la voix j'ai cru la reconnoître.

CLITON, à Dorante.

Clarice, sous son nom, parloit à sa fenêtre :
Sabine m'en a fait un secret entretien.

DORANTE, à Cliton.

Bonne bouche! j'en tiens : mais l'autre la vaut bien;
Et, comme dès tantôt je la trouvois bien faite,
Mon cœur déja penchoit où mon erreur le jette.
Ne me découvre point; et, dans ce nouveau feu,
Tu me vas voir, Cliton, jouer un nouveau jeu :
Sans changer de discours, changeons de batterie.

LUCRÈCE, à Clarice.

Voyons le dernier point de son effronterie :

Quand tu lui diras tout, il sera bien surpris.

CLARICE, à Dorante.

Comme elle est mon amie, elle m'a tout appris.
Cette nuit, vous l'aimiez, et m'avez méprisée :
Laquelle de nous deux avez-vous abusée?
Vous lui parliez d'amour en termes assez doux.

DORANTE.

Moi! Depuis mon retour je n'ai parlé qu'à vous.

CLARICE.

Vous n'avez point parlé cette nuit à Lucrèce?

DORANTE.

Vous n'avez point voulu me faire un tour d'adresse?
Et je ne vous ai point reconnue à la voix?

CLARICE.

Nous diroit-il bien vrai pour la première fois?

DORANTE.

Pour me venger de vous, j'eus assez de malice
Pour vous laisser jouir d'un si lourd artifice;
Et, vous laissant passer pour ce que vous vouliez,
Je vous en donnai plus que vous ne m'en donniez.
Je vous embarrassai, n'en faites point la fine.
Choisissez un peu mieux vos dupes à la mine :
Vous pensiez me jouer; et moi, je vous jouois,
Mais par de faux mépris que je désavouois;
Car enfin je vous aime, et je hais de ma vie
Les jours que j'ai vécu sans vous avoir servie.

CLARICE.

Pourquoi, si vous m'aimez, feindre un hymen en l'air

Quand un père pour vous est venu me parler?
Quel fruit de cette fourbe osez-vous vous promettre?
LUCRÈCE, à Dorante.
Pourquoi, si vous l'aimez, m'écrire cette lettre?
DORANTE, à Lucrèce.
J'aime de ce courroux les principes cachés;
Je ne vous déplais pas, puisque vous vous fâchez.
Mais j'ai moi-même enfin assez joué d'adresse :
Il faut vous dire vrai; je n'aime que Lucrèce.
CLARICE, à Lucrèce.
Est-il un plus grand fourbe? et peux-tu l'écouter?
DORANTE, à Lucrèce.
Quand vous m'aurez ouï, vous n'en pourrez douter :
Sous votre nom, Lucrèce, et par votre fenêtre,
Clarice m'a fait pièce, et je l'ai su connoître;
Comme, en y consentant, vous m'avez affligé,
Je vous ai mise en peine, et je m'en suis vengé.
LUCRÈCE.
Mais que disiez-vous hier dedans les Tuileries?
DORANTE.
Clarice fut l'objet de mes galanteries.
CLARICE, à Lucrèce.
Veux-tu long-temps encore écouter ce moqueur?
DORANTE, à Lucrèce.
Elle avoit mes discours; mais vous aviez mon cœur,
Où vos yeux faisoient naître un feu que j'ai fait taire
Jusqu'à ce que ma flamme ait eu l'aveu d'un père.
Comme tout ce discours n'étoit que fiction,

ACTE V, SCENE VII.

Je cachois mon retour et ma condition.

CLARICE, à Lucrèce.

Vois que fourbe sur fourbe à nos yeux il entasse,
Et ne fait que jouer des tours de passe-passe.

DORANTE, à Lucrèce.

Vous seule êtes l'objet dont mon cœur est charmé.

LUCRÈCE, à Dorante.

C'est ce que les effets m'ont fort mal confirmé.

DORANTE.

Si mon père à présent porte parole au vôtre,
Après son témoignage en voudrez-vous quelque autre?

LUCRÈCE.

Après son témoignage, il faudra consulter
Si nous aurons encor quelque lieu d'en douter.

DORANTE, à Lucrèce le premier vers.

Qu'à de telles clartés votre erreur se dissipe.
Et vous, belle Clarice, aimez toujours Alcippe;
Sans l'hymen de Poitiers il ne tenoit plus rien :
Je ne lui ferai pas ce mauvais entretien;
Mais, entre vous et moi, vous savez le mystère.
Le voici qui s'avance, et j'aperçois mon père.

SCÈNE VII.

GÉRONTE, DORANTE, ALCIPPE, CLARICE, LUCRÈCE, ISABELLE, SABINE, CLITON.

ALCIPPE, sortant de chez Clarice, et lui parlant.

Nos parents sont d'accord, et vous êtes à moi.

GÉRONTE, sortant de chez Lucrèce, et lui parlant.

Votre père à Dorante engage votre foi.

ALCIPPE, à Clarice.

Un mot de votre main, l'affaire est terminée.

GÉRONTE, à Lucrèce.

Un mot de votre bouche achève l'hyménée.

DORANTE, à Lucrèce.

Ne soyez pas rebelle à seconder mes vœux.

ALCIPPE.

Êtes-vous aujourd'hui muettes toutes deux?

CLARICE.

Mon père a sur mes vœux une entière puissance.

LUCRÈCE.

Le devoir d'une fille est dans l'obéissance.

GÉRONTE, à Lucrèce.

Venez donc recevoir ce doux commandement.

ALCIPPE, à Clarice.

Venez donc ajouter ce doux consentement.

(Alcippe rentre chez Clarice avec elle et Isabelle, et le reste rentre chez Lucrèce.)

SABINE, à Dorante, comme il rentre.

Si vous vous mariez, il ne pleuvra plus guères.

DORANTE.

Je changerai pour toi cette pluie en rivières.

SABINE.

Vous n'aurez pas loisir seulement d'y penser;
Mon métier ne vaut rien quand on s'en peut passer.

ACTE V, SCENE VII.

CLITON, seul.

Comme en sa propre fourbe un menteur s'embarrasse !
Peu sauroient, comme lui, s'en tirer avec grace.
  Vous autres, qui doutiez s'il en pourroit sortir,
Par un si rare exemple apprenez à mentir.

FIN DU MENTEUR.

EXAMEN DU MENTEUR.

Cette pièce est en partie traduite, en partie imitée de l'espagnol. Le sujet m'en semble si spirituel et si bien tourné, que j'ai dit souvent que je voudrois avoir donné les deux plus belles pièces que j'aie faites, et qu'il fût de mon invention. On l'a attribué au fameux Lope de Vègue; mais il m'est tombé depuis peu entre les mains un volume de don Juan d'Alarcon, où il prétend que cette comédie est à lui, et se plaint des imprimeurs qui l'ont fait courir sous le nom d'un autre. Si c'est son bien, je n'empêche pas qu'il ne s'en ressaisisse. De quelque main que parte cette comédie, il est constant qu'elle est très-ingénieuse; et je n'ai rien vu dans cette langue qui m'ait satisfait davantage.

J'ai tâché de la réduire à notre usage et dans nos règles; mais il m'a fallu forcer mon aversion pour les *à parte*, dont je n'aurois pu la purger sans lui faire perdre une bonne partie de ses beautés. Je les ai faits le plus courts que j'ai pu, et je me le suis permis rarement, sans laisser deux acteurs ensemble, qui s'entretiennent tout bas, cependant que d'autres disent ce que ceux-là ne doivent pas écouter. Cette duplicité d'action particulière ne rompt point l'unité de la principale; mais elle gêne un peu l'attention de l'auditeur, qui ne sait à laquelle s'attacher, et qui se trouve obligé de séparer aux deux ce qu'il est accoutumé de donner à une.

L'unité de lieu s'y trouve, en ce que tout s'y passe dans Paris; mais le premier acte est dans les Tuileries, et le reste à la place Royale. Celle du jour n'y est pas forcée, pourvu qu'on lui laisse les vingt-quatre heures entières.

Quant à celle d'action, je ne sais s'il n'y a point quelque chose à dire en ce que Dorante aime Clarice dans toute la pièce, et épouse Lucrèce à la fin, qui par là ne répond pas à la protase. L'auteur espagnol lui donne ainsi le change pour punition de ses menteries, et le réduit à épouser par force cette Lucrèce qu'il n'aime point. Comme il se méprend toujours au nom, et croit que Clarice porte celui-là, il lui présente la main quand on lui a accordé l'autre, et dit hautement, lorsqu'on l'avertit de son erreur, que, s'il s'est trompé au nom, il ne se trompe point à la personne. Sur quoi le père de Lucrèce le menace de le tuer, s'il n'épouse sa fille après l'avoir demandée et obtenue; et le sien propre lui fait la même menace.

Pour moi, j'ai trouvé cette manière de finir un peu dure, et cru qu'un mariage moins violenté seroit plus au goût de notre auditoire. C'est ce qui m'a obligé à lui donner une pente vers la personne de Lucrèce, au cinquième acte, afin qu'après qu'il a reconnu sa méprise aux noms il fasse de nécessité vertu de meilleure grace, et que la comédie se termine avec pleine tranquillité de tous côtés.

FIN DE L'EXAMEN DU MENTEUR.

LA SUITE
DU MENTEUR,
COMÉDIE.

1643.

PRÉFACE DE VOLTAIRE.

La suite du Menteur ne réussit point. Serait-il permis de dire qu'avec quelques changements elle ferait au théâtre plus d'effet que le *Menteur* même? L'intrigue de cette seconde pièce espagnole est beaucoup plus intéressante que la première. Dès que l'intrigue attache, le succès ne dépend plus que de quelques embellissements, de quelques convenances, que peut-être Corneille négligea trop dans les derniers actes de cette pièce.

ÉPITRE.

Monsieur,

Je vous avois bien dit que *le Menteur* ne seroit pas le dernier emprunt ou larcin que je ferois chez les Espagnols : en voici une suite qui est encore tirée du même original, et dont Lope a traité le sujet sous le titre de *Amar sin saber á quien.* Elle n'a pas été si heureuse au théâtre que l'autre, quoique plus remplie de beaux sentiments et de beaux vers. Ce n'est pas que j'en veuille accuser ni le défaut des acteurs, ni le mauvais jugement du peuple ; la faute en est toute à moi, qui devois mieux prendre mes mesures, et choisir des sujets plus répondants au goût de mon auditoire. Si j'étois de ceux qui tiennent que la poésie a pour but de profiter aussi bien que de plaire, je tâcherois de vous persuader que celle-ci est beaucoup meilleure que l'autre, à cause que Dorante y paroît beaucoup plus honnête homme, et donne des exemples de vertu à suivre; au lieu qu'en l'autre il ne donne que des imperfections à éviter; mais pour moi, qui tiens avec Aristote et Horace que notre art n'a pour but que le divertissement, j'avoue qu'il est ici bien moins à estimer qu'en la première comédie, puisque, avec ses mauvaises habitudes, il a perdu presque toutes ses graces, et qu'il semble avoir quitté la meilleure part de ses agréments lorsqu'il a voulu se corriger de ses défauts. Vous me direz que je suis bien injurieux au métier qui me fait connoître, d'en ravaler le but si bas que de le réduire à plaire au peuple, et que je suis bien hardi tout ensemble de prendre pour garants de mon opinion les deux maîtres dont ceux du parti contraire se fortifient. A cela, je vous dirai que ceux-là même qui mettent si haut le but de l'art sont injurieux à l'artisan, dont ils ravalent d'autant plus le mérite, qu'ils pensent relever la dignité de sa profession, parce que, s'il est obligé de prendre soin de l'utile, il évite seulement une faute quand il s'en acquitte, et n'est digne d'aucune louange. C'est mon Horace qui me l'apprend :

Vitavi denique culpam,
Non laudem merui.

En effet, monsieur, vous ne loueriez pas beaucoup un homme pour avoir réduit un poëme dramatique dans l'unité de jour et de lieu, parce que les lois du théâtre le lui prescrivent, et que sans cela son ouvrage ne seroit qu'un monstre. Pour moi, j'estime extrêmement ceux qui mêlent l'utile au délectable, et d'autant plus qu'ils n'y sont pas obligés par les règles de la poésie : je suis bien aise de dire avec notre docteur :

Omne tulit punctum qui miscuit utile dulci.

Mais je dénie qu'ils faillent contre ces règles, lorsqu'ils ne l'y mêlent pas, et les blâme seulement de ne s'être pas proposé un objet assez digne d'eux, ou, si vous me permettez de parler un peu chrétiennement, de n'avoir pas eu assez de charité pour prendre l'occasion de donner en passant quelque instruction à ceux qui les écoutent ou qui les lisent : mais, pourvu qu'ils aient trouvé le moyen de plaire, ils sont quittes envers leur art; et s'ils pèchent, ce n'est pas contre lui, c'est contre les bonnes mœurs et contre leur auditoire. Pour vous faire voir le sentiment d'Horace là-dessus, je n'ai qu'à répéter ce que j'en ai déja pris : puisqu'il ne tient pas qu'on soit digne de louange quand on n'a fait que s'acquitter de ce qu'on doit, et qu'il en donne tant à celui qui joint l'utile à l'agréable, il est aisé d'en conclure qu'il tient que celui-là fait plus qu'il n'étoit obligé de faire. Quant à Aristote, je ne crois pas que ceux du parti contraire aient d'assez bons yeux pour trouver le mot d'utilité dans tout son *Art poétique* : quand il recherche la cause de la poésie, il ne l'attribue qu'au plaisir que les hommes reçoivent de l'imitation; et, comparant l'une à l'autre les parties de la tragédie, il préfère la fable aux mœurs, seulement pour ce qu'elle contient tout ce qu'il y a d'agréable dans le poëme; et c'est pour cela qu'il l'appelle l'ame de la tragédie. Cependant, quand on y mêle quelque utilité, ce doit être principalement dans cette partie qui regarde les mœurs, et que ce grand homme toutefois ne tient point du tout nécessaire, puisqu'il permet de la retrancher entièrement, et demeure d'accord qu'on peut faire une tragédie sans mœurs. Or, pour ne vous pas donner mauvaise impression à la comédie du *Menteur* qui a donné lieu à cette suite, que vous pourriez juger être simplement faite pour plaire, et n'avoir pas ce noble mélange de l'utilité, d'autant qu'elle semble violer une autre maxime, qu'on veut tenir pour indubitable, touchant la récompense des bonnes actions et la punition des mauvaises, il ne sera peut-être pas hors de propos que je vous dise là-dessus ce que je pense. Il est certain que les actions de Dorante ne sont pas bonnes moralement, n'étant que fourbes et menteries; et néanmoins il obtient enfin ce qu'il souhaite, puisque la vraie Lucrèce est en cette pièce sa dernière inclination. Ainsi, si cette maxime est une véritable règle du théâtre, j'ai failli; et si c'est en ce point seul que consiste l'utilité de la poésie, je n'y en ai point mêlé. Pour le premier, je n'ai qu'à vous dire que cette règle imaginaire est entièrement contre la pratique des anciens; et, sans aller chercher des exemples parmi les Grecs, Sénèque, qui en a tiré presque tous ses sujets, nous en fournira assez: Médée brave Jason après avoir brûlé le palais royal, fait périr le roi et sa fille, et tué ses enfants; dans *la Troade*, Ulysse précipite Astyanax, et Pyrrhus immole Polyxène, tous deux impunément; dans *Agamemnon*, il est assassiné par sa femme et par son adultère qui s'empare de son trône, sans qu'on voie tomber de foudre sur leurs têtes; Atrée même, dans *le Thyeste*, triomphe de son misérable frère, après lui avoir fait manger ses enfants : et, dans les comédies de Plaute et de Térence, que voyons-nous autre chose que de jeunes fous qui, après avoir, par quelque tromperie, tiré de l'argent de leurs pères, pour dépenser à la suite de leurs amours déréglées, sont enfin richement mariés; et des esclaves qui, après avoir conduit toute l'intrigue, et servi de ministres à leurs débauches, obtiennent leur liberté pour récompense? Ce sont des exemples qui ne seroient non plus propres à imiter que les mauvaises finesses de notre Menteur. Vous me demanderez en quoi donc consiste cette utilité de la poésie, qui en doit être un des grands ornements, et qui relève si haut le mérite du poëte quand il en enrichit son ouvrage. J'en trouve deux à mon sens, l'une empruntée de la morale, l'autre qui lui est particulière : celle-là se rencontre aux sentences et réflexions que l'on peut adroitement semer presque partout; celle-ci en la naïve peinture des vices et des vertus. Pourvu qu'on les sache mettre en leur jour, et les faire connoître par leurs véritables caractères, celles-ci se feront aimer, quoique malheureuses, et ceux-là se feront détester, quoique triomphants. Et comme le portrait d'une laide femme ne laisse pas d'être beau, et qu'il n'est pas besoin d'avertir que l'original n'en est pas aimable, pour empêcher qu'on l'aime, il en est de même de notre peinture parlante; quand le crime est bien peint de ses couleurs, quand les imperfections sont bien figurées, il n'est pas besoin d'en faire voir un mauvais succès à la fin pour avertir qu'il ne les faut pas imiter : et je m'assure que, toutes les fois que *le Menteur* a été représenté, bien qu'on l'ait vu sortir du théâtre pour aller épouser l'objet de ses derniers desirs, il n'y a eu personne qui se soit proposé son exemple pour acquérir une maîtresse, et qui n'ait pris toutes ses fourbes, quoique heureuses, pour des friponneries d'écolier, dont il faut qu'on se corrige avec soin, si l'on veut passer pour honnête homme. Je vous dirois qu'il y a encore une autre utilité propre à la tragédie, qui est la purgation des passions ; mais ce n'est pas ici le lieu d'en parler, puisque ce n'est qu'une comédie que je vous présente. Vous y pourrez rencontrer en quelques endroits ces deux sortes d'utilités dont je vous viens d'entretenir. Je voudrois que le peuple y eût trouvé autant d'agréable, afin que je vous pusse présenter quelque chose qui eût mieux atteint le but de l'art. Telle qu'elle est, je vous la donne, aussi bien que la première, et demeure de tout mon cœur,

Monsieur,

Votre très-humble serviteur,
P. Corneille.

PERSONNAGES.

DORANTE.
CLITON, valet de Dorante.
CLÉANDRE, gentilhomme de Lyon.
MÉLISSE, sœur de Cléandre.
PHILISTE, ami de Dorante, et amoureux de Mélisse.
LYSE, femme de chambre de Mélisse.
UN PRÉVÔT.

La scène est à Lyon.

LA SUITE DU MENTEUR.

ACTE PREMIER.

SCÈNE I.

DORANTE, CLITON.

(Dorante paroît écrivant dans une prison, et le geolier ouvrant la porte à Cliton, et le lui montrant.)

CLITON.

Ah! monsieur, c'est donc vous?

DORANTE.

Cliton, je te revoi!

CLITON.

Je vous trouve, monsieur, dans la maison du roi!
Quel charme, quel désordre, ou quelle raillerie,
Des prisons de Lyon fait votre hôtellerie?

DORANTE.

Tu le sauras tantôt. Mais qui t'amène ici?

CLITON.

Les soins de vous chercher.

DORANTE.

Tu prends trop de souci;
Et bien qu'après deux ans ton devoir s'en avise,
Ta rencontre me plaît, j'en aime la surprise;
Ce devoir, quoique tard, enfin s'est éveillé.

CLITON.

Et qui savoit, monsieur, où vous étiez allé?
Vous ne nous témoigniez qu'ardeur et qu'alégresse,
Qu'impatients desirs de posséder Lucrèce;
L'argent étoit touché, les accords publiés,
Le festin commandé, les parents conviés,
Les violons choisis ainsi que la journée:
Rien ne sembloit plus sûr qu'un si proche hyménée;
Et parmi ces apprêts, la nuit d'auparavant
Vous sûtes faire gille, et fendîtes le vent.

Comme il ne fut jamais d'éclipse plus obscure,
Chacun sur ce départ forma sa conjecture;
Tous s'entre-regardoient, étonnés, ébahis:
L'un disoit, « il est jeune, il veut voir le pays; »
L'autre, « il s'est allé battre, il a quelque querelle; »
L'autre d'un autre idée embrouilloit sa cervelle;
Et tel vous soupçonnoit de quelque guérison
D'un mal privilégié dont je tairai le nom.
Pour moi j'écoutois tout et mis dans mon caprice
Qu'on ne devinoit rien que par votre artifice.
Ainsi ce qui chez eux prenoit plus de crédit

M'étoit aussi suspect que si vous l'eussiez dit;
Et tout simple et doucet, sans chercher de finesse,
Attendant le boiteux je consolois Lucrèce.
DORANTE.
Je l'aimois, je te jure; et pour la posséder,
Mon amour mille fois voulut tout hasarder:
Mais quand j'eus bien pensé que j'allois à mon âge
Au sortir de Poitiers entrer au mariage,
Que j'eus considéré ses chaînes de plus près,
Son visage à ce prix n'eut plus pour moi d'attraits :
L'horreur d'un tel lien m'en fit de la maîtresse;
Je crus qu'il falloit mieux employer ma jeunesse,
Et que, quelques appas qui pussent me ravir,
C'étoit mal en user que sitôt m'asservir.
Je combats toutefois : mais le temps qui s'avance
Me fait précipiter en cette extravagance;
Et la tentation de tant d'argent touché
M'achève de pousser où j'étois trop penché.
Que l'argent est commode à faire une folie !
L'argent me fait résoudre à courir l'Italie.
Je pars de nuit en poste, et d'un soin diligent
Je quitte la maîtresse, et j'emporte l'argent.
   Mais, dis-moi, que fit-elle? et que dit lors son père?
Le mien, ou je me trompe, étoit fort en colère?
CLITON.
D'abord de part et d'autre on vous attend sans bruit;
Un jour se passe, deux, trois, quatre, cinq, six, huit;
Enfin, n'espérant plus, on éclate, on foudroie :

Lucrèce par dépit témoigne de la joie,
Chante, danse, discourt, rit; mais, sur mon honneur,
Elle enrageoit, monsieur, dans l'ame, et de bon cœur.
Ce grand bruit s'accommode, et, pour plâtrer l'affaire,
La pauvre délaissée épouse votre père;
Et rongeant dans son cœur son déplaisir secret,
D'un visage content prend le change à regret.
L'éclat d'un tel affront l'ayant trop décriée,
Il n'est à son avis que d'être mariée;
Et comme en un naufrage on se prend où l'on peut,
En fille obéissante elle veut ce qu'on veut.
Voilà donc le bonhomme enfin à sa seconde,
C'est-à-dire qu'il prend la poste à l'autre monde;
Un peu moins de deux mois le met dans le cercueil.

DORANTE.

J'ai su sa mort à Rome, où j'en ai pris le deuil.

CLITON.

Elle a laissé chez vous un diable de ménage :
Ville prise d'assaut n'est pas mieux au pillage;
La veuve et les cousins chacun y fait pour soi,
Comme fait un traitant pour les deniers du roi;
Où qu'ils jettent la main ils font rafles entières;
Ils ne pardonnent pas même au plomb des gouttières;
Et ce sera beaucoup si vous trouvez chez vous,
Quand vous y rentrerez, deux gonds et quatre clous.

J'apprends qu'on vous a vu cependant à Florence.
Pour vous donner avis je pars en diligence;
Et je suis étonné qu'en entrant dans Lyon
Je vois courir du peuple avec émotion;

Je veux voir ce que c'est; et je vois, ce me semble,
Pousser dans la prison quelqu'un qui vous ressemble:
On m'y permet l'entrée; et, vous trouvant ici,
Je trouve en même temps mon voyage accourci.
Voilà mon aventure, apprenez-moi la vôtre.

DORANTE.

La mienne est bien étrange, on me prend pour un autre.

CLITON.

J'eusse osé le gager. Est-ce meurtre, ou larcin?

DORANTE.

Suis-je fait en voleur, ou bien en assassin?
Traître, en ai-je l'habit, ou la mine, ou la taille?

CLITON.

Connoît-on à l'habit aujourd'hui la canaille?
Et n'est-il point, monsieur, à Paris des filous,
Et de taille et de mine aussi bonnes que vous?

DORANTE.

Tu dis vrai, mais écoute. Après une querelle
Qu'à Florence un jaloux me fit pour quelque belle,
J'eus avis que ma vie y couroit du danger:
Ainsi donc sans trompette il fallut déloger.
Je pars seul et de nuit, et prends ma route en France,
Où, sitôt que je suis en pays d'assurance,
Comme d'avoir couru je me sens un peu las,
J'abandonne la poste, et viens au petit pas.
Approchant de Lyon, je vois dans la campagne....

CLITON, bas.

N'aurons-nous point ici de guerres d'Allemagne?

DORANTE.

Que dis-tu?

CLITON.

Rien, monsieur : je gronde entre mes dents
Du malheur qui suivra ces rares incidents;
J'en ai l'ame déja toute préoccupée.

DORANTE.

Donc à deux cavaliers je vois tirer l'épée;
Et pour en empêcher l'événement fatal,
J'y cours la mienne au poing, et descends de cheval.
L'un et l'autre, voyant à quoi je me prépare,
Se hâtent d'achever avant qu'on les sépare,
Pressent, sans perdre temps, si bien qu'à mon abord
D'un coup que l'un alonge il blesse l'autre à mort.
Je me jette au blessé, je l'embrasse, et j'essaie
Pour arrêter son sang de lui bander sa plaie;
L'autre, sans perdre temps en cet événement,
Saute sur mon cheval, le presse vivement,
Disparoît, et mettant à couvert le coupable
Me laisse auprès du mort faire le charitable.
Ce fut en cet état, les doigts de sang souillés,
Qu'au bruit de ce duel trois sergents éveillés,
Tout gonflés de l'espoir d'une bonne lippée,
Me découvrirent seul, et la main à l'épée.
Lors, suivant du métier le serment solennel,
Mon argent fut pour eux le premier criminel,
Et, s'en étant saisis aux premières approches,
Ces messieurs pour prison lui donnèrent leurs poches,

ACTE I, SCENE I.

Et moi, non sans couleur, encor qu'injustement,
Je fus conduit par eux en cet appartement.
Qui te fait ainsi rire, et qu'est-ce que tu penses?

CLITON.

Je trouve ici, monsieur, beaucoup de circonstances :
Vous en avez sans doute un trésor infini;
Votre hymen de Poitiers n'en fut pas mieux fourni,
Et le cheval surtout vaut en cette rencontre
Le pistolet ensemble, et l'épée, et la montre.

DORANTE.

Je me suis bien défait de ces traits d'écolier
Dont l'usage autrefois m'étoit si familier;
Et maintenant, Cliton, je vis en honnête homme.

CLITON.

Vous êtes amendé du voyage de Rome;
Et votre ame en ce lieu, réduite au repentir,
Fait mentir le proverbe en cessant de mentir.
Ah! j'aurois plutôt cru....

DORANTE.
                Le temps m'a fait connoître
Quelle indignité c'est, et quel mal en peut naître.

CLITON.

Quoi! ce duel, ces coups si justement portés,
Ce cheval, ces sergents....

DORANTE.
            Autant de vérités.

CLITON.

J'en suis fâché pour vous, monsieur, et surtout d'un

Que je ne compte pas à petite infortune :
Vous êtes prisonnier, et n'avez point d'argent ;
Vous serez criminel.

DORANTE.

Je suis trop innocent.

CLITON.

Ah! monsieur, sans argent est-il de l'innocence ?

DORANTE.

Fort peu : mais dans ces murs Philiste a pris naissance ;
Et comme il est parent des premiers magistrats,
Soit d'argent, soit d'amis, nous n'en manquerons pas :
J'ai su qu'il est en ville, et lui venois d'écrire
Lorsqu'ici le concierge est venu t'introduire.
Va lui porter ma lettre.

CLITON.

Avec un tel secours
Vous serez innocent avant qu'il soit deux jours.
Mais je ne comprends rien à ces nouveaux mystères :
Les filles doivent être ici fort volontaires ;
Jusque dans la prison elles cherchent les gens.

SCÈNE II.

DORANTE, CLITON, LYSE.

CLITON, à Lyse.

Il ne fait que sortir des mains de trois sergents ;
Je t'en veux avertir : un fol espoir te trouble ;

ACTE I, SCENE II.

Il cajole des mieux, mais il n'a pas le double.
####### LYSE.
J'en apporte pour lui.
####### CLITON.
         Pour lui! tu m'as dupé;
Et je doute sans toi si nous aurions soupé.
####### LYSE, montrant une bourse.
Avec ce passeport suis-je la bien venue?
####### CLITON.
Tu nous vas à tous deux donner dedans la vue.
####### LYSE.
Ai-je bien pris mon temps?
####### CLITON.
               Le mieux qu'il se pouvoit.
C'est une honnête fille, et Dieu nous la devoit.
Monsieur, écoutez-la.
####### DORANTE.
      Que veut-elle?
####### LYSE.
                  Une dame
Vous offre en cette lettre un cœur tout plein de flamme.
####### DORANTE.
Une dame?
####### CLITON.
      Lisez sans faire de façons:
Dieu nous aime, monsieur, comme nous sommes bons;
Et ce n'est pas là tout, l'amour ouvre son coffre,
Et l'argent qu'elle tient vaut bien le cœur qu'elle offre.

DORANTE lit.

« Au bruit du monde qui vous conduisoit prisonnier,
« j'ai mis les yeux à la fenêtre, et vous ai trouvé de si
« bonne mine, que mon cœur est allé dans la même
« prison que vous, et n'en veut point sortir tant que
« vous y serez. Je ferai mon possible pour vous en tirer
« au plus tôt. Cependant obligez-moi de vous servir de
« ces cent pistoles que je vous envoie; vous en pouvez
« avoir besoin en l'état où vous êtes, et il m'en demeure
« assez d'autres à votre service. »

Cette lettre est sans nom.

CLITON.

             Les mots en sont françois.
(à Lyse.)
Dis-moi, sont-ce louis, ou pistoles de poids?

DORANTE.
Tais-toi.

LYSE, à Dorante.
    Pour ma maîtresse il est de conséquence
De vous taire deux jours son nom et sa naissance:
Ce secret trop tôt su peut la perdre d'honneur.

DORANTE.
Je serai cependant aveugle en mon bonheur?
Et d'un si grand bienfait j'ignorerai la source?

CLITON, à Dorante.
Curiosité bas, prenons toujours la bourse.
Souvent c'est perdre tout que vouloir tout savoir.

ACTE I, SCENE II.

LYSE, à Dorante.

Puis-je la lui donner ?

CLITON, à Lyse.

Donne; j'ai tout pouvoir,
Quand même ce seroit le trésor de Venise.

DORANTE.

Tout beau, tout beau, Cliton; il nous faut...

CLITON.

Lâcher prise ?
Quoi ! c'est ainsi, monsieur ?...

DORANTE.

Parleras-tu toujours ?

CLITON.

Et voulez-vous du ciel renvoyer le secours ?

DORANTE.

Accepter de l'argent porte en soi quelque honte.

CLITON.

Je m'en charge pour vous, et la prends pour mon compte.

DORANTE, à Lyse.

Écoute un mot.

CLITON, à part.

Je tremble, il va la refuser.

DORANTE.

Ta maîtresse m'oblige.

CLITON.

Il en veut mieux user.

Oyons.

####### DORANTE.

Sa courtoisie est extrême et m'étonne :
Mais...

####### CLITON.

Le diable de mais !

####### DORANTE.

Mais qu'elle me pardonne...

####### CLITON, à part.

Je me meurs, je suis mort.

####### DORANTE.

Si j'en change l'effet,
Et reçois comme un prêt le don qu'elle me fait.

####### CLITON.

Je suis ressuscité ; prêt, ou don, ne m'importe.

####### DORANTE, à Cliton.

(à Lyse.)

Prends. Je le lui rendrai même avant que je sorte.

####### CLITON, à Lyse.

Écoute un mot : tu peux t'en aller à l'instant,
Et revenir demain avec encore autant.
Et vous, monsieur, songez à changer de demeure.
Vous serez innocent avant qu'il soit une heure.

####### DORANTE, à Cliton.

(à Lyse.)

Ne me romps plus la tête. Et toi, tarde un moment :
J'écris à ta maîtresse un mot de compliment.

(Dorante va écrire sur une table.)

ACTE I, SCÈNE II.

CLITON.

Dirons-nous cependant deux mots de guerre ensemble?

LYSE.

Disons.

CLITON.

Contemple-moi.

LYSE.

Toi?

CLITON.

Oui, moi. Que t'en semble?
Dis.

LYSE.

Que, tout vert et rouge ainsi qu'un perroquet,
Tu n'es que bien en cage, et n'as que du caquet.

CLITON.

Tu ris. Cette action, qu'est-elle?

LYSE.

Ridicule.

CLITON.

Et cette main?

LYSE.

De taille à bien ferrer la mule.

CLITON.

Cette jambe, ce pied?

LYSE.

Si tu sors des prisons,
Dignes de t'installer aux petites-maisons.

CLITON.

Ce front?

LYSE.

Est un peu creux.

CLITON.

Cette tête?

LYSE.

Un peu folle.

CLITON.

Ce ton de voix enfin avec cette parole?

LYSE.

Ah! c'est là que mes sens demeurent étonnés!
Le ton de voix est rare aussi bien que le nez.

CLITON.

Je meure, ton humeur me semble si jolie,
Que tu me vas résoudre à faire une folie.
Touche; je veux t'aimer, tu seras mon souci :
Nos maîtres font l'amour, nous le ferons aussi.
J'aurai mille beaux mots tous les jours à te dire;
Je coucherai de feux, de sanglots, de martyre;
Je te dirai, «Je meurs, je suis dans les abois,
«Je brûle....»

LYSE.

Et tout cela de ce beau ton de voix?
Ah! si tu m'entreprends deux jours de cette sorte,
Mon cœur est déconfit, et je me tiens pour morte;
Si tu me veux en vie, affoiblis ces attraits,
Et retiens pour le moins la moitié de leurs traits.

CLITON.

Tu sais même charmer alors que tu te moques.

Gouverne doucement l'ame que tu m'escroques.
On a traité mon maître avec moins de rigueur;
On n'a pris que sa bourse, et tu prends jusqu'au cœur.

LYSE.

Il est riche, ton maître?

CLITON.

Assez.

LYSE.

Et gentilhomme?

CLITON.

Il le dit.

LYSE.

Il demeure?

CLITON.

A Paris.

LYSE.

Et se nomme?

DORANTE, fouillant dans la bourse.

Porte-lui cette lettre, et reçois....

CLITON, lui retenant le bras.

Sans compter?

DORANTE.

Cette part de l'argent que tu viens d'apporter.

CLITON.

Elle n'en prendra pas, monsieur, je vous proteste.

LYSE.

Celle qui vous l'envoie en a pour moi de reste.

CLITON.
Je vous le disois bien, elle a le cœur trop bon.

LYSE.
Lui pourrai-je, monsieur, apprendre votre nom?

DORANTE.
Il est dans mon billet. Mais prends, je t'en conjure.

CLITON.
Vous faut-il dire encor que c'est lui faire injure?

LYSE.
Vous perdez temps, monsieur; je sais trop mon devoir.
Adieu : dans peu de temps je viendrai vous revoir;
Et porte tant de joie à celle qui vous aime,
Qu'elle rapportera la réponse elle-même.

CLITON.
Adieu, belle railleuse.

LYSE.
Adieu, cher babillard.

SCÈNE III.

DORANTE, CLITON.

DORANTE.
Cette fille est jolie, elle a l'esprit gaillard.

CLITON.
J'en estime l'humeur, j'en aime le visage;
Mais plus que tous les deux j'adore son message.

DORANTE.
C'est celle dont il vient qu'il en faut estimer;

ACTE I, SCENE III.

C'est elle qui me charme, et que je veux aimer.

CLITON.

Quoi! vous voulez, monsieur, aimer cette inconnue?

DORANTE.

Oui, je la veux aimer, Cliton.

CLITON.

Sans l'avoir vue?

DORANTE.

Un si rare bienfait en un besoin pressant
S'empare puissamment d'un cœur reconnoissant;
Et comme de soi-même il marque grand mérite,
Dessous cette couleur, il parle, il sollicite,
Peint l'objet aussi beau qu'on le voit généreux;
Et si l'on n'est ingrat, il faut être amoureux.

CLITON.

Votre amour va toujours d'un étrange caprice:
Dès l'abord autrefois vous aimâtes Clarice;
Celle-ci, sans la voir: mais, monsieur, votre nom,
Lui deviez-vous l'apprendre, et sitôt?

DORANTE.

Pourquoi non?
J'ai cru le devoir faire, et l'ai fait avec joie.

CLITON.

Il est plus décrié que la fausse monnoie.

DORANTE.

Mon nom?

CLITON.

Oui: dans Paris, en langage commun,

Dorante et le Menteur à present ce n'est qu'un ;
Et vous y possédez ce haut degré de gloire,
Qu'en une comédie on a mis votre histoire.

DORANTE.

En une comédie?

CLITON.

Et si naïvement,
Que j'ai cru, la voyant, voir un enchantement.
On y voit un Dorante avec votre visage :
On le prendroit pour vous; il a votre air, votre âge,
Vos yeux, votre action, votre maigre embonpoint,
Et paroît, comme vous, adroit au dernier point.
Comme à l'événement, j'ai part à la peinture;
Après votre portrait on produit ma figure.
Le héros de la farce, un certain Jodelet,
Fait marcher après vous votre digne valet;
Il a jusqu'à mon nez, et jusqu'à ma parole,
Et nous avons tous deux appris en même école :
C'est l'original même, il vaut ce que je vaux;
Si quelque autre s'en mêle, on peut s'inscrire en faux;
Et tout autre que lui dans cette comédie
N'en fera jamais voir qu'une fausse copie.
Pour Clarice et Lucrèce, elles en ont quelque air :
Philiste avec Alcippe y vient vous accorder.
Votre feu père même est joué sous le masque.

DORANTE.

Cette pièce doit être et plaisante et fantasque.
Mais son nom?

CLITON.
Votre nom de guerre, LE MENTEUR.
DORANTE.
Les vers en sont-ils bons ? fait-on cas de l'auteur ?
CLITON.
La pièce a réussi, quoique foible de style ;
Et d'un nouveau proverbe elle enrichit la ville,
De sorte qu'aujourd'hui presque en tous les quartiers
On dit, quand quelqu'un ment, qu'il revient de Poitiers.
Et pour moi c'est bien pis, je n'ose plus paroître :
Ce maraud de farceur m'a fait si bien connoître,
Que les petits enfants, sitôt qu'on m'aperçoit,
Me courent dans la rue, et me montrent au doigt ;
Et chacun rit de voir les courtauds de boutique,
Grossissant à l'envi leur chienne de musique,
Se rompre le gosier, dans cette belle humeur,
A crier après moi, LE VALET DU MENTEUR !
Vous en riez vous-même !
DORANTE.
Il faut bien que j'en rie.
CLITON.
Je n'y trouve que rire, et cela vous décrie,
Mais si bien qu'à présent, voulant vous marier,
Vous ne trouveriez pas la fille d'un huissier ;
Pas celle d'un recors, pas d'un cabaret même !
DORANTE.
Il faut donc avancer près de celle qui m'aime.
Comme Paris est loin ; si je ne suis déçu,

Nous pourrons réussir avant qu'elle ait rien su.
Mais quelqu'un vient à nous, et j'entends du murmure.

SCÈNE IV.

CLÉANDRE, DORANTE, CLITON, LE PRÉVÔT.

CLÉANDRE, au prévôt.

Ah! je suis innocent; vous me faites injure.

LE PRÉVÔT, à Cléandre.

Si vous l'êtes, monsieur, ne craignez aucun mal;
Mais comme enfin le mort étoit votre rival,
Et que le prisonnier proteste d'innocence,
Je dois sur ce soupçon vous mettre en sa présence.

CLÉANDRE, au prévôt.

Et si pour s'affranchir il ose me charger?

LE PRÉVÔT, à Cléandre.

La justice entre vous en saura bien juger.
Souffrez paisiblement que l'ordre s'exécute.

(à Dorante.)

Vous avez vu, monsieur, le coup qu'on vous impute;
Voyez ce cavalier, en seroit-il l'auteur?

CLÉANDRE, bas.

Il va me reconnoître. Ah Dieu! je meurs de peur.

DORANTE, au prévôt.

Souffrez que j'examine à loisir son visage.

ACTE I, SCENE IV.

(bas.)
C'est lui, mais il n'a fait qu'en homme de courage ;
Ce seroit lâcheté, quoi qu'il puisse arriver,
De perdre un si grand cœur quand je puis le sauver :
Ne le découvrons point.

CLÉANDRE, bas.

Il me connoît, je tremble.

DORANTE, au prévôt.

Ce cavalier, monsieur, n'a rien qui lui ressemble;
L'autre est de moindre taille, il a le poil plus blond,
Le teint plus coloré, le visage plus rond,
Et je le connois moins, tant plus je le contemple.

CLÉANDRE, bas.

O générosité qui n'eut jamais d'exemple!

DORANTE.

L'habit même est tout autre.

LE PREVÔT.

Enfin ce n'est pas lui ?

DORANTE.

Non, il n'a point de part au duel d'aujourd'hui.

LE PRÉVÔT, à Cléandre.

Je suis ravi, monsieur, de voir votre innocence
Assurée à présent par sa reconnoissance;
Sortez quand vous voudrez, vous avez tout pouvoir :
Excusez la rigueur qu'a voulu mon devoir.
Adieu.

CLÉANDRE, au prévôt.

Vous avez fait le dû de votre office.

SCÈNE V.

DORANTE, CLÉANDRE, CLITON.

DORANTE, à Cléandre.

Mon cavalier, pour vous je me fais injustice;
Je vous tiens pour brave homme et vous reconnois bien;
Faites votre devoir comme j'ai fait le mien.

CLÉANDRE.

Monsieur...

DORANTE.

Point de réplique, on pourroit nous entendre.

CLÉANDRE.

Sachez donc seulement qu'on m'appelle Cléandre,
Que je sais mon devoir, que j'en prendrai souci,
Et que je périrai pour vous tirer d'ici.

SCÈNE VI.

DORANTE, CLITON.

DORANTE.

N'est-il pas vrai, Cliton, que c'eût été dommage
De livrer au malheur ce généreux courage?
J'avois entre mes mains et sa vie et sa mort,
Et je me viens de voir arbitre de son sort.

CLITON.

Quoi! c'est là donc, monsieur...?

DORANTE.
Oui, c'est là le coupable.
CLITON.
L'homme à votre cheval?
DORANTE.
Rien n'est si véritable.
CLITON.
Je ne sais où j'en suis, et deviens tout confus.
Ne m'aviez-vous pas dit que vous ne mentiez plus?
DORANTE.
J'ai vu sur son visage un noble caractère,
Qui, me parlant pour lui, m'a forcé de me taire,
Et d'une voix connue entre les gens de cœur
M'a dit qu'en le perdant je me perdrois d'honneur :
J'ai cru devoir mentir pour sauver un brave homme.
CLITON.
Et c'est ainsi, monsieur, que l'on s'amende à Rome?
Je me tiens au proverbe; oui, courez, voyagez,
Je veux être guenon si jamais vous changez.
Vous mentirez toujours, monsieur, sur ma parole.
Croyez-moi, que Poitiers est une bonne école;
Pour le bien du public je veux le publier;
Les leçons qu'on y prend ne peuvent s'oublier.
DORANTE.
Je ne mens plus, Cliton, je t'en donne assurance;
Mais en un tel sujet l'occasion dispense.
CLITON.
Vous en prendrez autant comme vous en verrez.

Menteur vous voulez vivre, et menteur vous mourrez;
Et l'on dira de vous pour oraison funèbre :
« C'étoit en menterie un auteur très célèbre,
« Qui sut y raffiner de si digne façon,
« Qu'aux maîtres du métier il en eût fait leçon;
« Et qui, tant qu'il vécut, sans craindre aucune risque,
« Aux plus forts d'après lui put donner quinze et bisque. »
                    DORANTE.
Je n'ai plus qu'à mourir, mon épitaphe est fait,
Et tu m'érigeras en cavalier parfait :
Tu ferois violence à l'humeur la plus triste.
Mais, sans plus badiner, va-t'en chercher Philiste;
Donne-lui cette lettre; et moi, sans plus mentir,
Avec les prisonniers j'irai me divertir.

FIN DU PREMIER ACTE.

ACTE SECOND.

SCÈNE I.

MÉLISSE, LYSE.

MÉLISSE, tenant une lettre ouverte dans sa main.

Certes, il écrit bien, sa lettre est excellente.
LYSE.
Madame, sa personne est encor plus galante :
Tout est charmant en lui, sa grace, son maintien...
MÉLISSE.
Il semble que déja tu lui veuilles du bien.
LYSE.
J'en trouve, à dire vrai, la rencontre si belle,
Que je voudrois l'aimer, si j'étois demoiselle.
Il est riche, et de plus il demeure à Paris,
Où des dames, dit-on, est le vrai paradis;
Et, ce qui vaut bien mieux que toutes ces richesses,
Les maris y sont bons et les femmes maîtresses.
Je vous le dis encor, je m'y passerois bien;
Et si j'étois son fait, il seroit fort le mien.
MÉLISSE.
Tu n'es pas dégoûtée. Enfin, Lyse, sans rire,
C'est un homme bien fait?

LYSE.

             Plus que je ne puis dire.

MÉLISSE.

A sa lettre il paroît qu'il a beaucoup d'esprit;
Mais, dis-moi, parle-t-il aussi bien qu'il écrit?

LYSE.

Pour lui faire en discours montrer son éloquence
Il lui faudrait des gens de plus de conséquence;
C'est à vous d'éprouver ce que vous demandez.

MÉLISSE.

Et que croit-il de moi?

LYSE.

             Ce que vous lui mandez;
Que vous l'avez tantôt vu par votre fenêtre.
Que vous l'aimez déja.

MÉLISSE.

             Cela pourroit bien être.

LYSE.

Sans l'avoir jamais vu?

MÉLISSE.

             J'écris bien sans le voir.

LYSE.

Mais vous suivez d'un frère un absolu pouvoir,
Qui, vous ayant conté par quel bonheur étrange
Il s'est mis à couvert de la mort de Florange,
Se sert de cette feinte, en cachant votre nom,
Pour lui donner secours dedans cette prison :
L'y voyant en sa place, il fait ce qu'il doit faire.

ACTE II, SCENE I.

MÉLISSE.

Je n'écrivois tantôt qu'à dessein de lui plaire.
Mais, Lyse, maintenant j'ai pitié de l'ennui
D'un homme si bien fait qui souffre pour autrui;
Et, par quelques motifs que je vienne d'écrire,
Il est de mon honneur de ne m'en pas dédire.
La lettre est de ma main, elle parle d'amour :
S'il ne sait qui je suis, il peut l'apprendre un jour.
Un tel gage m'oblige à lui tenir parole :
Ce qu'on met en écrit passe une amour frivole.
Puisqu'il a du mérite, on ne m'en peut blâmer;
Et je lui dois mon cœur, s'il daigne l'estimer.
Je m'en forme en idée une image si rare,
Qu'elle pourroit gagner l'ame la plus barbare;
L'amour en est le peintre, et ton rapport flatteur
En fournit les couleurs à ce doux enchanteur.

LYSE.

Tout comme vous l'aimez vous verrez qu'il vous aime :
Si vous vous engagez, il s'engage de même,
Et se forme de vous un tableau si parfait,
Que c'est lettre pour lettre, et portrait pour portrait.
Il faut que votre amour plaisamment s'entretienne;
Il sera votre idée, et vous serez la sienne.
L'alliance est mignarde, et cette nouveauté,
Surtout dans une lettre, aura grande beauté,
Quand vous y souscrirez pour Dorante ou Mélisse
« Votre très-humble idée à vous rendre service. »
  Vous vous moquez, madame; et, loin d'y consentir,

Vous n'en parlez ainsi que pour vous divertir.
MÉLISSE.
Je ne me moque point.
LYSE.
Et que fera, madame,
Cet autre cavalier dont vous possédez l'ame,
Votre amant?
MÉLISSE.
Qui?
LYSE.
Philiste.
MÉLISSE.
Ah! ne présume pas
Que son cœur soit sensible au peu que j'ai d'appas.
Il fait mine d'aimer, mais sa galanterie
N'est qu'un amusement et qu'une raillerie.
LYSE.
Il est riche, et parent des premiers de Lyon.
MÉLISSE.
Et c'est ce qui le porte à plus d'ambition.
S'il me voit quelquefois, c'est comme par surprise;
Dans ses civilités on diroit qu'il méprise,
Qu'un seul mot de sa bouche est un rare bonheur,
Et qu'un de ses regards est un excès d'honneur.
L'amour même d'un roi me seroit importune,
S'il falloit la tenir à si haute fortune.
La sienne est un trésor qu'il fait bien d'épargner;
L'avantage est trop grand, j'y pourrois trop gagner.

ACTE II, SCENE I.

Il n'entre point chez nous; et, quand il me rencontre,
Il semble qu'avec peine à mes yeux il se montre,
Et prend l'occasion avec une froideur
Qui craint en me parlant d'abaisser sa grandeur.

LYSE.
Peut-être il est timide, et n'ose davantage.

MÉLISSE.
S'il craint, c'est que l'amour trop avant ne l'engage.
Il voit souvent mon frère, et ne parle de rien.

LYSE.
Mais vous le recevez, ce me semble, assez bien.

MÉLISSE.
Comme je ne suis pas, en amour, des plus fines,
Faute d'autre j'en souffre et je lui rends ses mines;
Mais je commence à voir que de tels cajoleurs
Ne font qu'effaroucher les partis les meilleurs,
Et ne dois plus souffrir qu'avec cette grimace
D'un véritable amant il occupe la place.

LYSE.
Je l'ai vu pour vous voir faire beaucoup de tours.

MÉLISSE.
Qui l'empêche d'entrer, et me voir tous les jours?
Cette façon d'agir est-elle plus polie?
Croit-il....?

LYSE.
Les amoureux ont chacun leur folie:
La sienne est de vous voir avec tant de respect,
Qu'il passe pour superbe, et vous devient suspect;

Et la vôtre, un dégoût de cette retenue,
Qui vous fait mépriser la personne connue,
Pour donner votre estime, et chercher avec soin
L'amour d'un inconnu, parce qu'il est de loin.

SCÈNE II.

CLÉANDRE, MÉLISSE, LYSE.

CLÉANDRE.

Envers ce prisonnier as-tu fait cette feinte,
Ma sœur?

MÉLISSE.

   Sans me connoître, il me croit l'ame atteinte,
Que je l'ai vu conduire en ce triste séjour,
Que ma lettre et l'argent sont des effets d'amour;
Et Lyse, qui l'a vu, m'en dit tant de merveilles,
Qu'elle fait presque entrer l'amour par les oreilles.

CLÉANDRE.

Ah! si tu savois tout!

MÉLISSE.

   Elle ne laisse rien;
Elle en vante l'esprit, la taille, le maintien,
Le visage attrayant, et la façon modeste.

CLÉANDRE.

Ah! que c'est peu de chose au prix de ce qui reste!

MÉLISSE.

Que reste-t-il à dire? un courage invaincu?

CLÉANDRE.
C'est le plus généreux qui jamais ait vécu;
C'est le cœur le plus noble, et l'ame la plus haute....
MÉLISSE.
Quoi! vous voulez, mon frère, ajouter à sa faute,
Percer avec ces traits un cœur qu'elle a blessé,
Et vous-même achever ce qu'elle a commencé?
CLÉANDRE.
Ma sœur, à peine sais-je encor comme il se nomme,
Et je sais qu'on n'a vu jamais plus honnête homme,
Et que ton frère enfin périroit aujourd'hui,
Si nous avions affaire à tout autre qu'à lui.
   Quoique notre partie ait été si secrète
Que j'en dusse espérer une sûre retraite,
Et que Florange et moi, comme je t'ai conté,
Afin que ce duel ne pût être éventé,
Sans prendre de seconds, l'eussions faite de sorte
Que chacun pour sortir choisît diverse porte,
Que nous n'eussions ensemble été vus de huit jours,
Que presque tout le monde ignorât nos amours,
Et que l'occasion me fût si favorable,
Que je vis l'innocent saisi pour le coupable;
Je crois te l'avoir dit, qu'il nous vint séparer,
Et que sur son cheval je sus me retirer.
Comme je me montrois, afin que ma présence
Donnât lieu d'en juger une entière innocence,
Sur un bruit répandu que le défunt et moi
D'une même beauté nous adorions la loi,

Un prévôt soupçonneux me saisit dans la rue,
Me mène au prisonnier, et m'expose à sa vue.
Juge quel trouble j'eus de me voir en ces lieux :
Ce cavalier me voit, m'examine des yeux,
Me reconnoît, je tremble encore à te le dire;
Mais apprends sa vertu, chère sœur, et l'admire.
 Ce grand cœur, se voyant mon destin en la main,
Devient pour me sauver à soi-même inhumain;
Lui, qui souffre pour moi, sait mon crime et le nie,
Dit que ce qu'on m'impute est une calomnie,
Dépeint le criminel de tout autre façon,
Oblige le prévôt à sortir sans soupçon,
Me promet amitié, m'assure de se taire.
Voilà ce qu'il a fait; vois ce que je dois faire.

MÉLISSE.

L'aimer, le secourir, et tous deux avouer
Qu'une telle vertu ne se peut trop louer.

CLÉANDRE.

Si je l'ai plaint tantôt de souffrir pour mon crime,
Cette pitié, ma sœur, étoit bien légitime :
Mais ce n'est plus pitié, c'est obligation,
Et le devoir succède à la compassion.
Nos plus puissants secours ne sont qu'ingratitude;
Mets à les redoubler ton soin et ton étude;
Sous ce même prétexte et ces déguisements
Ajoute à ton argent perles et diamants;
Qu'il ne manque de rien, et pour sa délivrance
Je vais de mes amis faire agir la puissance.

Que si tous leurs efforts ne peuvent le tirer,
Pour m'acquitter vers lui j'irai me déclarer.
Adieu. De ton côté prends souci de me plaire,
Et vois ce que tu dois à qui te sauve un frère.

MÉLISSE.

Je vous obéirai très-ponctuellement.

SCÈNE III.

MÉLISSE, LYSE.

LYSE.

Vous pouviez dire encor très-volontairement,
Et la faveur du ciel vous a bien conservée,
Si ces derniers discours ne vous ont achevée.
Le parti de Philiste a de quoi s'appuyer;
Je n'en suis plus, madame; il n'est bon qu'à noyer;
Il ne valut jamais un cheveu de Dorante.
Je puis vers la prison apprendre une courante?

MÉLISSE.

Oui, tu peux te résoudre encore à te crotter.

LYSE.

Quels de vos diamants me faut-il lui porter?

MÉLISSE.

Mon frère va trop vite; et sa chaleur l'emporte
Jusqu'à connoître mal des gens de cette sorte.
Aussi, comme son but est différent du mien,
Je dois prendre un chemin fort éloigné du sien.

Il est reconnoissant, et je suis amoureuse ;
Il a peur d'être ingrat, et je veux être heureuse.
A force de présents il se croit acquitter ;
Mais le redoublement ne fait que rebuter.
Si le premier oblige un homme de mérite,
Le second l'importune, et le reste l'irrite,
Et, passé le besoin, quoi qu'on lui puisse offrir,
C'est un accablement qu'il ne sauroit souffrir.
 L'amour est libéral, mais c'est avec adresse :
Le prix de ses présents est en leur gentillesse ;
Et celui qu'à Dorante exprès tu vas porter,
Je veux qu'il le dérobe au lieu de l'accepter.
Écoute une pratique assez ingénieuse.

LYSE.

Elle doit être belle, et fort mystérieuse.

MÉLISSE.

Au lieu des diamants dont tu viens de parler,
Avec quelques douceurs il faut le régaler,
Entrer sous ce prétexte, et trouver quelque voie
Par où, sans que j'y sois, tu fasses qu'il me voie :
Porte-lui mon portrait, et comme sans dessein
Fais qu'il puisse aisément le surprendre en ton sein ;
Feins lors pour le ravoir un déplaisir extrême :
S'il le rend, c'en est fait ; s'il le retient, il m'aime.

LYSE.

A vous dire le vrai, vous en savez beaucoup.

MÉLISSE.

L'amour est un grand maître, il instruit tout d'un coup.

LYSE.
Il vient de vous donner de belles tablatures.
MÉLISSE.
Viens querir mon portrait avec des confitures :
Comme pourra Dorante en user bien ou mal,
Nous résoudrons après touchant l'original.

SCÈNE IV.
PHILISTE, DORANTE, CLITON,
dans la prison.

DORANTE.
Voilà, mon cher ami, la véritable histoire
D'une aventure étrange et difficile à croire;
Mais puisque je vous vois, mon sort est assez doux.
PHILISTE.
L'aventure est étrange et bien digne de vous;
Et, si je n'en voyois la fin trop véritable,
J'aurois bien de la peine à la trouver croyable :
Vous me seriez suspect si vous étiez ailleurs.
CLITON.
Ayez pour lui, monsieur, des sentiments meilleurs :
Il s'est bien converti dans un si long voyage;
C'est tout un autre esprit sous le même visage;
Et tout ce qu'il débite est pure vérité,
S'il ne ment quelquefois par générosité.
C'est le même qui prit Clarice pour Lucrèce,
Qui fit jaloux Alcippe avec sa noble adresse;
Et, malgré tout cela, le même toutefois,

Depuis qu'il est ici, n'a menti qu'une fois.
PHILISTE.
En voudrois-tu jurer?
CLITON.
Oui, monsieur, et j'en jure
Par le dieu des menteurs, dont il est créature;
Et, s'il vous faut encore un serment plus nouveau,
Par l'hymen de Poitiers et le festin sur l'eau.
PHILISTE.
Laissant là ce badin, ami, je vous confesse
Qu'il me souvient toujours de vos traits de jeunesse;
Cent fois en cette ville aux meilleures maisons
J'en ai fait un bon conte en déguisant les noms;
J'en ai ri de bon cœur, et j'en ai bien fait rire;
Et, quoi que maintenant je vous entende dire,
Ma mémoire toujours me les vient présenter,
Et m'en fait un rapport qui m'invite à douter.
DORANTE.
Formez en ma faveur de plus saines pensées;
Ces petites humeurs sont aussitôt passées;
Et l'air du monde change en bonnes qualités
Ces teintures qu'on prend aux universités.
PHILISTE.
Dès-lors, à cela près, vous étiez en estime
D'avoir une ame noble, et grande, et magnanime.
CLITON.
Je le disois dès-lors; sans cette qualité,
Vous n'eussiez pu jamais le payer de bonté.

ACTE II, SCENE IV.

DORANTE.

Ne te tairas-tu point?

CLITON.

Dis-je rien qu'il ne sache?
Et fais-je à votre nom quelque nouvelle tache?
N'étoit-il pas, monsieur, avec Alcippe et vous
Quand ce festin en l'air le rendit si jaloux?
Lui qui fut le témoin du conte que vous fîtes,
Lui qui vous sépara lorsque vous vous battîtes.
Ne sait-il pas encor les plus rusés détours
Dont votre esprit adroit bricola vos amours?

PHILISTE.

Ami, ce flux de langue est trop grand pour se taire;
Mais, sans plus l'écouter, parlons de votre affaire.
Elle me semble aisée, et j'ose me vanter
Qu'assez facilement je pourrai l'emporter :
Ceux dont elle dépend sont de ma connoissance,
Et même à la plupart je touche de naissance.
Le mort étoit d'ailleurs fort peu considéré,
Et chez les gens d'honneur on ne l'a point pleuré.
Sans perdre plus de temps, souffrez que j'aille apprendre
Pour en venir à bout quel chemin il faut prendre.
Ne vous attristez point cependant en prison,
On aura soin de vous comme en votre maison;
Le concierge en a l'ordre, il tient de moi sa place,
Et sitôt que je parle il n'est rien qu'il ne fasse.

DORANTE.

Ma joie est de vous voir, vous me l'allez ravir.

PHILISTE.
Je prends congé de vous pour vous aller servir.
Cliton divertira votre mélancolie.

SCÈNE V.
DORANTE, CLITON.

CLITON.
Comment va maintenant l'amour ou la folie?
Cette dame obligeante au visage inconnu,
Qui s'empare des cœurs avec son revenu,
Est-elle encore aimable? a-t-elle encor des charmes?
Par générosité lui rendrons-nous les armes?

DORANTE.
Cliton, je la tiens belle, et m'ose figurer
Qu'elle n'a rien en soi qu'on ne puisse adorer.
Qu'en imagines-tu?

CLITON.
    J'en fais des conjectures
Qui s'accordent fort mal avecque vos figures.
Vous payer par avance, et vous cacher son nom,
Quoi que vous présumiez, ne marque rien de bon.
A voir ce qu'elle a fait, et comme elle procède,
Je jurerois, monsieur, qu'elle est ou vieille ou laide,
Peut-être l'une et l'autre, et vous a regardé
Comme un galant commode, et fort incommodé.

DORANTE.
Tu parles en brutal.

ACTE II, SCENE V.

CLITON.
Vous en visionnaire.
Mais, si je disois vrai, que prétendez-vous faire ?
DORANTE.
Envoyer et la dame et les amours au vent.
CLITON.
Mais vous avez reçu ; quiconque prend se vend.
DORANTE.
Quitte pour lui jeter son argent à la tête.
CLITON.
Le compliment est doux, et la défaite honnête.
Tout de bon à ce coup vous êtes converti ;
Je le soutiens, monsieur, le proverbe a menti.
Sans scrupule autrefois, témoin votre Lucrèce,
Vous emportiez l'argent, et quittiez la maîtresse ;
Mais Rome vous a fait si grand homme de bien,
Qu'à présent vous voulez rendre à chacun le sien.
Vous vous êtes instruit des cas de conscience.
DORANTE.
Tu m'embrouilles l'esprit faute de patience.
Deux ou trois jours peut-être, un peu plus, un peu moins,
Éclairciront ce trouble, et purgeront ces soins.
Tu sais qu'on m'a promis que la beauté qui m'aime
Viendra me rapporter sa réponse elle-même :
Vois déjà sa servante, elle revient.
CLITON.
Tant pis.
Dussiez-vous enrager, c'est ce que je vous dis.

Si fréquente ambassade, et maîtresse invisible,
Sont de ma conjecture une preuve infaillible.
Voyons ce qu'elle veut, et si son passeport
Est aussi bien fourni comme au premier abord.

DORANTE.

Veux-tu qu'à tous moments il pleuve des pistoles?

CLITON.

Qu'avons-nous sans cela besoin de ses paroles?

SCÈNE VI.

DORANTE, LYSE, CLITON.

DORANTE, à Lyse.

Je ne t'espérois pas si soudain de retour.

LYSE.

Vous jugerez par là d'un cœur qui meurt d'amour.
De vos civilités ma maîtresse est ravie :
Elle seroit venue, elle en brûle d'envie;
Mais une compagnie au logis la retient.
Elle viendra bientôt, et peut-être elle vient;
Et je me connois mal à l'ardeur qui l'emporte,
Si vous ne la voyez même avant que je sorte.
Acceptez cependant quelque peu de douceurs
Fort propres en ces lieux à conforter les cœurs;
Les sèches sont dessous, celles-ci sont liquides.

CLITON.

Les amours de tantôt me sembloient plus solides.

Si tu n'as autre chose, épargne mieux tes pas;
Cette inégalité ne me satisfait pas.
Nous avons le cœur bon, et, dans nos aventures,
Nous ne fûmes jamais hommes à confitures.

LYSE.

Badin, qui te demande ici ton sentiment?

CLITON.

Ah! tu me fais l'amour un peu bien rudement.

LYSE.

Est-ce à toi de parler? que n'attends-tu ton heure?

DORANTE.

Saurons-nous cette fois son nom ou sa demeure?

LYSE.

Non pas encor sitôt.

DORANTE.

     Mais te vaut-elle bien?
Parle-moi franchement, et ne déguise rien.

LYSE.

A ce compte, monsieur, vous me trouvez passable?

DORANTE.

Je te trouve de taille et d'esprit agréable,
Tant de grace en l'humeur, et tant d'attraits aux yeux,
Qu'à te dire le vrai je ne voudrois pas mieux;
Elle me charmera pourvu qu'elle te vaille.

LYSE.

Ma maîtresse n'est pas tout-à-fait de ma taille;
Mais elle me surpasse en esprit, en beauté,
Autant et plus encor, monsieur, qu'en qualité.

DORANTE.
Tu sais adroitement couler ta flatterie.
Que ce bout de ruban a de galanterie!
Je veux le dérober. Mais qu'est-ce qui le suit?
LYSE.
Rendez-le moi, monsieur; j'ai hâte, il s'en va nuit.
DORANTE.
Je verrai ce que c'est.
LYSE.
C'est une mignature.
DORANTE.
Oh? le charmant portrait! l'adorable peinture!
Elle est faite à plaisir?
LYSE.
Après le naturel.
DORANTE.
Je ne crois pas jamais avoir rien vu de tel.
LYSE.
Ces quatre diamants dont elle est enrichie
Ont sous eux quelque feuille, ou mal nette, ou blanchie;
Et je cours de ce pas y faire regarder.
DORANTE.
Et quel est ce portrait?
LYSE.
Le faut-il demander?
Et doutez-vous si c'est ma maîtresse elle-même?
DORANTE.
Quoi! celle qui m'écrit?

ACTE II, SCENE VI.

LYSE.
                Oui, celle qui vous aime :
A l'aimer tant soit peu, vous l'auriez deviné.
DORANTE.
Un si rare bonheur ne m'est pas destiné ;
Et tu me veux flatter par cette fausse joie.
LYSE.
Quand je dis vrai, monsieur, je prétends qu'on me croie.
Mais je m'amuse trop, l'orfèvre est loin d'ici ;
Donnez-moi, je perds temps.
DORANTE.
                    Laisse-moi ce souci.
Nous avons un orfèvre arrêté pour ses dettes,
Qui saura tout remettre au point que tu souhaites.
LYSE.
Vous m'en donnez, monsieur.
DORANTE.
                    Je te le ferai voir.
LYSE.
A-t-il la main fort bonne ?
DORANTE.
                Autant qu'on peut l'avoir.
LYSE.
Sans mentir ?
DORANTE.
    Sans mentir.
CLITON.
            Il est trop jeune, il n'ose.

LYSE.
Je voudrois bien pour vous faire ici quelque chose.
Mais vous le montreriez.

DORANTE.
Non, à qui que ce soit.

LYSE.
Vous me ferez chasser si quelque autre le voit.

DORANTE.
Va, dors en sûreté.

LYSE.
Mais enfin à quand rendre?

DORANTE.
Dès demain.

LYSE.
Demain donc je viendrai le reprendre;
Je ne puis me résoudre à vous désobliger.

CLITON, à Dorante.
Elle se met pour vous en un très-grand danger.
(à Lyse.)
Dirons-nous rien nous deux?

LYSE.
Non.

CLITON.
Comme tu méprises!

LYSE.
Je n'ai pas le loisir d'entendre tes sottises.

CLITON.
Avec cette rigueur tu me feras mourir.

LYSE.

Peut-être à mon retour je saurai te guérir ;
Je ne puis mieux pour l'heure : adieu.

SCÈNE VII.

DORANTE, CLITON.

CLITON.
Tout vous succède.

DORANTE.
Viens, Cliton, et regarde. Est-elle vieille, ou laide ?
Voit-on des yeux plus vifs ? voit-on des traits plus doux ?

CLITON.
Je suis un peu moins dupe, et plus futé que vous.
C'est un leurre, monsieur, la chose est toute claire ;
Elle a fait tout du long les mines qu'il faut faire.
   On amorce le monde avec de tels portraits ;
Pour les faire surprendre on les apporte exprès ;
On s'en fâche, on fait bruit, on vous les redemande ;
Mais on tremble toujours de crainte qu'on les rende ;
Et, pour dernière adresse, une telle beauté
Ne se voit que de nuit et dans l'obscurité,
De peur qu'en un moment l'amour ne s'estropie
A voir l'original si loin de la copie.
Mais laissons ce discours qui peut vous ennuyer.
Vous ferai-je venir l'orfèvre prisonnier ?

DORANTE.
Simple ! n'as-tu point vu que c'étoit une feinte,

Un effet de l'amour dont mon ame est atteinte?
CLITON.
Bon, en voici déja de deux en même jour,
Par devoir d'honnête homme, et par effet d'amour.
Avec un peu de temps nous en verrons bien d'autres.
Chacun a ses talents, et ce sont là les vôtres.
DORANTE.
Tais-toi, tu m'étourdis de tes sottes raisons.
Allons prendre un peu l'air dans la cour des prisons.

FIN DU SECOND ACTE.

ACTE TROISIÈME.

SCÈNE I.

CLÉANDRE, DORANTE, CLITON.

(Cet acte se passe dans la prison.)

DORANTE.

Je vous en prie encor, discourons d'autre chose,
Et sur un tel sujet ayons la bouche close :
On peut nous écouter, et vous surprendre ici ;
Et si vous vous perdez, vous me perdez aussi.
La parfaite amitié que pour vous j'ai conçue,
Quoiqu'elle soit l'effet d'une première vue,
Joint mon péril au vôtre, et les unit si bien
Qu'au cours de votre sort elle attache le mien.

CLÉANDRE.

N'ayez aucune peur, et sortez d'un tel doute.
J'ai des gens là-dehors qui gardent qu'on n'écoute ;
Et je puis vous parler en toute sûreté
De ce que mon malheur doit à votre bonté.
Si d'un bienfait si grand qu'on reçoit sans mérite
Qui s'avoue insolvable aucunement s'acquitte,

Pour m'acquitter vers vous autant que je le puis,
J'avoue, et hautement, monsieur, que je le suis :
Mais si cette amitié par l'amitié se paie,
Ce cœur qui vous doit tout vous en rend une vraie.
La vôtre la devance à peine d'un moment,
Elle attache mon sort au vôtre également ;
Et l'on n'y trouvera que cette différence,
Qu'en vous elle est faveur, en moi reconnoissance.

DORANTE.

N'appelez point faveur ce qui fut un devoir.
Entre les gens de cœur il suffit de se voir :
Par un effort secret de quelque sympathie
L'un à l'autre aussitôt un certain nœud les lie ;
Chacun d'eux sur son front porte écrit ce qu'il est ;
Et quand on lui ressemble, on prend son intérêt.

CLITON.

Par exemple, voyez, aux traits de ce visage
Mille dames m'ont pris pour homme de courage,
Et sitôt que je parle, on devine à demi
Que le sexe jamais ne fut mon ennemi.

CLÉANDRE.

Cet homme a de l'humeur.

DORANTE.

              C'est un vieux domestique
Qui, comme vous voyez, n'est pas mélancolique.
A cause de son âge il se croit tout permis ;
Il se rend familier avec tous mes amis,
Mêle partout son mot, et jamais, quoi qu'on die,

Pour donner son avis il n'attend qu'on le prie.
Souvent il importune, et quelquefois il plaît.
CLÉANDRE.
J'en voudrois connoître un de l'humeur dont il est.
CLITON.
Croyez qu'à le trouver vous auriez de la peine :
Le monde n'en voit pas quatorze à la douzaine;
Et je jurerois bien, monsieur, en bonne foi,
Qu'en France il n'en est point que Jodelet et moi.
DORANTE.
Voilà de ses bons mots les galantes surprises :
Mais qui parle beaucoup dit beaucoup de sottises;
Et quand il a dessein de se mettre en crédit,
Plus il y fait d'effort, moins il sait ce qu'il dit.
CLITON.
On appelle cela des vers à ma louange.
CLÉANDRE.
Presque insensiblement nous avons pris le change.
Mais revenons, monsieur, à ce que je vous dois.
DORANTE.
Nous en pourrons parler encor quelque autre fois :
Il suffit pour ce coup.
CLÉANDRE.
    Je ne saurois vous taire
En quel heureux état se trouve votre affaire.
 Vous sortirez bientôt, et peut-être demain :
Mais un si prompt secours ne vient pas de ma main;
Les amis de Philiste en ont trouvé la voie.

J'en dois rougir de honte au milieu de ma joie;
Et je ne saurois voir, sans être un peu jaloux,
Qu'il m'ôte les moyens de m'employer pour vous.
Je cède avec regret à cet ami fidèle;
S'il a plus de pouvoir, il n'a pas plus de zèle;
Et vous m'obligerez, au sortir de prison,
De me faire l'honneur de prendre ma maison.
Je n'attends point le temps de votre délivrance,
De peur qu'encore un coup Philiste me devance;
Comme il m'ôte aujourd'hui l'espoir de vous servir,
Vous loger est un bien que je lui veux ravir.

DORANTE.

C'est un excès d'honneur que vous me voulez rendre;
Et je croirois faillir de m'en vouloir défendre.

CLÉANDRE.

Je vous en reprierai quand vous pourrez sortir;
Et lors nous tâcherons à vous bien divertir,
Et vous faire oublier l'ennui que je vous cause.
    Auriez-vous cependant besoin de quelque chose?
Vous êtes voyageur, et pris par des sergents;
Et quoique ces messieurs soient fort honnêtes gens,
Il en est quelques-uns....

CLITON.

            Les siens en sont du nombre;
Ils ont en le prenant pillé jusqu'à son ombre;
Et n'étoit que le ciel a su le soulager,
Vous le verriez encor fort net et fort léger:
Mais comme je pleurois ses tristes aventures,

Nous avons reçu lettre, argent et confitures.
CLÉANDRE.
Et de qui?
DORANTE.
　　　　Pour le dire il faudroit deviner.
Jugez ce qu'en ma place on peut s'imaginer.
　Une dame m'écrit, me flatte, me régale,
Me promet une amour qui n'eut jamais d'égale,
Me fait force présents....
CLÉANDRE.
　　　　　　Et vous visite?
DORANTE.
　　　　　　　　　　Non.
CLÉANDRE.
Vous savez son logis?
DORANTE.
　　　　　　　Non, pas même son nom.
Ne soupçonnez-vous point ce que ce pourroit être?
CLÉANDRE.
A moins que de la voir je ne la puis connoître.
DORANTE.
Pour un si bon ami je n'ai point de secret.
Voyez, connoissez-vous les traits de ce portrait?
CLÉANDRE.
Elle semble éveillée, et passablement belle;
Mais je ne vous en puis dire aucune nouvelle,
Et je ne connois rien à ces traits que je voi.
Je vais vous préparer une chambre chez moi.
Adieu.

SCÈNE II.

DORANTE, CLITON.

DORANTE.

Ce brusque adieu marque un trouble dans l'ame.
Sans doute, il la connoît.

CLITON.

C'est peut-être sa femme.

DORANTE.

Sa femme?

CLITON.

Oui, c'est sans doute elle qui vous écrit;
Et vous venez de faire un coup de grand esprit.
Voilà de vos secrets et de vos confidences.

DORANTE.

Nomme-les par leur nom, dis de mes imprudences.
Mais seroit-ce en effet celle que tu me dis?

CLITON.

Envoyez vos portraits à de tels étourdis,
Ils gardent un secret avec extrême adresse.
C'est sa femme, vous dis-je, ou du moins sa maîtresse.
Ne l'avez-vous pas vu tout changé de couleur?

DORANTE.

Je l'ai vu, comme atteint d'une vive douleur,
Faire de vains efforts pour cacher sa surprise.
Son désordre, Cliton, montre ce qu'il déguise.

Il a pris un prétexte à sortir promptement,
Sans se donner loisir d'un mot de compliment.

CLITON.

Qu'il fera dangereux rencontrer sa colère!
Il va tout renverser si l'on le laisse faire,
Et je vous tiens pour mort si sa fureur se croît.
Mais surtout ses valets peuvent bien marcher droit :
Malheureux le premier qui fâchera son maître!
Pour autres cent louis je ne voudrois pas l'être.

DORANTE.

La chose est sans remède; en soit ce qui pourra :
S'il fait tant le mauvais, peut-être on le verra.
Ce n'est pas qu'après tout, Cliton, si c'est sa femme,
Je ne sache étouffer cette naissante flamme :
Ce seroit lui prêter un fort mauvais secours
Que lui ravir l'honneur en conservant ses jours;
D'une belle action j'en ferois une noire.
J'en ai fait mon ami, je prends part à sa gloire;
Et je ne voudrois pas qu'on pût me reprocher
De servir un brave homme au prix d'un bien si cher.

CLITON.

Et s'il est son amant?

DORANTE.

Puisqu'elle me préfère,
Ce que j'ai fait pour lui vaut bien qu'il me défère;
Sinon, il a du cœur, il en sait bien les lois,
Et je suis résolu de défendre son choix :
Tandis, pour un moment trêve de raillerie,

Je veux entretenir un peu ma rêverie.

(Il prend le portrait de Mélisse.)

Merveille qui m'as enchanté,
Portrait à qui je rends les armes,
As-tu bien autant de bonté
Comme tu me fais voir de charmes?
Hélas! au lieu de l'espérer,
Je ne fais que me figurer
Que tu te plains à cette belle,
Que tu lui dis mon procédé,
Et que je te fus infidèle
Sitôt que je t'eus possédé.

Garde mieux le secret que moi,
Daigne en ma faveur te contraindre :
Si j'ai pu te manquer de foi,
C'est m'imiter que de t'en plaindre.
Ta colère en me punissant
Te fait criminel d'innocent,
Sur toi retombent les vengeances....

CLITON, lui ôtant le portrait.

Vous ne dites, monsieur, que des extravagances,
Et parlez justement le langage des fous.
Donnez, j'entretiendrai ce portrait mieux que vous;
Je veux vous en montrer de meilleures méthodes,
Et lui faire des vœux plus courts et plus commodes.

ACTE III, SCENE II.

Adorable et riche beauté,
Qui joins les effets aux paroles,
Merveille qui m'as enchanté
Par tes douceurs et tes pistoles,
Sache un peu mieux les partager;
Et, si tu nous veux obliger
A dépeindre aux races futures
L'éclat de tes faits inouïs,
Garde pour toi les confitures,
Et nous accable de louis.

Voilà parler en homme.
DORANTE.
Arrête tes saillies,
Ou va du moins ailleurs débiter tes folies.
Je ne suis pas toujours d'humeur à t'écouter.
CLITON.
Et je ne suis jamais d'humeur à vous flatter;
Je ne vous puis souffrir de dire une sottise :
Par un double intérêt je prends cette franchise:
L'un, vous êtes mon maître, et j'en rougis pour vous;
L'autre, c'est mon talent, et j'en deviens jaloux.
DORANTE.
Si c'est là ton talent, ma faute est sans exemple.
CLITON.
Ne me l'enviez point, le vôtre est assez ample;
Et puisque enfin le ciel m'a voulu départir
Le don d'extravaguer, comme à vous de mentir,

Comme je ne mens point devant votre excellence,
Ne dites à mes yeux aucune extravagance;
N'entreprenez sur moi, non plus que moi sur vous.

DORANTE.

Tais-toi, le ciel m'envoie un entretien plus doux :
L'ambassade revient.

CLITON.

Que nous apporte-t-elle?

DORANTE.

Maraud, veux-tu toujours quelque douceur nouvelle?

CLITON.

Non pas, mais le passé m'a rendu curieux;
Je lui regarde aux mains un peu plus tôt qu'aux yeux.

SCÈNE III.

DORANTE; MÉLISSE, déguisée en servante, cachant son visage sous une coiffe; CLITON, LYSE.

CLITON, à Lyse.

Montre ton passeport. Quoi! tu viens les mains vides!
(à Dorante.)
Ainsi détruit le temps les biens les plus solides;
Et moins d'un jour réduit tout votre heur et le mien,
Des louis aux douceurs, et des douceurs à rien.

LYSE.

Si j'apportai tantôt, à présent je demande.

DORANTE.

Que veux-tu?

ACTE III, SCENE III.

LYSE.
Ce portrait, que je veux qu'on me rende.
DORANTE.
As-tu pris du secours pour faire plus de bruit?
LYSE.
J'amène ici ma sœur, parce qu'il s'en va nuit :
Mais vous pensez en vain chercher une défaite;
Demandez-lui, monsieur, quelle vie on m'a faite.
DORANTE.
Quoi! ta maîtresse sait que tu me l'as laissé?
LYSE.
Elle s'en est doutée, et je l'ai confessé.
DORANTE.
Elle s'en est donc mise en colère?
LYSE.
Et si forte,
Que je n'ose rentrer si je ne le rapporte :
Si vous vous obstinez à me le retenir,
Je ne sais dès ce soir, monsieur, que devenir.
Ma fortune est perdue, et dix ans de service.
DORANTE.
Écoute; il n'est pour toi chose que je ne fisse :
Si je te nuis ici, c'est avec grand regret;
Mais on aura mon cœur avant que ce portrait.
Va dire de ma part à celle qui t'envoie
Qu'il fait tout mon bonheur, qu'il fait toute ma joie;
Que rien n'approcheroit de mon ravissement,
Si je le possédois de son consentement;

Qu'il est l'unique bien où mon espoir se fonde,
Qu'il est le seul trésor qui me soit cher au monde :
Et, quant à ta fortune, il est en mon pouvoir
De la faire monter par-delà ton espoir.

LYSE.

Je ne veux point de vous, ni de vos récompenses.

DORANTE.

Tu me dédaignes trop.

LYSE.

Je le dois.

CLITON.

Tu l'offenses.

Mais voulez-vous, monsieur, me croire et vous venger?
Rendez-lui son portrait pour la faire enrager.

LYSE.

O le grand habile homme! il y connoît finesse.
C'est donc ainsi, monsieur, que vous tenez promesse?
Mais puisque auprès de vous j'ai si peu de crédit,
Demandez à ma sœur ce qu'elle m'en a dit,
Et si c'est sans raison que j'ai tant d'épouvante.

DORANTE.

Tu verras que ta sœur sera plus obligeante;
Mais si ce grand courroux lui donne autant d'effroi,
Je ferai tout autant pour elle que pour toi.

LYSE.

N'importe, parlez-lui, du moins vous saurez d'elle
Avec quelle chaleur j'ai pris votre querelle.

DORANTE, à Mélisse.

Son ordre est-il si rude?

ACTE III, SCENE III.

MÉLISSE.
                    Il est assez exprès :
Mais, sans mentir, ma sœur vous presse un peu de près ;
Quoi qu'elle ait commandé, la chose a deux visages.

CLITON.
Comme toutes les deux jouent leurs personnages !

MÉLISSE.
Souvent tout cet effort à ravoir un portrait
N'est que pour voir l'amour par l'état qu'on en fait.
C'est peut-être après tout le dessein de madame.
Ma sœur, non plus que moi, ne lit pas dans son ame.
En ces occasions, il fait bon hasarder,
Et de force ou de gré je saurois le garder.
Si vous l'aimez, monsieur, croyez qu'en son courage
Elle vous aime assez pour vous laisser ce gage :
Ce seroit vous traiter avec trop de rigueur,
Puisque avant ce portrait on aura votre cœur ;
Et je la trouverois d'une humeur bien étrange,
Si je ne lui faisois accepter cet échange.
Je l'entreprends pour vous, et vous répondrai bien
Qu'elle aimera ce gage autant comme le sien.

DORANTE.
O ciel ! et de quel nom faut-il que je te nomme ?

CLITON.
Ainsi font deux soldats logés chez le bonhomme ;
Quand l'un veut tout tuer, l'autre rabat les coups ;
L'un jure comme un diable, et l'autre file doux.
  Les belles, n'en déplaise à tout votre grimoire,
Vous vous entr'entendez comme larrons en foire.

MÉLISSE.

Que dit cet insolent?

DORANTE.

C'est un fou qui me sert.

CLITON.

Vous dites que....

DORANTE, à Cliton.

Tais-toi, ta sottise me perd.

(à Mélisse.)

Je suivrai ton conseil, il m'a rendu la vie.

LYSE.

Avec sa complaisance à flatter votre envie,
Dans le cœur de madame elle croit pénétrer.
Mais son front en rougit, et n'ose se montrer.

MÉLISSE, se découvrant.

Mon front n'en rougit point; et je veux bien qu'il voie
D'où lui vient ce conseil qui lui rend tant de joie.

DORANTE.

Mes yeux, que vois-je? où suis-je? êtes-vous des flatteurs?
Si le portrait dit vrai, les habits sont menteurs.
Madame, c'est ainsi que vous savez surprendre?

MÉLISSE.

C'est ainsi que je tâche à ne me point méprendre,
A voir si vous m'aimez, et savez mériter
Cette parfaite amour que je vous veux porter.

Ce portrait est à vous, vous l'avez su défendre,
Et de plus sur mon cœur vous pouvez tout prétendre;
Mais, par quelque motif que vous l'eussiez rendu,

L'un et l'autre à jamais étoit pour vous perdu ;
Je retirois le cœur en retirant ce gage,
Et vous n'eussiez de moi jamais vu que l'image.
Voilà le vrai sujet de mon déguisement.
Pour ne rien hasarder j'ai pris ce vêtement,
Pour entrer sans soupçons, pour en sortir de même,
Et ne me point montrer qu'ayant vu si l'on m'aime.

DORANTE.

Je demeure immobile ; et pour vous répliquer
Je perds la liberté même de m'expliquer.
Surpris, charmé, confus d'une telle merveille,
Je ne sais si je dors, je ne sais si je veille,
Je ne sais si je vis ; et je sais toutefois
Que ma vie est trop peu pour ce que je vous dois ;
Que tous mes jours usés à vous rendre service,
Que tout mon sang pour vous offert en sacrifice,
Que tout mon cœur brûlé d'amour pour vos appas,
Envers votre beauté ne m'acquitteroient pas.

MÉLISSE.

Sachez, pour arrêter ce discours qui me flatte,
Que je n'ai pu moins faire, à moins que d'être ingrate.
Vous avez fait pour moi plus que vous ne savez ;
Et je vous dois bien plus que vous ne me devez.
Vous m'entendrez un jour ; à présent je vous quitte ;
Et, malgré mon amour, je romps cette visite :
Le soin de mon honneur veut que j'en use ainsi :
Je crains à tous moments qu'on me surprenne ici ;
Encor que déguisée, on pourroit me connoître.

Je vous puis cette nuit parler par ma fenêtre,
Du moins si le concierge est homme à consentir,
A force de présents, que vous puissiez sortir :
Un peu d'argent fait tout chez les gens de sa sorte.

DORANTE.

Mais après que les dons m'auront ouvert la porte,
Où dois-je vous chercher?

MÉLISSE.

     Ayant su la maison,
Vous pourriez aisément vous informer du nom;
Encore un jour ou deux il me faut vous le taire.
Mais vous n'êtes pas homme à me vouloir déplaire :
Je loge en Bellecour, environ au milieu,
Dans un grand pavillon. N'y manquez pas. Adieu.

DORANTE.

Donnez quelque signal pour plus certaine adresse.

LYSE.

Un linge servira de marque plus expresse;
J'en prendrai soin.

MÉLISSE.

    On ouvre, et quelqu'un vous vient voir.
Si vous m'aimez, monsieur....

(Elles baissent toutes deux leurs coiffes.)

DORANTE.

     Je sais bien mon devoir;
Sur ma discrétion prenez toute assurance.

SCÈNE IV.

PHILISTE, DORANTE, CLITON.

PHILISTE.
Ami, notre bonheur passe notre espérance.
Vous avez compagnie? Ah! voyons, s'il vous plaît.

DORANTE.
Laissez-les s'échapper, je vous dirai qui c'est.
Ce n'est qu'une lingère : allant en Italie,
Je la vis en passant, et la trouvai jolie;
Nous fîmes connoissance; et me sachant ici,
Comme vous le voyez, elle en a pris souci.

PHILISTE.
Vous trouvez en tous lieux d'assez bonnes fortunes.

DORANTE.
Celle-ci pour le moins n'est pas des plus communes.

PHILISTE.
Elle vous semble belle, à ce compte?

DORANTE.
                                    A ravir.

PHILISTE.
Je n'en suis point jaloux.

DORANTE.
                       M'y voulez-vous servir?

PHILISTE.
Je suis trop maladroit pour un si noble rôle.

DORANTE.
Vous n'avez seulement qu'à dire une parole.
PHILISTE.
Qu'une?
DORANTE.
Non. Cette nuit j'ai promis de la voir,
Sûr que vous obtiendrez mon congé pour ce soir.
Le concierge est à vous.
PHILISTE.
C'est une affaire faite.
DORANTE.
Quoi! vous me refusez un mot que je souhaite?
PHILISTE.
L'ordre, tout au contraire, en est déja donné,
Et votre esprit trop prompt n'a pas bien deviné.
Comme je vous quittois avec peine à vous croire,
Quatre de mes amis m'ont conté votre histoire :
Ils marchoient après vous deux ou trois mille pas;
Ils vous ont vu courir, tomber le mort à bas,
L'autre vous démonter, et fuir en diligence :
Ils ont vu tout cela de sur une éminence,
Et n'ont connu personne, étant trop éloignés.
Voilà, quoi qu'il en soit, tous nos procès gagnés,
Et plus tôt de beaucoup que je n'osois prétendre.
Je n'ai point perdu temps, et les ai fait entendre;
Si bien que, sans chercher d'autre éclaircissement,
Vos juges m'ont promis votre élargissement.
Mais, quoiqu'il soit constant qu'on vous prend pour un autre,

ACTE III, SCENE IV.

Il faudra caution, et je serai la vôtre :
Ce sont formalités que, pour vous dégager,
Les juges, disent-ils, sont tenus d'exiger;
Mais sans doute ils en font ainsi que bon leur semble.
Tandis, ce soir chez moi nous souperons ensemble :
Dans un moment ou deux vous y pourrez venir;
Nous aurons tout loisir de nous entretenir,
Et vous prendrez le temps de voir votre lingère.
Ils m'ont dit toutefois qu'il seroit nécessaire
De coucher pour la forme une nuit en prison,
Et m'en ont sur-le-champ rendu quelque raison;
Mais c'est si peu mon jeu que de telles matières,
Que j'en perds aussitôt les plus belles lumières.
Vous sortirez demain, il n'est rien de plus vrai;
C'est tout ce que j'en aime, et tout ce que j'en sai.

DORANTE.
Que ne vous dois-je point pour de si bons offices!

PHILISTE.
Ami, ce ne sont là que de petits services;
Je voudrois pouvoir mieux, tout me seroit fort doux.
Je vais chercher du monde à souper avec vous.
Adieu : je vous attends au plus tard dans une heure.

SCÈNE V.

DORANTE, CLITON.

DORANTE.
Tu ne dis mot, Cliton?

CLITON.
Elle est belle, ou je meure.

DORANTE.
Elle te semble belle?

CLITON.
Et si parfaitement,
Que j'en suis même encor dans le ravissement.
Encor dans mon esprit je la vois, et l'admire,
Et je n'ai su depuis trouver le mot à dire.

DORANTE.
Je suis ravi de voir que mon élection
Ait enfin mérité ton approbation.

CLITON.
Ah! plût à Dieu, monsieur, que ce fût la servante!
Vous verriez comme quoi je la trouve charmante,
Et comme pour l'aimer je ferois le mutin.

DORANTE.
Admire en cet amour la force du destin.

CLITON.
J'admire bien plutôt votre adresse ordinaire

ACTE III, SCENE. V.

Qui change en un moment cette dame en lingère.
DORANTE.
C'étoit nécessité dans cette occasion,
De crainte que Philiste eût quelque vision,
S'en formât quelque idée, et la pût reconnoître.
CLITON.
Cette métamorphose est de vos coups de maître;
Je n'en parlerai plus, monsieur, que cette fois :
Mais en un demi-jour comptez déja pour trois.
Un coupable honnête homme, un portrait, une dame,
A son premier métier rendent soudain votre ame;
Et vous savez mentir par générosité,
Par adresse d'amour, et par nécessité.
Quelle conversion!
DORANTE.
Tu fais bien le sévère!
CLITON.
Non, non : à l'avenir je fais vœu de m'en taire;
J'aurois trop à compter.
DORANTE.
Conserver un secret,
Ce n'est pas tant mentir qu'être amoureux discret;
L'honneur d'une maîtresse aisément y dispose.
CLITON.
Ce n'est qu'autre prétexte, et non pas autre chose.
Croyez-moi, vous mourrez, monsieur, dans votre peau,
Et vous mériterez cet illustre tombeau,
Cette digne oraison que naguère j'ai faite :

Vous vous en souvenez sans que je la répète?
DORANTE.
Pour de pareils sujets peut-on s'en garantir?
Et toi-même à ton tour ne crois-tu point mentir?
L'occasion convie, aide, engage, dispense;
Et pour servir un autre on ment sans qu'on y pense.
CLITON.
Si vous m'y surprenez, étrillez-y-moi bien.
DORANTE.
Allons trouver Philiste, et ne jurons de rien.

FIN DU TROISIÈME ACTE.

ACTE QUATRIÈME.

SCÈNE I.

MÉLISSE, LYSE.

MÉLISSE.

J'en tremble encor de peur, et n'en suis pas remise.
LYSE.
Aussi bien comme vous je pensois être prise.
MÉLISSE.
Non, Philiste n'est fait que pour m'incommoder.
Voyez ce qu'en ces lieux il venoit demander,
S'il est heure si tard de faire une visite!
LYSE.
Un ami véritable à toute heure s'acquitte :
Mais un amant fâcheux, soit de jour, soit de nuit,
Toujours à contre-temps à nos yeux se produit ;
Et depuis qu'une fois il commence à déplaire,
Il ne manque jamais d'occasion contraire,
Tant son mauvais destin semble prendre de soins
A mêler sa présence où l'on la veut le moins!

MÉLISSE.
Quel désordre eût-ce été, Lyse, s'il m'eût connue!
LYSE.
Il vous auroit donné fort avant dans la vue.
MÉLISSE.
Quel bruit et quel éclat n'eût point fait son courroux!
LYSE.
Il eût été peut-être aussi honteux que vous.
Un homme un peu content et qui s'en fait accroire,
Se voyant méprisé, rabat bien de sa gloire;
Et surpris qu'il en est en telle occasion,
Toute sa vanité tourne en confusion.
Quand il a de l'esprit, il sait rendre le change;
Loin de s'en émouvoir, en raillant il se venge,
Affecte des mépris, comme pour reprocher
Que la perte qu'il fait ne vaut pas s'en fâcher;
Tant qu'il peut, il témoigne une ame indifférente.
Quoi qu'il en soit enfin, vous avez vu Dorante,
Et fort adroitement je vous ai mise en jeu.
MÉLISSE.
Et fort adroitement tu m'as fait voir son feu.
LYSE.
Eh bien! mais que vous semble encor du personnage?
Vous en ai-je trop dit?
MÉLISSE.
J'en ai vu davantage.
LYSE.
Avez-vous du regret d'avoir trop hasardé?

ACTE IV, SCENE I.

MÉLISSE.

Je n'ai qu'un déplaisir, d'avoir si peu tardé.

LYSE.

Vous l'aimez?

MÉLISSE.

Je l'adore.

LYSE.

Et croyez qu'il vous aime?

MÉLISSE.

Qu'il m'aime, et d'une amour, comme la mienne, extrême.

LYSE.

Une première vue, un moment d'entretien,
Vous fait ainsi tout croire, et ne douter de rien!

MÉLISSE.

Quand les ordres du ciel nous ont faits l'un pour l'autre,
Lyse, c'est un accord bientôt fait que le nôtre :
Sa main entre les cœurs, par un secret pouvoir,
Sème l'intelligence avant que de se voir;
Il prépare si bien l'amant et la maîtresse,
Que leur ame au seul nom s'émeut et s'intéresse.
On s'estime, on se cherche, on s'aime en un moment;
Tout ce qu'on s'entre-dit persuade aisément;
Et, sans s'inquiéter de mille peurs frivoles,
La foi semble courir au-devant des paroles;
La langue en peu de mots en explique beaucoup;
Les yeux, plus éloquents, font tout voir tout d'un coup;
Et, de quoi qu'à l'envi tous les deux nous instruisent,
Le cœur en entend plus que tous les deux n'en disent.

LYSE.

Si, comme dit Sylvandre, une ame en se formant,
Ou descendant du ciel, prend d'une autre l'aimant,
La sienne a pris le vôtre, et vous a rencontrée.

MÉLISSE.

Quoi! tu lis les romans?

LYSE.

　　　　　　　　Je puis bien lire Astrée;
Je suis de son village, et j'ai de bons garants
Qu'elle et son Céladon étoient de mes parents.

MÉLISSE.

Quelle preuve en as-tu?

LYSE.

　　　　　　　Ce vieux saule, madame,
Où chacun d'eux cachoit ses lettres et sa flamme
Quand le jaloux Sémire en fit un faux témoin,
Du pré de mon grand-père il fait encor le coin;
Et l'on m'a dit que c'est un infaillible signe
Que d'un si rare hymen je viens en droite ligne.
Vous ne m'en croyez pas?

MÉLISSE.

　　　　　　　De vrai, c'est un grand point.

LYSE.

Aurois-je tant d'esprit, si cela n'étoit point?
D'où viendroit cette adresse à faire vos messages,
A jouer avec vous de si bons personnages,
Ce trésor de lumière et de vivacité,
Que d'un sang amoureux que j'ai d'eux hérité?

MÉLISSE.

Tu le disois tantôt, chacun a sa folie;
Les uns l'ont importune, et la tienne est jolie.

SCÈNE II.

CLÉANDRE, MÉLISSE, LYSE.

CLÉANDRE.

Je viens d'avoir querelle avec ce prisonnier,
Ma sœur.

MÉLISSE.

Avec Dorante? avec ce cavalier
Dont vous tenez l'honneur, dont vous tenez la vie?
Qu'avez-vous fait?

CLÉANDRE.

Un coup dont tu seras ravie.

MÉLISSE.

Qu'à cette lâcheté je puisse consentir!

CLÉANDRE.

Bien plus, tu m'aideras à le faire mentir.

MÉLISSE.

Ne le présumez pas, quelque espoir qui vous flatte;
Si vous êtes ingrat, je ne puis être ingrate.

CLÉANDRE.

Tu sembles t'en fâcher!

MÉLISSE.

Je m'en fâche pour vous:

D'un mot il peut vous perdre, et je crains son courroux.

CLÉANDRE.

Il est trop généreux; et d'ailleurs la querelle,
Dans les termes qu'elle est, n'est pas si criminelle.
Écoute. Nous parlions des dames de Lyon;
Elles sont assez mal en son opinion :
Il confesse de vrai qu'il a peu vu la ville,
Mais il se l'imagine en beautés fort stérile,
Et ne peut se résoudre à croire qu'en ces lieux
La plus belle ait de quoi captiver de bons yeux.
Pour l'honneur du pays j'en nomme trois ou quatre:
Mais, à moins que de voir, il n'en veut rien rabattre;
Et comme il ne le peut étant dans la prison,
J'ai cru par un portrait le mettre à la raison;
Et, sans chercher plus loin ces beautés qu'on admire,
Je ne veux que le tien pour le faire dédire.
Me le dénieras-tu, ma sœur, pour un moment?

MÉLISSE.

Vous me jouez, mon frère, assez accortement;
La querelle est adroite et bien imaginée.

CLÉANDRE.

Non; je m'en suis vanté, ma parole est donnée.

MÉLISSE.

S'il faut ruser ici, j'en sais autant que vous;
Et vous serez bien fin, si je ne romps vos coups.
Vous pensez me surprendre, et je n'en fais que rire;
Dites donc tout d'un coup ce que vous voulez dire.

CLÉANDRE.

Eh bien! je viens de voir ton portrait en ses mains.

ACTE IV, SCENE II.

MÉLISSE.

Et c'est ce qui vous fâche?

CLÉANDRE.

Et c'est dont je me plains.

MÉLISSE.

J'ai cru vous obliger, et l'ai fait pour vous plaire :
Votre ordre étoit exprès.

CLÉANDRE.

Quoi! je te l'ai fait faire?

MÉLISSE.

Ne m'avez-vous pas dit : « Sous ces déguisements
« Ajoute à ton argent perles et diamants? »
Ce sont vos propres mots, et vous en êtes cause.

CLÉANDRE.

Eh quoi! de ce portrait disent-ils quelque chose?

MÉLISSE.

Puisqu'il est enrichi de quatre diamants,
N'est-ce pas obéir à vos commandements?

CLÉANDRE.

C'est fort bien expliquer le sens de mes prières.
Mais, ma sœur, ces faveurs sont un peu singulières.
Qui donne le portrait promet l'original.

MÉLISSE.

C'est encore votre ordre, ou je m'y connois mal.
Ne m'avez-vous pas dit : « Prends souci de me plaire,
« Et vois ce que tu dois à qui te sauve un frère? »
Puisque vous lui devez et la vie et l'honneur,
Pour vous en revancher dois-je moins que mon cœur?
Et doutez-vous encore à quel point je vous aime

Quand pour vous acquitter je me donne moi-même?
CLÉANDRE.
Certes, pour m'obéir avec plus de chaleur,
Vous donnez à mon ordre une étrange couleur,
Et prenez un grand soin de bien payer mes dettes :
Non que mes volontés en soient mal satisfaites;
Loin d'éteindre ce feu, je voudrois l'allumer,
Qu'il eût de quoi vous plaire, et voulût vous aimer.
Je tiendrois à bonheur de l'avoir pour beau-frère;
J'en cherche les moyens, j'y fais ce qu'on peut faire;
Et c'est à ce dessein qu'au sortir de prison
Je viens de l'obliger à prendre ma maison,
Afin que l'entretien produise quelques flammes
Qui forme doucement l'union de vos ames.
Mais vous savez trouver des chemins plus aisés;
Sans savoir s'il vous plaît, ni si vous lui plaisez,
Vous pensez l'engager en lui donnant ces gages,
Et lui donnez sur vous de trop grands avantages.
 Que sera-ce, ma sœur, si, quand vous le verrez,
Vous n'y rencontrez pas ce que vous espérez,
Si quelque aversion vous prend pour son visage,
Si le vôtre le choque, ou qu'un autre l'engage,
Et que de ce portrait, donné légèrement,
Il érige un trophée à quelque objet charmant?
MÉLISSE.
Sans l'avoir jamais vu je connois son courage,
Qu'importe après cela quel en soit le visage?
Tout le reste m'en plaît; si le cœur en est haut,

ACTE IV, SCENE III.

Et si l'ame est parfaite, il n'a point de défaut.
Ajoutez que vous-même après votre aventure
Ne m'en avez pas fait une laide peinture;
Et, comme vous devez vous y connoître mieux,
Je m'en rapporte à vous, et choisis par vos yeux.
N'en doutez nullement, je l'aimerai, mon frère;
Et si ces foibles traits n'ont point de quoi lui plaire,
S'il aime en autre lieu, n'en appréhendez rien;
Puisqu'il est généreux, il en usera bien.

CLÉANDRE.

Quoi qu'il en soit, ma sœur, soyez plus retenue.
Alors qu'à tous moments vous serez à sa vue.
Votre amour me ravit, je veux le couronner;
Mais souffrez qu'il se donne avant que vous donner.
Il sortira demain, n'en soyez point en peine.
Adieu : je vais une heure entretenir Climène.

SCÈNE III.

MÉLISSE, LYSE.

LYSE.

Vous en voilà défaite et quitte à bon marché.
Encore est-il traitable alors qu'il est fâché.
Sa colère a pour vous une douce méthode,
Et sur la remontrance il n'est pas incommode.

MÉLISSE.

Aussi qu'ai-je commis pour en donner sujet?

Me ranger à son choix sans savoir son projet,
Deviner sa pensée, obéir par avance,
Sont-ce, Lyse, envers lui des crimes d'importance?

LYSE.

Obéir par avance est un jeu délicat
Dont tout autre que lui feroit un mauvais plat.
Mais ce nouvel amant dont vous faites votre ame
Avec un grand secret ménage votre flamme;
Devoit-il exposer ce portrait à ses yeux?
Je le tiens indiscret.

MÉLISSE.

Il n'est que curieux,
Et ne montreroit pas si grande impatience
S'il me considéroit avec indifférence;
Outre qu'un tel secret peut souffrir un ami.

LYSE.

Mais un homme qu'à peine il connoît à demi?

MÉLISSE.

Mon frère lui doit tant, qu'il a lieu d'en attendre
Tout ce que d'un ami tout autre peut prétendre.

LYSE.

L'amour excuse tout dans un cœur enflammé,
Et tout crime est léger dont l'auteur est aimé.
Je serois plus sévère, et tiens qu'à juste titre
Vous lui pouvez tantôt en faire un bon chapitre.

MÉLISSE.

Ne querellons personne; et, puisque tout va bien,
De crainte d'avoir pis, ne nous plaignons de rien.

ACTE IV, SCENE IV.

LYSE.

Que vous avez de peur que le marché n'échappe!

MÉLISSE.

Avec tant de façons que veux-tu que j'attrape?
Je possède son cœur, je ne veux rien de plus,
Et je perdrois le temps en débats superflus.
Quelquefois en amour trop de finesse abuse.
S'excusera-t-il mieux que mon feu ne l'excuse?
Allons, allons l'attendre; et, sans en murmurer,
Ne pensons qu'aux moyens de nous en assurer.

LYSE.

Vous ferez-vous connoître?

MÉLISSE.

Oui, s'il sait de mon frère
Ce que jusqu'à présent j'avois voulu lui taire;
Sinon, quand il viendra prendre son logement,
Il se verra surpris plus agréablement.

SCÈNE IV.

DORANTE, PHILISTE, CLITON.

DORANTE.

Me reconduire encor! cette cérémonie
D'entre les vrais amis devrait être bannie.

PHILISTE.

Jusques en Bellecour je vous ai reconduit,
Pour voir une maîtresse en faveur de la nuit.

Le temps est assez doux, et je la vois paroître
En de semblables nuits souvent à la fenêtre :
J'attendrai le hasard un moment en ce lieu,
Et vous laisse aller voir votre lingère. Adieu.

DORANTE.

Que je vous laisse ici de nuit sans compagnie!

PHILISTE.

C'est faire à votre tour trop de cérémonie.
Peut-être qu'à Paris j'aurois besoin de vous;
Mais je ne crains ici ni rivaux, ni filous.

DORANTE.

Ami, pour des rivaux, chaque jour en fait naître;
Vous en pouvez avoir et ne les pas connoître :
Ce n'est pas que je veuille entrer dans vos secrets,
Mais nous nous tiendrons loin en confidents discrets.
J'ai du loisir assez.

PHILISTE.
Si l'heure ne vous presse,
Vous saurez mon secret touchant cette maîtresse;
Elle demeure, ami, dans ce grand pavillon.

CLITON, bas.

Tout se prépare mal, à cet échantillon.

DORANTE.

Est-ce où je pense voir un linge qui voltige?

PHILISTE.

Justement.

DORANTE.

Elle est belle?

ACTE IV, SCENE IV.

PHILISTE.
    Assez.
DORANTE.
        Et vous oblige ?
PHILISTE.
Je ne saurois encor, s'il faut tout avouer,
Ni m'en plaindre beaucoup, ni beaucoup m'en louer;
Son accueil n'est pour moi ni trop doux, ni trop rude;
Il est et sans faveur, et sans ingratitude,
Et je la vois toujours dedans un certain point
Qui ne me chasse pas, et ne l'engage point.
Mais je me trompe fort, ou sa fenêtre s'ouvre.
DORANTE.
Je me trompe moi-même, ou quelqu'un s'y découvre.
PHILISTE.
J'avance; approchez-vous, mais sans suivre mes pas,
Et prenez un détour qui ne vous montre pas :
Vous jugerez quel fruit je puis espérer d'elle.
Pour Cliton, il peut faire ici la sentinelle.
DORANTE, à Cliton, après que Philiste est éloigné.
Que me vient-il de dire? et qu'est-ce que je voi?
Cliton, sans doute il aime en même lieu que moi.
O ciel! que mon bonheur est de peu de durée!
CLITON.
S'il prend l'occasion qui vous est préparée,
Vous pouvez disputer avec votre valet
A qui mieux de vous deux gardera le mulet.

DORANTE.

Que de confusion et de trouble en mon ame!

CLITON.

Allez prêter l'oreille aux discours de la dame;
Au bruit que je ferai prenez bien votre temps,
Et nous lui donnerons de jolis passe-temps.

(Dorante va auprès de Philiste.)

SCÈNE V.

MÉLISSE, LYSE, à la fenêtre; PHILISTE, DORANTE, CLITON.

MÉLISSE.

Est-ce vous?

PHILISTE.

Oui, madame.

MÉLISSE.

Ah! que j'en suis ravie!
Que mon sort cette nuit sera digne d'envie!
Certes, je n'osois plus espérer ce bonheur.

PHILISTE.

Manquerois-je à venir où j'ai laissé mon cœur?

MÉLISSE.

Qu'ainsi je sois aimée! et que de vous j'obtienne
Une amour si parfaite et pareille à la mienne!

PHILISTE.

Ah! s'il en est besoin, j'en jure, et par vos yeux.

ACTE IV, SCENE V.

MÉLISSE.

Vous revoir en ce lieu m'en persuade mieux ;
Et, sans autre serment, cette seule visite
M'assure d'un bonheur qui passe mon mérite.

CLITON.

A l'aide !

MÉLISSE.

J'ois du bruit.

CLITON.

A la force ! au secours !

PHILISTE.

C'est quelqu'un qu'on maltraite ; excusez si j'y cours.
Madame, je reviens.

CLITON, *s'éloignant toujours derrière le théâtre.*

On m'égorge, on me tue.

Au meurtre !

PHILISTE.

Il est déja dans la prochaine rue.

DORANTE.

C'est Cliton ; retournez, il suffira de moi.

PHILISTE.

Je ne vous quitte point, allons.

(Ils sortent tous deux.)

MÉLISSE.

Je meurs d'effroi.

CLITON, *derrière le théâtre.*

Je suis mort !

MÉLISSE.
Un rival lui fait cette surprise.
LYSE.
C'est plutôt quelque ivrogne, ou quelque autre sottise
Qui ne méritoit pas rompre votre entretien.
MÉLISSE.
Tu flattes mes desirs.

SCÈNE VI.

DORANTE, MÉLISSE, LYSE.

DORANTE.
Madame, ce n'est rien :
Des marauds, dont le vin embrouilloit la cervelle,
Vidoient à coups de poing une vieille querelle;
Ils étoient trois contre un, et le pauvre battu
A crier de la sorte exerçoit sa vertu.
(bas.)
Si Cliton m'entendoit, il compteroit pour quatre.
MÉLISSE.
Vous n'avez donc point eu d'ennemis à combattre?
DORANTE.
Un coup de plat d'épée a fait tout écouler.
MÉLISSE.
Je mourois de frayeur, vous y voyant aller.
DORANTE.
Que Philiste est heureux, qu'il doit aimer la vie!

ACTE IV, SCENE VI.

MÉLISSE.
Vous n'avez pas sujet de lui porter envie.
DORANTE.
Vous lui parliez naguère en termes assez doux.
MÉLISSE.
Je pense d'aujourd'hui n'avoir parlé qu'à vous.
DORANTE.
Vous ne lui parliez pas avant tout ce vacarme?
Vous ne lui disiez pas que son amour vous charme,
Qu'aucuns feux à vos feux ne peuvent s'égaler?
MÉLISSE.
J'ai tenu ce discours, mais j'ai cru vous parler.
N'êtes-vous pas Dorante?
DORANTE.
    Oui, je le suis, madame,
Le malheureux témoin de votre peu de flamme.
Ce qu'un moment fit naître un autre l'a détruit;
Et l'ouvrage d'un jour se perd en une nuit.
MÉLISSE.
L'erreur n'est pas un crime; et votre aimable idée,
Régnant sur mon esprit, m'a si bien possédée,
Que dans ce cher objet le sien s'est confondu,
Et lorsqu'il m'a parlé je vous ai répondu;
En sa place tout autre eût passé pour vous-même.
Vous verrez par la suite à quel point je vous aime.
Pardonnez cependant à mes esprits déçus;
Daignez prendre pour vous les vœux qu'il a reçus;
Ou si, manque d'amour, votre soupçon persiste....

DORANTE.

N'en parlons plus, de grace, et parlons de Philiste;
Il vous sert, et la nuit me l'a trop découvert.

MÉLISSE.

Dites qu'il m'importune, et non pas qu'il me sert;
N'en craignez rien. Adieu; j'ai peur qu'il ne revienne.

DORANTE.

Où voulez-vous demain que je vous entretienne?
Je dois être élargi.

MÉLISSE.

Je vous ferai savoir
Dès demain chez Cléandre où vous me pourrez voir.

DORANTE.

Et qui vous peut sitôt apprendre ces nouvelles?

MÉLISSE.

Et ne savez-vous pas que l'amour a des ailes?

DORANTE.

Vous avez habitude avec ce cavalier?

MÉLISSE.

Non, je sais tout cela d'un esprit familier.
Soyez moins curieux, plus secret, plus modeste,
Sans ombrage, et demain nous parlerons du reste.

DORANTE, seul.

Comme elle est ma maîtresse, elle m'a fait leçon,
Et d'un soupçon je tombe en un autre soupçon.
Lorsque je crains Cléandre, un ami me traverse :
Mais nous avons bien fait de rompre le commerce;
Je crois l'entendre.

SCÈNE VII.

DORANTE, PHILISTE, CLITON.

PHILISTE.
Ami, vous m'avez tôt quitté!
DORANTE.
Sachant fort peu la ville, et dans l'obscurité,
En moins de quatre pas j'ai tout perdu de vue;
Et m'étant égaré dès la première rue,
Comme je sais un peu ce que c'est que l'amour,
J'ai cru qu'il vous falloit attendre en Bellecour;
Mais je n'ai plus trouvé personne à la fenêtre.
Dites-moi cependant, qui massacroit ce traître?
Qui le faisoit crier?
PHILISTE.
A quelque mille pas,
Je l'ai rencontré seul tombé sur des plâtras.
DORANTE.
Maraud, ne criois-tu que pour nous mettre en peine?
CLITON.
Souffrez encore un peu que je reprenne haleine.
Comme à Lyon le peuple aime fort les laquais,
Et leur donne souvent de dangereux paquets,
Deux coquins, me trouvant tantôt en sentinelle,
Ont laissé choir sur moi leur haine naturelle;
Et sitôt qu'ils ont vu mon habit rouge et vert...

DORANTE.

Quand il est nuit sans lune, et qu'il fait temps couvert,
Connoît-on les couleurs? Tu donnes une bourde.

CLITON.

Ils portoient sous le bras une lanterne sourde.
C'étoit fait de ma vie, ils me traînoient à l'eau;
Mais, sentant du secours, ils ont craint pour leur peau,
Et, jouant des talons tous deux en gens habiles,
Ils m'ont fait trébucher sur un monceau de tuiles,
Chargé de tant de coups et de poing et de pied,
Que je crois tout au moins en être estropié.
Puissé-je voir bientôt la canaille noyée!

PHILISTE.

Si j'eusse pu les joindre, ils me l'eussent payée
L'heureuse occasion dont je n'ai pu jouir,
Et que cette sottise a fait évanouir.
Vous en êtes témoin, cette belle adorable
Ne me pourroit jamais être plus favorable;
Jamais je n'en reçus d'accueil si gracieux :
Mais j'ai bientôt perdu ces moments précieux.
  Adieu. Je prendrai soin demain de votre affaire.
Il est saison pour vous de voir votre lingère.
Puissiez-vous recevoir dans ce doux entretien
Un plaisir plus solide et plus long que le mien!

SCÈNE VIII.

DORANTE, CLITON.

DORANTE.

Cliton, si tu le peux, regarde-moi sans rire.

CLITON.

J'entends à demi-mot, et ne m'en puis dédire.
J'ai gagné votre mal.

DORANTE.

Eh bien! l'occasion?

CLITON.

Elle fait le menteur ainsi que le larron.
Mais, si j'en ai donné, c'est pour votre service.

DORANTE.

Tu l'as bien fait courir avec cet artifice.

CLITON.

Si je ne fusse chu, je l'eusse mené loin :
Mais surtout j'ai trouvé la lanterne au besoin;
Et, sans ce prompt secours, votre feinte importune
M'eût bien embarrassé de votre nuit sans lune.
Sachez une autre fois que ces difficultés
Ne se proposent point qu'entre gens concertés.

DORANTE.

Pour le mieux éblouir, je faisois le sévère.

CLITON.

C'étoit un jeu tout propre à gâter le mystère.

Dites-moi cependant, êtes-vous satisfait?
DORANTE.
Autant comme on peut l'être.
CLITON.
En effet?
DORANTE.
En effet.
CLITON.
Et Philiste?
DORANTE.
Il se tient comblé d'heur et de gloire :
Mais on l'a pris pour moi dans une nuit si noire;
On s'excuse du moins avec cette couleur.
CLITON.
Ces fenêtres toujours vous ont porté malheur.
Vous y prîtes jadis Clarice pour Lucrèce :
Aujourd'hui, même erreur trompe cette maîtresse;
Et vous n'avez point eu de pareils rendez-vous
Sans faire une jalouse, ou devenir jaloux.
DORANTE.
Je n'ai pas lieu de l'être, et n'en sors pas fort triste.
CLITON.
Vous pourrez maintenant savoir tout de Philiste.
DORANTE.
Cliton, tout au contraire, il me faut l'éviter :
Tout est perdu pour moi s'il me va tout conter.
De quel front oserois-je, après sa confidence,
Souffrir que mon amour se mît en évidence?

ACTE IV, SCENE VIII.

Après les soins qu'il prend de rompre ma prison,
Aimer en même lieu semble une trahison.
Voyant cette chaleur qui pour moi l'intéresse,
Je rougis en secret de servir sa maîtresse,
Et crois devoir du moins ignorer son amour
Jusqu'à ce que le mien ait pu paroître au jour.
Déclaré le premier, je l'oblige à se taire;
Ou, si de cette flamme il ne se peut défaire,
Il ne peut refuser de s'en remettre au choix
De celle dont tous deux nous adorons les lois.

CLITON.

Quand il vous préviendra, vous pouvez le défendre
Aussi bien contre lui comme contre Cléandre.

DORANTE.

Contre Cléandre et lui je n'ai pas même droit;
Je dois autant à l'un comme l'autre me doit;
Et tout homme d'honneur n'est qu'en inquiétude,
Pouvant être suspect de quelque ingratitude.
Allons nous reposer; la nuit et le sommeil
Nous pourront inspirer quelque meilleur conseil.

FIN DU QUATRIÈME ACTE.

ACTE CINQUIÈME.

SCÈNE I.

LYSE, CLITON.

CLITON.
Nous voici bien logés, Lyse; et, sans raillerie,
Je ne souhaitois pas meilleure hôtellerie.
Enfin nous voyons clair à ce que nous faisons,
Et je puis à loisir te conter mes raisons.
LYSE.
Tes raisons? c'est-à-dire autant d'extravagances.
CLITON.
Tu me connois déja!
LYSE.
Bien mieux que tu ne penses.
CLITON.
J'en débite beaucoup.
LYSE.
Tu sais les prodiguer.
CLITON.
Mais sais-tu que l'amour me fait extravaguer?

ACTE V, SCENE I.

LYSE.

En tiens-tu donc pour moi?

CLITON.

J'en tiens, je le confesse.

LYSE.

Autant comme ton maître en tient pour ma maîtresse?

CLITON.

Non pas encor si fort, mais dès ce même instant
Il ne tiendra qu'à toi que je n'en tienne autant;
Tu n'as qu'à l'imiter pour être autant aimée.

LYSE.

Si son ame est en feu, la mienne est enflammée;
Et je crois jusqu'ici ne l'imiter pas mal.

CLITON.

Tu manques, à vrai dire, encore au principal.

LYSE.

Ton secret est obscur.

CLITON.

Tu ne veux pas l'entendre;
Vois quelle est sa méthode, et tâche de la prendre.
  Ses attraits tout-puissants ont des avant-coureurs
Encor plus souverains à lui gagner les cœurs :
Mon maître se rendit à ton premier message.
Ce n'est pas qu'en effet je n'aime ton visage :
Mais l'amour aujourd'hui dans les cœurs les plus vains
Entre moins par les yeux qu'il ne fait par les mains;
Et quand l'objet aimé voit les siennes garnies,

Il voit en l'autre objet des graces infinies :
Pourrois-tu te résoudre à m'attaquer ainsi?

LYSE.

J'en voudrois être quitte à moins d'un grand merci.

CLITON.

Écoute : je n'ai pas une ame intéressée,
Et je te veux ouvrir le fond de ma pensée.
Aimons-nous but à but, sans soupçons, sans rigueur,
Donnons ame pour ame, et rendons cœur pour cœur.

LYSE.

J'en veux bien à ce prix.

CLITON.

Donc, sans plus de langage,
Tu veux bien m'en donner quelques baisers pour gage?

LYSE.

Pour l'ame et pour le cœur, tant que tu le voudras;
Mais pour le bout du doigt, ne le demande pas :
Un amour délicat hait ces faveurs grossières,
Et je t'ai bien donné des preuves plus entières.
Pourquoi me demander des gages superflus?
Ayant l'ame et le cœur, que te faut-il de plus?

CLITON.

J'ai le goût fort grossier en matière de flamme :
Je sais que c'est beaucoup d'avoir le cœur et l'ame;
Mais je ne sais pas moins qu'on a fort peu de fruit
Et de l'ame et du cœur, si le reste ne suit.

LYSE.

Eh quoi, pauvre ignorant! ne sais-tu pas encore

Qu'il faut suivre l'humeur de celle qu'on adore,
Se rendre complaisant, vouloir ce qu'elle veut?
CLITON.
Si tu n'en veux changer, c'est ce qui ne se peut
De quoi me guériroient ces gages invisibles?
Comme j'ai l'esprit lourd, je les veux plus sensibles;
Autrement, marché nul.
LYSE.
     Ne désespère point;
Chaque chose a son ordre, et tout vient à son point;
Peut-être avec le temps nous pourrons nous connoître.
Apprends-moi cependant qu'est devenu ton maître.
CLITON.
Il est avec Philiste allé remercier
Ceux que pour son affaire il a voulu prier.
LYSE.
Je crois qu'il est ravi de voir que sa maîtresse
Est la sœur de Cléandre, et devient son hôtesse?
CLITON.
Il a raison de l'être, et de tout espérer.
LYSE.
Avec toute assurance il peut se déclarer;
Autant comme la sœur le frère le souhaite;
Et s'il l'aime en effet, je tiens la chose faite.
CLITON.
Ne doute point s'il l'aime après qu'il meurt d'amour.
LYSE.
Il semble toutefois fort triste à son retour.

SCÈNE II.

DORANTE, CLITON, LYSE.

DORANTE.
Tout est perdu, Cliton; il faut plier bagage.
CLITON.
Je fais ici, monsieur, l'amour de bon courage;
Au lieu de m'y troubler, allez en faire autant.
DORANTE.
N'en parlons plus.
CLITON.
Entrez, vous dis-je, on vous attend.
DORANTE.
Que m'importe?
CLITON.
On vous aime.
DORANTE.
Hélas!
CLITON.
On vous adore.
DORANTE.
Je le sais.
CLITON.
D'où vient donc l'ennui qui vous dévore?
DORANTE.
Que je te trouve heureux!

ACTE V, SCENE II.

CLITON.
        Le destin m'est si doux,
Que vous avez sujet d'en être fort jaloux!
Alors qu'on vous caresse à grands coups de pistoles,
J'obtiens tout doucement paroles pour paroles.
L'avantage est fort rare, et me rend fort heureux.

DORANTE.
Il faut partir, te dis-je.

CLITON.
        Oui, dans un an ou deux.

DORANTE.
Sans tarder un moment.

LYSE.
        L'amour trouve des charmes
A donner quelquefois de pareilles alarmes.

DORANTE.
Lyse, c'est tout de bon.

LYSE.
        Vous n'en avez pas lieu.

DORANTE.
Ta maîtresse survient; il faut lui dire adieu :
Puisse en ses belles mains ma douleur immortelle
Laisser toute mon ame en prenant congé d'elle!

SCÈNE III.

DORANTE, MÉLISSE, LYSE, CLITON.

MÉLISSE.
Au bruit de vos soupirs, tremblante et sans couleur,
Je viens savoir de vous mon crime, ou mon malheur;
Si j'en suis le sujet, si j'en suis le remède;
Si je puis le guérir, ou s'il faut que j'y cède;
Si je dois, ou vous plaindre, ou me justifier,
Et de quels ennemis il faut me défier.
DORANTE.
De mon mauvais destin, qui seul me persécute.
MÉLISSE.
A ses injustes lois que faut-il que j'impute?
DORANTE.
Le coup le plus mortel dont il m'eût pu frapper.
MÉLISSE.
Est-ce un mal que mes yeux ne puissent dissiper?
DORANTE.
Votre amour le fait naître, et vos yeux le redoublent.
MÉLISSE.
Si je ne puis calmer les soucis qui vous troublent,
Mon amour avec vous saura les partager.
DORANTE.
Ah! vous les aigrissez, les voulant soulager!

ACTE V, SCENE III.

Puis-je voir tant d'amour avec tant de mérite,
Et dire sans mourir qu'il faut que je vous quitte?
MÉLISSE.
Vous me quittez! ô ciel! Mais, Lyse, soutenez;
Je sens manquer la force à mes sens étonnés.
DORANTE.
Ne croissez point ma plaie, elle est assez ouverte;
Vous me montrez en vain la grandeur de ma perte.
Ce grand excès d'amour que font voir vos douleurs
Triomphe de mon cœur sans vaincre mes malheurs.
On ne m'arrête pas pour redoubler mes chaînes,
On redouble ma flamme, on redouble mes peines;
Mais tous ces nouveaux feux qui viennent m'embraser
Me donnent seulement plus de fers à briser.
MÉLISSE.
Donc à m'abandonner votre ame est résolue?
DORANTE.
Je cède à la rigueur d'une force absolue.
MÉLISSE.
Votre manque d'amour vous y fait consentir.
DORANTE.
Traitez-moi de volage, et me laissez partir;
Vous me serez plus douce en m'étant plus cruelle.
Je ne pars toutefois que pour être fidèle;
A quelque loi par là qu'il me faille obéir,
Je m'en révolterois, si je pouvois trahir.
Sachez-en le sujet: et peut-être, madame,
Que vous-même avouerez, en lisant dans mon ame,

Qu'il faut plaindre Dorante au lieu de l'accuser;
Que plus il quitte en vous, plus il est à priser;
Et que tant de faveurs dessus lui répandues
Sur un indigne objet ne sont pas descendues.
 Je ne vous redis point combien il m'étoit doux
De vous connoître enfin, et de loger chez vous,
Ni comme avec transport je vous ai rencontrée :
Par cette porte, hélas! mes maux ont pris entrée,
Par ce dernier bonheur mon bonheur s'est détruit;
Ce funeste départ en est l'unique fruit,
Et ma bonne fortune, à moi-même contraire,
Me fait perdre la sœur par la faveur du frère.
 Le cœur enflé d'amour et de ravissement,
J'allois rendre à Philiste un mot de compliment;
Mais lui tout aussitôt, sans le vouloir entendre,
« Cher ami, m'a-t-il dit, vous logez chez Cléandre;
« Vous aurez vu sa sœur, je l'aime, et vous pouvez
« Me rendre beaucoup plus que vous ne me devez.
« En faveur de mes feux parlez à cette belle;
« Et comme mon amour a peu d'accès chez elle,
« Faites l'occasion quand je vous irai voir. »
A ces mots j'ai frémi sous l'horreur du devoir.
Par ce que je lui dois, jugez de ma misère;
Voyez ce que je puis, et ce que je dois faire.
Ce cœur, qui le trahit s'il vous aime aujourd'hui,
Ne vous trahit pas moins s'il vous parle pour lui.
Ainsi, pour n'offenser son amour ni le vôtre;
Ainsi, pour n'être ingrat ni vers l'un ni vers l'autre,

ACTE V, SCENE III.

J'ôte de votre vue un amant malheureux,
Qui ne peut plus vous voir sans vous trahir tous deux :
Lui, puisque à son amour j'oppose ma présence
Vous, puisque en sa faveur je m'impose silence.

MÉLISSE.

C'est à Philiste donc que vous m'abandonnez !
Ou plutôt c'est Philiste à qui vous me donnez !
Votre amitié trop ferme, ou votre amour trop lâche,
M'ôtant ce qui me plaît, me rend ce qui me fâche.
Que c'est à contre-temps faire l'amant discret,
Qu'en ces occasions conserver un secret !
Il falloit découvrir.... Mais, simple ! je m'abuse ;
Un amour si léger eût mal servi d'excuse ;
Un bien acquis sans peine est un trésor en l'air ;
Ce qui coûte si peu ne vaut pas en parler :
La garde en importune, et la perte en console ;
Et pour le retenir c'est trop qu'une parole.

DORANTE.

Quelle excuse, madame ! et quel remerciement !
Et quel compte eût-il fait d'un amour d'un moment,
Allumé d'un coup-d'œil ? Car lui dire autre chose,
Lui conter de vos feux la véritable cause,
Que je vous sauve un frère, et qu'il me doit le jour,
Que la reconnoissance a produit votre amour,
C'étoit mettre en sa main le destin de Cléandre,
C'étoit trahir ce frère en voulant vous défendre,
C'étoit me repentir de l'avoir conservé,
C'étoit l'assassiner après l'avoir sauvé ;

C'étoit désavouer ce généreux silence
Qu'au péril de mon sang garda mon innocence,
Et perdre, en vous forçant à ne plus m'estimer,
Toutes les qualités qui vous firent m'aimer.

MÉLISSE.

Hélas! tout ce discours ne sert qu'à me confondre.
Je n'y puis consentir, et ne sais qu'y répondre.
Mais je découvre enfin l'adresse de vos coups;
Vous parlez pour Philiste, et vous faites pour vous.
Vos dames de Paris vous rappellent vers elles;
Nos provinces pour vous n'en ont point d'assez belles.
Si dans votre prison vous avez fait l'amant,
Je ne vous y servois que d'un amusement.
A peine en sortez-vous que vous changez de style;
Pour quitter la maîtresse il faut quitter la ville.
Je ne vous retiens plus, allez.

DORANTE.

Puisse à vos yeux
M'écraser à l'instant la colère des cieux,
Si j'adore autre objet que celui de Mélisse,
Si je conçois des vœux que pour votre service,
Et si pour d'autres yeux on m'entend soupirer,
Tant que je pourrai voir quelque lieu d'espérer!
Oui, madame, souffrez que cet amour persiste
Tant que l'hymen engage ou Mélisse, ou Philiste;
Jusque-là les douceurs de votre souvenir
Avec un peu d'espoir sauront m'entretenir :
J'en jure par vous-même, et ne suis point capable

ACTE V, SCENE IV.

D'un serment ni plus saint ni plus inviolable.
Mais j'offense Philiste avec un tel serment;
Pour guérir vos soupçons je nuis à votre amant.
J'effacerai ce crime avec cette prière :
Si vous devez le cœur à qui vous sauve un frère,
Vous ne devez pas moins au généreux secours
Dont tient le jour celui qui conserva ses jours.
Aimez en ma faveur un ami qui vous aime,
Et possédez Dorante en un autre lui-même.
  Adieu. Contre vos yeux c'est assez combattu,
Je sens à leurs regards chanceler ma vertu;
Et, dans le triste état où mon ame est réduite,
Pour sauver mon honneur, je n'ai plus que la fuite.

SCÈNE IV.

DORANTE, PHILISTE, MÉLISSE, LYSE, CLITON.

PHILISTE.

Ami, je vous rencontre assez heureusement.
Vous sortiez?

DORANTE.

Oui, je sors, ami, pour un moment.
Entrez, Mélisse est seule, et je pourrois vous nuire.

PHILISTE.

Ne m'échappez donc point avant que m'introduire;
Après, sur le discours vous prendrez votre temps,

Et nous serons ainsi l'un et l'autre contents.
Vous me semblez troublé!

DORANTE.

J'ai bien raison de l'être.
Adieu.

PHILISTE.

Vous soupirez, et voulez disparoître!
De Mélisse ou de vous je saurai vos malheurs.
Madame, puis-je.... O ciel! elle-même est en pleurs!
Je ne vois des deux parts que des sujets d'alarmes.
D'où viennent ses soupirs? et d'où naissent vos larmes?
Quel accident vous fâche, et le fait retirer?
Qu'ai-je à craindre pour vous, ou qu'ai-je à déplorer?

MÉLISSE.

Philiste, il est tout vrai.... Mais retenez Dorante,
Sa présence au secret est la plus importante.

DORANTE.

Vous me perdez, madame.

MÉLISSE.

Il faut tout hasarder
Pour un bien qu'autrement je ne puis plus garder.

LYSE.

Cléandre entre.

MÉLISSE.

Le ciel à propos nous l'envoie.

SCÈNE V.

DORANTE, PHILISTE, CLÉANDRE, MÉLISSE, LYSE, CLITON.

CLÉANDRE.
Ma sœur, auriez-vous cru....? Vous montrez peu de joie!
En si bon entretien qui peut vous attrister ?
MÉLISSE, à Cléandre.
J'en contois le sujet, vous pouvez l'écouter.
(à Philiste.)
Vous m'aimez, je l'ai su de votre propre bouche,
Je l'ai su de Dorante, et votre amour me touche,
Si trop peu pour vous rendre un amour tout pareil,
Assez pour vous donner un fidèle conseil.
Ne vous obstinez plus à chérir une ingrate;
J'aime ailleurs, c'est en vain qu'un faux espoir vous flatte.
J'aime, et je suis aimée, et mon frère y consent;
Mon choix est aussi beau que mon amour puissant :
Vous l'auriez fait pour moi, si vous étiez mon frère.
C'est Dorante, en un mot, qui seul a pu me plaire.
Ne me demandez point ni quelle occasion,
Ni quel temps entre nous a fait cette union;
S'il la faut appeler ou surprise, ou constance;
Je ne vous en puis dire aucune circonstance :
Contentez-vous de voir que mon frère aujourd'hui

L'estime et l'aime assez pour le loger chez lui,
Et d'apprendre de moi que mon cœur se propose
Le change et le tombeau pour une même chose.
Lorsque notre destin nous sembloit le plus doux,
Vous l'avez obligé de me parler pour vous ;
Il l'a fait, et s'en va pour vous quitter la place :
Jugez par ce discours quel malheur nous menace.
Voilà cet accident qui le fait retirer ;
Voilà ce qui le trouble, et qui me fait pleurer ;
Voilà ce que je crains ; et voilà les alarmes
D'où viennent ses soupirs, et d'où naissent mes larmes.

PHILISTE.

Ce n'est pas là, Dorante, agir en cavalier.
Sur ma parole encor vous êtes prisonnier ;
Votre liberté n'est qu'une prison plus large ;
Et je réponds de vous s'il survient quelque charge.
Vous partez cependant, et sans m'en avertir !
Rentrez dans la prison d'où vous vouliez sortir.

DORANTE.

Allons, je suis tout prêt d'y laisser une vie
Plus digne de pitié qu'elle n'étoit d'envie ;
Mais, après le bonheur que je vous ai cédé,
Je méritois peut-être un plus doux procédé.

PHILISTE.

Un ami tel que vous n'en mérite point d'autre.
Je vous dis mon secret, vous me cachez le vôtre,
Et vous ne craignez point d'irriter mon courroux,
Lorsque vous me jugez moins généreux que vous !

ACTE V, SCENE V.

Vous pouvez me céder un objet qui vous aime;
Et j'ai le cœur trop bas pour vous traiter de même,
Pour vous en céder un à qui l'amour me rend,
Sinon trop mal voulu, du moins indifférent!
Si vous avez pu naître et noble et magnanime,
Vous ne me deviez pas tenir en moindre estime :
Malgré notre amitié, je m'en dois ressentir.
Rentrez dans la prison dont vous vouliez sortir.

CLÉANDRE.

Vous prenez pour mépris son trop de déférence,
Dont il ne faut tirer qu'une pleine assurance
Qu'un ami si parfait, que vous osez blâmer,
Vous aime plus que lui, sans vous moins estimer.
Si pour lui votre foi sert aux juges d'otage,
Permettez qu'auprès d'eux la mienne la dégage;
Et, sortant du péril d'en être inquiété,
Remettez-lui, monsieur, toute sa liberté;
Ou, si mon mauvais sort vous rend inexorable,
Au lieu de l'innocent arrêtez le coupable :
C'est moi qui me sus hier sauver sur son cheval,
Après avoir donné la mort à mon rival;
Ce duel fut l'effet de l'amour de Climène;
Et Dorante sans vous se fût tiré de peine,
Si devant le prévôt son cœur trop généreux
N'eût voulu méconnoître un homme malheureux.

PHILISTE.

Je ne demande plus quel secret a pu faire
Et l'amour de la sœur et l'amitié du frère;

Ce qu'il a fait pour vous est digne de vos soins.
Vous lui devez beaucoup, vous ne rendez pas moins :
D'un plus haut sentiment la vertu n'est capable ;
Et puisque ce duel vous avoit fait coupable,
Vous ne pouviez jamais envers un innocent
Être plus obligé ni plus reconnoissant.
Je ne m'oppose point à votre gratitude ;
Et si je vous ai mis en quelque inquiétude,
Si d'un si prompt départ j'ai paru me piquer,
Vous ne m'entendiez pas, et je vais m'expliquer.
On nomme une prison le nœud de l'hyménée ;
L'amour même a des fers dont l'ame est enchaînée.
Vous les rompiez pour moi, je n'y puis consentir.
Rentrez dans la prison dont vous vouliez sortir.

DORANTE.

Ami, c'est là le but qu'avoit votre colère?

PHILISTE.

Ami, je fais bien moins que vous ne vouliez faire.

CLÉANDRE.

Comme à lui je vous dois et la vie et l'honneur.

MÉLISSE.

Vous m'avez fait trembler pour croître mon bonheur.

PHILISTE, à Mélisse.

J'ai voulu voir vos pleurs pour mieux voir votre flamme,
Et la crainte a trahi les secrets de votre ame.
Mais quittons désormais des compliments si vains.

(à Cléandre.)

Votre secret, monsieur, est sûr entre mes mains ;

Recevez-moi pour tiers d'une amitié si belle;
Et croyez qu'à l'envi je vous serai fidèle.
CLITON, seul.
Ceux qui sont las debout se peuvent aller seoir;
Je vous donne en passant cet avis, et bonsoir.

FIN DE LA SUITE DU MENTEUR.

EXAMEN

DE LA SUITE DU MENTEUR.

L'effet de cette pièce n'a pas été si avantageux que celui de la précédente, bien qu'elle soit mieux écrite. L'original espagnol est de Lope de Vega sans contredit, et a ce défaut, que ce n'est que le valet qui fait rire, au lieu qu'en l'autre les principaux agrémens sont dans la bouche du maître. L'on a pu voir, par les divers succès, quelle différence il y a entre les railleries spirituelles d'un honnête homme de bonne humeur, et les bouffonneries froides d'un plaisant à gages. L'obscurité que fait en celle-ci le rapport à l'autre a pu contribuer quelque chose à sa disgrace, y ayant beaucoup de choses qu'on ne peut entendre, si l'on n'a l'idée présente du *Menteur*. Elle a encore quelques défauts particuliers. Au second acte, Cléandre raconte à sa sœur la générosité de Dorante qu'on a vue au premier, contre la maxime, qu'il ne faut jamais faire raconter ce que le spectateur a déja vu. Le cinquième est trop sérieux pour une pièce si enjouée, et n'a rien de plaisant que la première scène entre un valet et une servante. Cela plaît si fort en Espagne, qu'ils font souvent parler bas les amants de condition, pour donner lieu à ces sortes de gens de s'entre-dire des badinages ; mais en France, ce n'est pas le goût de l'auditoire. Leur entretien est plus supportable au premier acte, pendant que Dorante écrit ; car il ne faut jamais laisser le théâtre sans qu'on y agisse, et l'on n'y agit qu'en parlant. Ainsi Dorante, qui écrit, ne le remplit pas assez ; et toutes les fois que cela arrive, il faut fournir l'action par d'autres gens qui parlent. Le second débute par une adresse digne d'être remarquée, et dont on peut former cette règle, que, quand on a quelque occasion de louer une lettre, un billet, ou quelque autre pièce éloquente ou spirituelle, il ne faut jamais la faire voir ; parce qu'alors c'est une propre louange que le poëte se donne à soi-même ; et souvent le mérite de la chose répond si mal aux éloges qu'on en fait, que j'ai vu des stances présentées à une maîtresse, qu'elle vantoit d'une haute excellence, bien qu'elles fussent très-médiocres ; et cela devenoit ridicule. Mélisse loue ici la lettre que Dorante lui a écrite ; et comme elle ne la lit point, l'auditeur a lieu de croire qu'elle est aussi bien faite qu'elle le dit. Bien que d'abord cette pièce n'eût pas grande approbation, quatre ou cinq ans après la troupe du Marais la remit sur le théâtre avec un succès plus heureux; mais aucune des troupes qui courent les provinces ne s'en est chargée. Le contraire est arrivé de *Théodore*, que les troupes de Paris n'y ont point rétablie depuis sa disgrace, mais que celles des provinces y ont fait passablement réussir.

FIN DU TOME SECOND.

TABLE

DES PIÈCES

CONTENUES DANS CE VOLUME.

Polyeucte, tragédie,	Page 5
Pompée, tragédie,	119
Le Menteur, comédie,	217
La Suite du menteur, comédie.	337

FIN DE LA TABLE.

www.ingramcontent.com/pod-product-compliance
Lightning Source LLC
Chambersburg PA
CBHW070526230426
43665CB00014B/1584